IT 엔지니어로 사는 법 1

데이터베이스
서버
네트워크
보안

IT 엔지니어로 사는 법 1 • 진로와 취업과 이직을 위한 성장 이야기

저　자 ｜ 권순용, 김은영, 김진성, 변동구, 서태호, 조정원, 최경철, 최성곤
펴낸이 ｜ 최용호

펴낸곳 ｜ (주)러닝스페이스(비팬북스)
디자인 ｜ 최인섭, 박지숙
주　소 ｜ 서울시 서대문구 연희동 340-18, B1-13
전　화 ｜ 02-857-4877
팩　스 ｜ 02-6442-4871

초판1쇄 ｜ 2015년 6월 12일
등록번호 ｜ 제 12609 호
등록일자 ｜ 2008년 11월 14일
홈페이지 ｜ www.bpanbooks.com
전자우편 ｜ book@bpanbooks.com

이 도서의 저작권은 저자에게 있으며 저자 및 출판사의 허락 없이 일부 혹은 전체 내용을 무단복제하는 행위는 저작권법에 저촉됩니다.

값 18,000원
ISBN 978-89-94797-21-2 (13000)

비팬북스는 (주)러닝스페이스의 출판부문 사업부입니다.

이 도서의 국립중앙도서관 출판시도서목록 CIP는 e-CIP 홈페이지
(http://www.nl.go.kr)에서 이용하실 수 있습니다. CIP 제어번호 : CIP2015015571

진로와 취업과 이직을 위한 성장 이야기

IT 엔지니어로 사는 법 1

권순용 · 데이터베이스
김은영 · 데이터베이스
김진성 · 네트워크
변동구 · 개발/데이터베이스
서태호 · 네트워크/서버
조정원 · 보안
최경철 · 네트워크/개발/보안
최성곤 · 네트워크/보안

비팬북스

본문 목차

직무 찾기 13

서문 14

DB 컨설턴트 권순용의 사는 법 16

매력적인 데이터베이스 19

데이터베이스, 시대의 대세 - DB 인력은 부족 20

데이터베이스와 DBMS 20

자격증, 매우 중요하지는 않습니다 22

데이터 증가, 데이터베이스 시장도 지속 성장 24

데이터베이스 엔지니어는 기본적으로 블루오션 26

세분화되고 있는 DBA 27

DBA에게 가장 중요한 것은 데이터베이스 지식 28

데이터베이스 공부 방법: 20번 보고 외우기 29

전문 DBA는 프로젝트의 필수 인력 30

DBA의 기본 업무 30

DBA의 기본 업무 ① 데이터베이스 엔진 관리 32

DBA의 기본 업무 ② 데이터베이스 상태 점검 33

DBA의 기본 업무 ③ 다양한 백업/복구 방법 숙지 34

DBA의 기본 업무 ④ SQL 튜닝을 통한 성능 최적화 36

DBA의 기본 업무 ⑤ 모델링 38

데이터베이스 컨설턴트(모델러와 튜너)로 산다는 것 41

DB 컨설턴트의 기본 요건 ① 실용적인 기술 42

DB 컨설턴트의 기본 요건 ② 말하는 습성 43

DB 컨설턴트의 기본 요건 ③ 회의 리딩 능력 45

DB 컨설턴트의 기본 요건 ④ 문서 작성 능력 46

DB 컨설턴트의 기본 요건 ⑤ 발표 능력 47

DB 컨설턴트의 기본 요건 ⑥ 일처리하는 센스 47

기술만 갖춘 DB 컨설턴트는 50점 48

대학 전공과 다른 DBA를 시작하다 48

성능을 보는 튜너가 되다 51

데이터에 미치는 모델러가 되다 53

컨설턴트에서 사업가로 변신하다 55

자기 계발은 필수; 카페 동호회, 저술, 교육, 기고 58

DBA를 꿈꾸는 분들에게 드리는 글 61

DB 컨설턴트가 갖추어야 할 기술 67

DB 기술 전문가 김은영의 사는 법 68

대학교나 전공의 이름으로 결정되지는 않습니다 71

비전공자 면접시 정답보다는 고민한 경험을 들려주세요 73

DB 엔지니어가 수행 가능한 여러 직무가 있습니다 74

성장은 계단식입니다 77

강점에 투자하십시요 79

절벽에서 떨어지고 나서야 자신에게 날개가 있음을 깨닫게 됩니다 80

국내 회사는 동기부여 프로그램, 외국 회사는 자율성이 장점입니다 81

이직을 계획 중이라면 현재 직장에서 최선을 다하는 모습을 보여주세요 83

할아버지/할머니 엔지니어? 한국도 가능합니다 85

더 많은 여자 IT 엔지니어를 기대합니다 85

롤 모델은 동암문화연구소 이사장 전혜성 박사 87

IT 엔지니어는 작품을 만드는 예술가 87

DBMS 서포트 엔지니어가 갖추어야 할 기술 90

DB 관리자(DBA)가 갖추어야 할 기술 91

네트워크 엔지니어 김진성의 사는 법 92

물리, 네트워크 95

첫 직장, 입사 96

IT 전산실, 네트워크 엔지니어의 업무 97

입사 후 3년, 할 수 있는 것은 무조건 다 하십시오 99

엔지니어, 넋 놓고 있으면 자리가 없어집니다 99

통신사 교환실, 네트워크 엔지니어의 업무 100

IT 엔지니어에게 기술에 대한 목마름이란? 101

외국계 장비 회사로 이직 102

헤드헌터는 전문 헤드헌터를 이용 103

이직 면접은 기존 업무 중심 103

보유 기술에도 보릿고개가 있습니다 104

자기 계발: 동호회, 자격증, 영어 105

외국계 회사와 국내 회사의 차이점 106

IT 분야로 들어오려는 분들과 후배 엔지니어에게 드리는 글 107

　　네트워크 엔지니어가 갖추어야 할 기술 109

DB 컨설턴트 변동구의 사는 법(40대 데이터베이스인의 소회) 110

　　데이터베이스를 시작하다 114

　　데이터베이스 일을 말하다 116

　　　(1) 데이터 이행 118

　　　(2) 데이터베이스 튜닝 122

　　진정한 실력을 요하다 127

　　　(1) 데이터베이스 튜닝의 기술력 127

　　　(2) 데이터 이행의 기술력 128

　　　(3) 기술력을 보완하는 실력 129

　　　(4) 프로젝트 팀원의 실력(자질) 130

　　경험자로서 전하다 132

　　　(1) 데이터베이스 컨설턴트가 되려는 분들에게 132

　　　(2) 데이터베이스 공부 135

　　　(3) 연령대별 대비 137

　　　(4) 시작하는 분들에게 139

　　프로젝트를 힘들게 여기다 140

　　DB 컨설턴트가 갖추어야 할 기술 144

시스템 엔지니어 서태호의 사는 법 146

　　전자 공학, 컴퓨터 149

　　게임으로 흥하다 150

첫 회사, 친한 동료 151

두 번째 회사, 나만의 자료 정리와 공유 152

세 번째 회사, 대형 포털에서 시스템 엔지니어 152

네 번째 회사, 모바일 서비스 기업에서 시스템 엔지니어 152

인터넷 서비스 제공업체에서 하는 일 153

전산실에서 네트워크 엔지니어가 하는 일 155

시스템 엔지니어가 하는 일 156

경력직은 지인 추천 157

자기 계발: 나만의 문서 정리, 자격증 취득, 카페 운영, 기술 서적 준비 157

한국 엔지니어의 현실과 미래: 즐거움과 재미 158

엔지니어, 직접 해보는 야성 인재 159

조직 생활에서 살아남기 위한 세 가지 원칙 160

기술적 감성을 갖춘 백발 엔지니어 161

하고 싶은 게 무엇인가? 161

IT 엔지니어의 키워드: 자존감, 전문가, 성장 162

시스템 엔지니어가 갖추어야 할 기술 163

보안 관리 실무자 조정원의 사는 법 164

진로, 언젠가는 원하는 분야로... 168

모의해킹과 보안 관리 실무자, 12년의 여정 169

모의해킹 업무와 보안 관리 실무 업무란? 170

모의해킹, 신입 뽑습니다 172

열심히 한 자에게 더 많은 기회가 있습니다 173

5년 후, 첫 번째 이직(모의해킹->보안 관리 실무) 173

두 번째 이직, 금융 분야 보안 관리 실무 174
자기 계발, 책 읽기: 다독 175
자기 계발, 카페와 블로그 활동: 열정 176
자기 계발, 집필: 삶이 바뀜 176
자기 계발, 다양한 분야 공부: 융합의 기반 176
보안 관리 실무자가 극복해야 할 일 177
IT 보안 분야, 기회가 있는 미개척 분야 178
플랜 B, 플랜 C를 위한 다양한 준비와 경험이 필요 180
스킬업과 기술 공유 181
보안 관리 실무자가 하는 일 182
금융권 보안의 특징 183
보안 실무자가 갖추어야 할 세 가지 능력 184
하고 싶은 일, 그래서 해야 할 일 186
복지 CEO, 베푸는 삶 188
그 공부들을 하는 이유가 무엇인가요? 189
이직 전에 해야 할 일, 그리고 확인할 일 190
모의해킹 컨설턴트가 갖추어야 할 기술 192
보안 관리 실무자가 갖추어야 할 기술 193

보안 엔지니어 최경철의 사는 법 194

이직 기준, 미래의 기회와 가능성 198
도전과 실수와 개척, 성장의 자양분 199
보안 엔지니어와 프로그래밍 스킬 201
웹 보안은 보안 다른 분야로 연결되는 핵심 분야 201

보안 프로젝트 진행 과정과 보안 솔루션 개발 프로세스 202

보안 정책과 보안 인력의 중요성 202

자기 계발: 강의, 집필, 카페 운영, 연구, 영어 203

시간 관리, 일 관리, 개인 능력 개발 204

꿈을 이루기 위한 실천이 중요 205

경력사원 채용 시 경력 계발과 인성 고려 205

연봉이 아닌 몸값을 높이세요 206

마치는 글 206

보안 엔지니어가 갖추어야 할 기술 207

보안 컨설턴트 최성곤의 사는 법 208

글을 시작하며... 211

프로그래밍-전산학과 212

네트워크 전문 강사와 네트워크 엔지니어 214

엔지니어는 기술력 216

방학과 휴학 활용, 가고 싶은 분야 일하기 218

이직 전략: 준비, 서두르지 않기, 소문내기 218

자기 계발: 책 읽기와 정리 219

자기 계발: 교육받기 220

자기 계발: 자격증 취득 220

엔지니어로 사는 법 221

30대 엔지니어와 40대 엔지니어 222

신입사원: 일과 배움에 대한 열정과 멘토 223

보안 컨설턴트가 하는 일 224

엔지니어에게 협업이 중요한 이유 225

IT에는 무한한 가능성, 그것이 저의 가능성 226

학생에게 가장 중요한 것은 기본기 227

글을 마치며…… 228

네트워크 엔지니어가 갖추어야 할 기술 230

보안 컨설턴트가 갖추어야 할 기술 231

부록. IT 엔지니어로 사는 법 1 요약 233

IT 엔지니어로 진로 잡기 233

IT 엔지니어가 되기 위한 취업 전략 235

   (1) 취업 시 준비할 내용 236

   (2) 신입사원 기술 면접 236

   (3) IT 기업의 유형 238

IT 엔지니어로 살기: 신입사원 239

IT 엔지니어로 살기: 기술 스킬업 240

   (1) 전문가가 되기 위해 할 일 241

   (2) 스킬업의 중요성 242

   (3) 스킬업 방법과 대상 243

IT 엔지니어로 살기: 자기 계발 245

   (1) 기술 관련서 읽기 245

   (2) 다른 분야 책 읽기 245

   (3) 카페 참여 및 직접 운영(블로그 포함) 246

   (4) 정리 246

   (5) 강의 247

(6) 집필 247

(7) 자격증 248

(8) 공부(스터디) 248

(9) 진학 249

(10) 영어 249

IT 엔지니어로 살기: 협업, 공유, 의사소통, 기타 덕목 250

IT 엔지니어 이직 전략 253

    (1) 이직 시점 254

    (2) 이직 방법 255

    (3) 이직 시 주의사항 256

    (4) 이직 면접 256

    (5) 다른 분야로 이직 257

    (6) 내부 이직 258

    (7) 나이와 성별 259

IT 엔지니어들의 현재와 미래, 그리고 꿈 260

직무 찾기

네트워크

네트워크 엔지니어 97, 100, 104, 109, 155, 198, 214, 230

네트워크 전문 강사 214

인터넷 엔지니어 153, 154

데이터베이스

DBA 27, 30, 77, 91, 117

DB 엔지니어 117

DB 컨설턴트 41, 67, 117, 132, 144

DB 컨설턴트: 이행 118, 128

DB 컨설턴트: 튜너 51, 122, 127

DB 컨설턴트: 모델러 53

DBMS 서포트 엔지니어 75, 90

DBMS 세일즈 컨설턴트 75

DBMS 제품 개발자 75

서버

시스템 엔지니어 156

보안

모의해킹 컨설턴트 170, 192

보안 관리 실무자 171, 182, 193

보안 솔루션 개발자 200

보안 컨설턴트 217, 224, 231

웹 보안 컨설턴트 201, 207

서문

 이 책은 IT 엔지니어를 꿈꾸는 학생들과 취업준비생들에게 IT 엔지니어가 되면 어떤 직무를 어떻게 하는지 그 실상을 알리고, IT 엔지니어로 입문한 초보 직장인들에게 IT 엔지니어로 어떤 삶을 살아야 하는지를 알리기 위해 기획되었습니다. 정확한 내용을 알리기에, 가장 좋은 방법은 선배들의 진솔한 이야기를 듣는 것이기에 저자들이 자신들의 이야기를 솔직하게 이야기하는 방식으로 내용을 구성하였습니다. 정확한 정보가 있다면 돌아가지 않고, 시행착오를 줄이면서 원하는 목적지를 향해 갈 수 있을 것입니다.

 15명의 IT 엔지니어들에게 연락을 했고, 그중 11명이 저자로 참여겠다는 뜻을 피력해서 개별 미팅을 가졌고, 최종적으로 8분이 참여했습니다. 애초 의사와 달리 참여하지 못한 분들이 참여하지 못한 가장 큰 이유는 시간이었습니다. 어느 정도 위치에 있고, 책임질 일이 많다 보니 시간을 내서 원고를 작성하고 인터뷰할 시간이 나지 않아서 다음을 기약하게 되었습니다. 참여해 준 저자분들에게 이 지면을 빌어 경의와 감사를 표합니다.

 저자로 참여한 분들 중에서도 어떤 분들은 마침 시간이 나서 원고 작업을 빨리 끝낸 분도 있고, 어떤 분들의 경우에는 프로젝트 중간 중간에 시간을 내느라 총 기간이 오래 걸리기도 했고, 어떤 분들은 인터뷰 후 원고 정리 후 교정 작업을 반복한 경우도 있었습니다. 집필 기간과 집필 방식에 상관 없이 모든 저자분들은 하고 싶은 말이 많았습니다. 그만큼 오랜 시간동안 열정을 쏟은 일이었고, 미래의 비전이 있다고 생각하기에 후배들에게 알려주고 싶은 이야기가 많았기 때문일 것입니다.

8명 저자들이 일을 한 기간을 합치면 140년이 조금 넘습니다. 평균 18년 정도 됩니다. 이들의 이력을 보면 어떤 직무를 10년 정도 한 시점에 안정화가 됩니다. 즉, 10년이 지나면 맡은 일을 어디에 가서도 완벽하게 처리할 수 있는 수준이 됩니다. 평균 18년이라는 시간이 결코 짧지 않습니다. 그래도 저자들은 여전히 기술 엔지니어로 왕성한 활동을 하고 있습니다. 예전 같으면 이 정도 경력이 되면 기술 엔지니어에서 물러나서 기술 영업이나 관리자로 넘어가야 했습니다. 그러나 우리나라의 IT 근무 환경이 바뀌었습니다. 미국처럼 50대나 60대가 되어서도 엔지니어로서 왕성한 활동을 할 수 있는 환경이 되었습니다. 또한 정작 엔지니어 본인들도 기술을 떠나고 싶어 하지 않습니다. 떠나지 않기 위해서 여전히 열심히 공부하고 일을 합니다.

저자들이 그냥 일만 하는 것은 아닙니다. 그 속에서 본인들의 삶의 의미를 찾고, 또한 미래의 꿈을 꾸고 있는 것을 봅니다. 어떤 분은 작고 강한 기업을 만들어서 후배들과 계속 함께할 꿈을 꾸고 있고, 어떤 분은 복지CEO로서 소외받은 사람들과 함께 하고 싶은 비전을 가지고 있으며, 어떤 분들은 기술로 사회에 무언가 기여를 하고 싶은 소망을 가지고 있고, 어떤 분은 40대를 잘 마무리하기 위해서 깊은 생각에 빠져 있고, 어떤 분들은 본인의 위시리스트를 완성하기 위해 불철주야 뛰고 있습니다. 이분들의 현재와 미래의 꿈을 이룰 수 있게 한 단어이자 터전은 바로 IT입니다.

대한민국에서 열심히 묵묵히 자기 자리를 지키고 있는 모든 IT 엔지니어들에게, 또한 그런 IT 엔지니어를 꿈꾸고 있는 모든 청년들에게 이 책을 드립니다.

글쓴이 | 권순용, 김은영, 김성진, 변동구, 서태호, 조정원, 최경철, 최성곤
엮은이 | 최용호

DB 컨설턴트 권순용의 사는 법

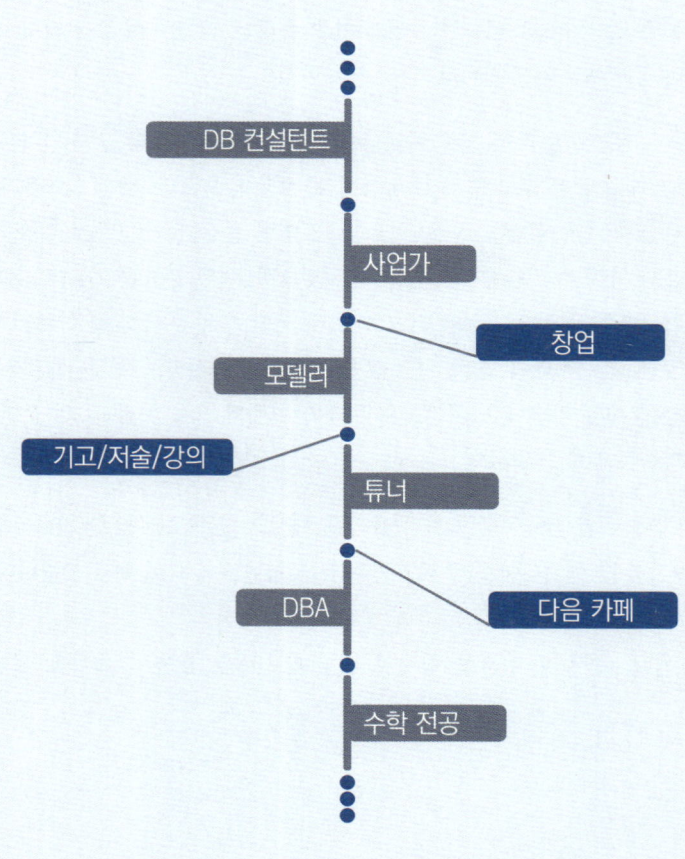

모든 사람은 처음에는 본인의 일에 열정을 가지고 최선을 다하지만 그 열정이 몇 년을 못 가는 것 같습니다. 처음 일할 때의 열정을 10년만 이어갈 수 있다면 모든 일에서 성공할 수 있다고 생각합니다. 처음 가졌던 열정을 잊지 말고 하루하루에 최선을 다하길 바랍니다.

엔지니어가 대우받는 세상을 만들고 싶은 꿈이 있습니다.

DB 컨설턴트 권순용의 사는 법

NOW　DB 컨설턴트/사업가
NOW　DB 모델러
NOW　DB 튜너
NOW　DBA

매력적인 데이터베이스

 이제 갓 입사한 신입 사원이라면 또는 취업을 준비하는 사람이라면 누구나 10년 후엔 자신이 몸담은 분야에서 최고 전문가가 되기를 꿈꿀 것입니다. 필자도 그런 마음으로 데이터베이스 분야에서 18년째 일을 하고 있습니다. 비록 18년이라는 세월을 데이터베이스 업계에서 종사하고 있지만 데이터베이스에 대해 아직은 하고 싶은 게 많고 해야 할 일이 많은 것 같습니다. 18년이라는 시간 동안 데이터베이스와 관련하여 100개가 넘는 프로젝트에 참여했었고, 데이터베이스를 생각하며 보낸 시간도 그 만큼 매우 많습니다. 또한, 데이터베이스 관련 작업을 수행하면서 또는 데이터베이스 관련 서적을 공부하면서 밤을 샌 적도 많습니다. 그럼에도 불구하고 아직도 많이 부족하다는 것을 느끼기도 합니다. 다른 분야도 마찬가지겠지만 데이터베이스 업무를 해 보거나 데이터베이스 공부를 해 본 사람이라면 데이터베이스가 얼마나 매력적인지를 느낄 수 있었을 것입니다.

데이터베이스, 시대의 대세 - DB 인력은 부족

시대가 흐르면서 많은 사람들이 데이터베이스에 관심을 가지기 시작한 것 같습니다. 이와 같은 관심만으로도 데이터베이스 업무를 수행하는 필자로서는 너무나도 기쁩니다. 필자가 하는 일에 대해 많은 사람들이 관심을 가져 준다는 것이 어찌 기쁘지 않겠습니까. 하지만 우려되는 점도 있습니다. 너도 나도 데이터베이스를 하겠다고 하는 것은 아닌지 말입니다. 진정으로 데이터베이스에 관심을 가지고 데이터베이스 일에 혼신을 다하여 하고 싶은 사람들이 필자가 업으로 삼고 있는 데이터베이스 업무를 하기를 바랄 뿐입니다.

우리나라에는 전문 DBA가 많지 않은 것이 현실입니다. 이런 현실이 데이터베이스 분야로 진입하려는 분들에게는 희소식일 수도 있습니다. 그러나 전문 DBA가 되는 길이 만만하지는 않습니다. 전문 DBA가 무엇인지, 전문 DBA가 무슨 일을 하는지, 전문 DBA가 되기 위해 무엇을 준비해야 하는지를 이야기해 보겠습니다.

데이터베이스와 DBMS

DBA가 뭔지를 이야기하기 전에 우선 데이터베이스가 뭔지를 이야기해야 합니다. 데이터베이스가 뭔지를 모르고 DBA를 이야기하는건 어불성설이기 때문입니다. 데이터베이스의 탄생은 1970년대로 거슬러 올라갑니다. 이 시기에 RDBMS 개념이 나오면서 데이터베이스의 역사가 본격적으로 시작되었습니다. 데이터베이스가 뭔지, 예를 들어 이야기하겠습니다.

우리는 인터넷을 통해 물건을 많이 구매합니다. 물건을 구매하는 과정이 어떻게 될까요? 인터넷 쇼핑몰에서 본인 아이디로 로그인을 해서 본인 정보를 가져오고, 본인 정보로 물건을 장바구니에 담고, 장바구니에 담은 물건을 카드 등으로 결제하면 며칠 내로 본인의 주소로 물건이 배송됩니다. 이 과정에서 몇 개의 데이터가 필요할까요?

우선은 회원 정보가 필요합니다. 본인이 로그인을 하면 개인 정보가 엑세스됩니다. 개인 정보에는 주소, 이메일, 전화번호 등 개인이 물건을 구매하는데 필요한 정보가 포함됩니다. 이와 같이 개인 정보에 대한 데이터가 엑세스된 후 상품에 대한 데이터가 있어야 합니다. 그래야만 해당 고객은 여러 상품 중 원하는 상품을 선택하게 됩니다. 원하는 상품을 구매하면 해당 고객과 상품을 연결해주는 연결 데이터가 필요할 것입니다. 그리고 배송을 하기 위한 배송 데이터도 만들어질 것이고, 해당 고객이 구매한 이력을 가지고 포인트 및 여러가지 이벤트를 진행합니다. 이와 같이 한 사람이 하나의 물건을 구매할 때 생성되는 데이터는 매우 많습니다. 한 명의 회원이 1회 구매에 만들어 내는 데이터가 이렇게 많은데 인테넷 쇼핑몰의 회원이 1,000,000명이라면 데이터가 얼마나 많겠습니까?

이와 같은 데이터가 제대로 관리되지 않으면 어떻게 될까요? 데이터가 관리되지 않는다면 해당 고객이 무슨 상품을 구매했는지, 어느 곳으로 배송을 해야 하는지 어떻게 알겠습니까? 그렇게 된다면 그 기업은 매출을 관리할 수 없게 됩니다. 결국 데이터는 기업의 성패를 좌우하는 매우 중요한 요소인 셈입니다. 이와 같은 예가 인터넷 쇼핑몰에만 국한되지 않습니다.

우리가 사용하는 스마트폰의 경우에도 과금을 하기 위한 데이터 및 고객에 대한 데이터가 데이터베이스화되어서 관리되어야 합니다. 그래야만 정확한 요금을 청구하게 되고 고객은 본인이 사용한 요금을 확인할 수 있습니다. 또한 은

데이터베이스

행에서 우리가 흔하게 보는 업무도 모두 데이터베이스에 저장되어야만 처리가 가능합니다.

비즈니스를 수행하는 기업들에는 비즈니스와 고객을 위한 데이터가 쌓이게 되고 이렇게 쌓인 데이터를 데이터베이스라고 보면 됩니다. 이와 같이 우리가 은행에서 은행 업무를 보고, 스마트폰으로 통화를 하고, 인터넷에서 쇼핑을 하는 모든 행위가 데이터로 저장되고 그 데이터는 해당 기업의 비즈니스를 책임지는 데이터베이스로 거듭나게 됩니다.

기업들은 이와 같이 중요한 데이터를 일반 PC의 엑셀 같은 프로그램에 저장하여 사용하지 않습니다. 해당 데이터를 적절하게 보호하고 관리하기 위해 서버의 DBMS를 이용합니다. DBMS는 Database Management System의 약자로 데이터베이스를 관리하는 솔루션을 의미합니다. 즉, 데이터베이스는 기업에 또는 어떤 의도에 의해 쌓여진 데이터들의 집합을 의미하며, DBMS는 이러한 데이터베이스를 관리하는 솔루션을 의미하지만 보통 현업에서는 데이터베이스와 DBMS를 동일한 의미로 사용합니다.

DBMS의 종류에는 많은 사람들이 알고 있는 오라클을 비롯해서 MS-SQL, MySQL, DB2, 사이베이스 같은 외산 DBMS가 있고, 알티베이스 같은 국산 DBMS도 있습니다.

자격증, 매우 중요하지는 않습니다

데이터베이스 관련 업무를 오래 하다 보니 많은 분들이 다양한 질문을 합니다. 그중에서 공통적인 질문들이 있어서 몇 가지 추려 보았습니다. 이들 질문에 대한 필자의 답을 통해 제대로 된 방향을 잡아 나가기를 바랍니다.

첫 번째가 자격증입니다. "OCA, OCP, OCM 같은 데이터베이스 관련 자격증을 취득해야 하나요"라는 질문을 많이 합니다. 이 질문에 대한 필자의 대답은 "중요하지 않다"입니다. 어떻게 보면 너무 단호하게 결론을 내린 것 같기는 합니다. 그러나 이유가 있습니다. 자격증이 그 사람의 기술을 보장하지 못하기 때문입니다. 일반적인 자격증이 실무 경험이나 업무 능력을 측정하기는 힘든 게 현실입니다. 자격증을 취득해 본 사람이라면 자격증 시험이 그리 어렵지 않다는 사실을 압니다.

그렇다면 자격증을 취득했을 때의 장점과 단점은 무엇일까요? 잘 모르는 고객사의 결정권자들은 'OCP를 가지고 있으니 오라클을 잘하겠지' 라는 생각을 합니다. 즉, 자격증을 가지고 있으면 데이터베이스 분야로 입문하기가 좀 더 수월할 수 있다는 점에서 장점이라면 장점이라고 볼 수 있습니다. 하지만 그렇게 해서 DBA를 시작해도 준비가 안 되어 있고 단지 자격증만으로 자리를 얻은 것이기 때문에 힘난한 생활이 될 것입니다. 이것이 자격증의 장점이고 그 이상도 그 이하도 아닌 것 같습니다.

필자도 직원들을 뽑기 위해 면접도 많이 보고 사람들에게 데이터베이스 관련 일을 시키지만 자격증 취득 여부를 보는 경우는 단 한 차례도 없었습니다. 자격증이 있다는 것과 데이터베이스를 잘 하는 것이 별개라는 사실을 알기 때문입니다.

차라리 정보처리기사가 더 중요할 때가 많은 것 같습니다. 사업을 하는 사람이라면 알겠지만 공공 프로젝트에 인력을 투입하기 위해서는 정보처리기사가 있는 것이 매우 유리할 때가 많기 때문입니다. 대학생이라면 시간적 여유도 있을 테니 정보처리기사를 취득하는 것은 중요한 것 같습니다. 반면에 직장인이고 경력이 있다면 정보처리기사를 취득하고 나서의 경력은 모두 인정해 주지만 이전 경력은 일부만 인정해 주는 경우가 많아 경력이 많다면 따져보고 취득하기 바랍니다.

조금 더 설명하자면, 자격증이 취업을 하는데는 직접적인 도움이 되지 않지만 시간이 되고 비용이 있다면 OCA나 OCP 같은 자격증을 획득해 두면 취업을 한 후 데이터베이스를 할 수 있는 기회를 얻는 데는 도움이 됩니다. OCM의 경우, 엔지니어 사이에서는 매우 인정받는 자격증이 아니지만 팀장급들에게 인정받기에는 좋은 자격증입니다. 그러나 가장 중요한 것은 이와 같은 자격증과 비례하는 실력을 갖추도록 노력해야 한다는 점입니다. 아마 이것이 가장 중요하지 않을까 생각합니다. OCA, OCP, OCM 자격증을 가진 모든 사람이 특출나게 업무를 해냈다면 그만큼 이 자격증들도 인정을 받지 않았을까 합니다.

데이터 증가, 데이터베이스 시장도 지속 성장

사람들이 두 번째로 많이 질문하는 것이 데이터베이스 시장에 대한 현재의 분위기와 전문가들의 전망입니다. 데이터베이스 업계에 몸 담은지 벌써 18년째이고 데이터베이스 컨설팅 사업을 한 지는 어느덧 7년째 되어 가고 있습니다. 이런 가운데 필자가 느끼는 것은 처음 데이터베이스 업무를 할 때와는 달리 데이터베이스 시장이 매우 커졌다는 것입니다. 초기에 데이터베이스 업계에서 일할 때는 데이터베이스의 중요성은 별로 인식되지 않은 게 사실입니다. 그때가 1990년대 후반기였습니다. 그러다가 2000년대 들어서면서 데이터베이스의 중요성은 약각씩 높아지기 시작한 것 같고 이때부터 전문 DBA를 필요로 하게 되었습니다. 물론 이때에도 국내 데이터베이스 시장은 초기에 지나지 않았고

2000년대 중반이 지나고 나서야 본격적으로 DBA의 롤이 모델러, 튜너, 마이그레이션 및 DBA로 세분화되고 체계화되기 시작했습니다. 이처럼 데이터베이스 시장은 한번도 주춤한 적 없이 성장만 해 온 것 같습니다. 이제 데이터베이스 시장은 어머어마하게 성장했고 지금은 DBA 업무를 수행하는 인력이 국내에만 3,000명에 육박한다고 합니다. 물론, 이 수치는 전문 모델러, 튜너, 마이그레이션을 담당하는 사람들을 빼고서입니다. 이 정도 규모도 현재로서는 부족한 인원임에는 틀림이 없습니다. 필자가 미래를 볼 수는 없지만 이와 같은 추세라면 데이터베이스 업계는 지금보다 더 성장할 것입니다.

더욱이 데이터베이스 시장은 데이터의 증가와 함께 성장해 왔습니다. 2000년에 들어서면서 인터넷이 각광을 받고 인터넷의 발전은 데이터의 증가로 이어졌습니다. 2000년대 후반부터는 스마트폰의 활성화로 엄청난 빅데이터가 만들어지면서 데이터베이스 발전에 가속도가 붙은 것은 틀림없는 사실입니다. 많은 사람들이 만들어내는 데이터는 감소하기 힘들고, 새로운 기술과 만나면서 데이터는 계속 증가할 것이기 때문에 데이터베이스의 미래는 아직은 밝다고 봐야 하지 않을까 싶습니다.

데이터베이스 업계 전문가들이 이야기하기를, 데이터베이스 시장도 전반적인 저성장과 경기 침체 영향을 받기는 하지만 아직도 수요에 비해 공급이 적다고 이야기합니다. 또한 데이터베이스 업계는 향후 몇 년간은 성장할 것이고 더 나아가서 10년은 충분히 성장할 거라고 전망하지만 사실 누가 정확히 알 수 있겠습니까? 그럼에도 불구하고 데이터베이스 업계의 비전은 계속 좋을 것이라고 필자도 믿습니다. 이는 앞에서도 언급했듯이 인류가 만들어내는 데이터는 없어지지 않고, 더불어 감소하지도 않을 것이기 때문입니다. 이와 같이 데이터베이스 업계의 성장에 대비해 우리가 할 수 있는 것은 최대한의 준비일 것입니다.

데이터베이스 엔지니어는 기본적으로 블루오션

세 번째로, 블루오션인지 레드오션인지를 질문합니다. 이는 아마도 데이터베이스 업계의 회사 성격에 따라 조금씩은 다를 것 같습니다. 데이터베이스를 만드는 벤더의 경우에 블루오션은 아닐 것 같습니다. 이는 새로 구축되는 시스템도 많지만 기존에 운영되는 시스템이 더 많기 때문입니다. 그리고 이미 어느 데이터베이스 벤더에서 특정 사이트를 고객으로 가지고 있기 때문에 시장을 넓히기 위해서는 서로 싸워야 하는 일도 발생하기 때문입니다. 하지만 필자가 이야기하고 싶은 분야는 데이터베이스 벤더가 아닌 우리에 대한 이야기입니다. 우리가 데이터베이스를 만들려면 레드오션일 수 있지만 이 글을 읽는 대다수의 독자 여러분은 데이터베이스를 운용하고 컨설팅하는 엔지니어 집단이거나 그런 엔지니어가 되기를 꿈꾸는 분일 것입니다. 이와 같은 엔지니어 집단이라면 레드오션이기 보다는 블루오션이지 않을까 생각합니다.

아무리 비전이 좋다고 해도 레드오션이라면 수요에 비해 공급이 많을 것입니다. 현재로서는 데이터베이스 업계를 레드오션이라고 하기에는 전문가가 턱없이 부족한 게 현실입니다. 그러나 분명한 것은 블로오션이라고 해서 무조건 좋은 것은 아닙니다. 많은 사람들은 이러한 상황을 잘못 이해하는 것 같습니다. 레드오션이라고 무조건 실패하고 비전이 없는 것은 아니라고 생각합니다. 레드오션이라도 그 업계에서 잘하고 유명한 사람은 비전과 성공을 모두 얻게 됩니다. 이와 마찬가지로 블루오션이고 이쪽으로 업을 삼는 사람이라고 할지라도 데이터베이스를 잘하는 사람만이 블루오션의 혜택을 누릴 수 있습니다.

세분화되고 있는 DBA

네 번째로 많이 질문하는 게 "DBA를 어떻게 구분하느냐"라는 질문입니다. DBA가 과거에는 하나로 통합되어 있었지만 DBA 업무의 중요성이 강화되고 인식이 변하면서 DBA는 매우 세분화되어 가고 있습니다. DBA를 아래와 같이 구분할 수 있습니다.

- 운영 DBA – 운영 중인 시스템에 대해 DBA 역할을 하는 업무로, 모니터링 및 정기적인 작업들이 주를 이룹니다. 특히, 장애, 복구에 대한 업무를 책임집니다.

- 프로젝트 DBA – 프로젝트의 원활한 진행을 위해 구축 프로젝트에서 필요한 DBA 기술을 지원합니다. 특히, 개발하는 부분에 대한 데이터베이스 문제를 지원하고, 개발을 원활히 하기 위한 데이터베이스 준비 작업을 주로 합니다. 또한 1:1로 데이터를 옮기는 데이터 이행 업무를 수행합니다.

- 유지보수 DBA – 상주 DBA가 아닌 정기 방문 등을 통해 장애를 해결하고 문제 해결 및 정기 점검을 주로 수행합니다. 특히, 데이터베이스 인스톨 작업이나 패치 작업이 주된 업무입니다.

- 데이터 모델러 – 데이터베이스에 저장되는 테이블에 대한 구성을 주로 처리합니다. 보통의 경우, 차세대 프로젝트에서 데이터 모델러가 많이 필요하며 업무 파악을 수행한 후 해당 업무에 맞게끔 데이터를 모델링하여 모든 업무를 수용하고 데이터의 안정적인 저장을 책임지는 업무를 맡습니다.

- 튜너 – 데이터의 증가 및 SQL의 작성 미흡으로 발생하는 성능 저하를 해결하는 역할로 SQL 튜닝, 시스템 튜닝, 파라메터 튜닝을 책임지며, 업무의 주된 목적은 성능 향상입니다.

- DA - DA는 데이터 모델링과는 달리 전체적인 업무를 이해하고 데이터 모델의 변경을 진두 지휘하는 역할을 합니다. 하지만 현실에서는 데이터 모델의 현행화 및 모델 변경에 따른 영향도 파악 등의 역할을 담당합니다.

- 데이터 품질 - 데이터 품질은 데이터베이스에 저장되어 있는 데이터의 품질을 검사하고 품질에 어긋나는 데이터를 추출, 보정, 갱신하는 역할을 주로 합니다. 물론 이와 같은 업무에서는 해당 사이트의 업무 이해도와 커뮤니케이션 능력이 요구됩니다.

- 데이터 이행(데이터 마이그레이션) - 데이터 이행은 하나의 시스템에서 다른 시스템으로 데이터를 옮기는 업무입니다. 테이블에서 테이블로 옮기기 때문에 모델이 변경되지 않아 테이블이 변경되지 않은 상태에서 옮기는 경우와 데이터 모델링이 변경된 상태로 데이터를 옮기는 경우 두 가지가 존재합니다. 모델이 변경되지 않아 테이블이 변경되지 않는 상태에서의 데이터 이행은 주로 프로젝트 DBA가 수행합니다. 데이터 이행은 대용량의 데이터를 변경된 구조로 데이터를 옮기기 때문에 모델링 지식 및 SQL 작성 능력 및 업무 분석의 능력을 갖추고 있어야 합니다.

DBA에게 가장 중요한 것은 데이터베이스 지식

다섯 번째로 많이 질문하는 게 "DBA가 되기 위해 무엇을 준비해야 하는가"입니다. 많은 것을 준비해야 합니다. 기술적인 요소도 있을테고 문서 작성 능력, 말하는 습관, 회의하는 능력 등 다양한 능력이 필요합니다. 이러한 것들에 대해서는 뒤에서 이야기하겠습니다.

한 가지 추가로 이야기하고 싶은 것은 많은 학원이나 사람들이 "DBA를 하기 위해서는 자바나 C 언어를 해야 한다"고 이야기합니다. 이 말이 맞을 수도 있지만 필자의 견해는 좀 다릅니다. 데이터베이스만 20년 가까이 해도 데이터베이스에 대해 모르는 게 너무 많은데 과연 언어를 공부할 시간이 있는지 모르겠습니다. 언어를 안다면 유리할 수 있겠지만 언어를 몰라도 유능한 DBA가 되기에는 부족한 게 없습니다. 물론 필자도 언어를 해 본적은 거의 없지만 DBA를 수행하는데 어려운 점은 없습니다.

물론, "모든 것을 많이 알고 준비한다면 손해 볼 것은 없다"는 말은 맞습니다. 하지만 해야 될 게 많은 경우에는 선택과 집중이 필요하지 하지 않을까요. DBA가 되기 위해 준비해야 할 것은 데이터베이스에 대한 지식입니다. 어떻게 보면 가장 근본적이고 당연한 이야기일 것입니다. 하지만 그것이 잘 안되는게 현실이기도 합니다. 데이터베이스를 하기 위해 다른 걸 보지 않길 바랍니다. 하나의 길을 파면 결국 거기에서 해답을 찾을 수 있습니다.

데이터베이스 공부 방법: 20번 보고 외우기

데이터베이스 책을 공부하는 경우에 한 권의 책을 보고 다른 책을 보고 하는 건 별로 좋지 않은 것 같습니다. 다양하게 볼 수는 있지만 필자의 생각은 한 권의 책을 외울 때까지 보는 게 우선 중요합니다. 이해만 하고 외우지 않으면 데이터베이스 기술은 사용할 수 없게 됩니다. 직원들을 가르쳐 봐도 제일 효과 있는 건 한 권의 책을 20번 보고 외우게 하는 것입니다. 데이터베이스를 공부할 때 이와 같은 방법을 사용해 보길 추천합니다.

전문 DBA는 프로젝트의 필수 인력

프로젝트를 수행하면서, 그리고 많은 사이트를 지원하면서 기술을 리드Lead하는 전문 DBA의 부재를 절실하게 느꼈었습니다. 전문 DBA가 반드시 필요하지만 현실은 전문 DBA를 육성하지 않고 있습니다. 그러다 보니 많은 프로젝트에서 어려움을 경험하게 되고 데이터의 기하급수적인 증가로 이제는 많은 곳에서 DBA의 필요성이 부각되고 있는 것 또한 현실입니다.

전문 DBA란 무엇인가요? 전문 DBA는 데이터를 다루는 모든 프로젝트에서 기술을 리드할 수 있는 사람입니다. 모든 개발자의 문제를 해결해 줄 수 있는 열쇠를 가지고 있는 것이 전문 DBA라고 생각합니다. 이러한 전문 DBA가 프로젝트에 존재하지 않는다는 것은 단팥 없는 붕어빵이 아닌가 생각합니다.

DBA의 기본 업무

요즘 들어 DBA라는 직업에 대해 많은 질문을 받습니다. DBA가 되기 위해 무엇을 해야 하는지, 또는 DBA라는 직업이 어떤지를 질문하는 사람이 많아졌습니다. 그만큼 DBA를 직업으로 동경하는 사람이 많아진 것이죠. 동경만 하고 준비에 소홀하면 실패하기 쉽습니다. '적을 알고 나를 알면 100전 100승'이라고 했듯이 DBA가 무엇인지를 알고 DBA를 준비한다면 반드시 전문 DBA로 성공할 수 있을 것입니다. 전문 DBA가 어떤 업무를 수행하는지를 간략하게 살펴보겠습니다.

- 데이터베이스 엔진 관리 – 데이터베이스 엔진에 대한 백업과 용량 관리, 버전 관리, 패치 관리를 수행합니다.

- 데이터베이스 모니터링 - 데이터베이스의 사용에 대해 전체적인 상황을 보는 행위이며 유저가 많이 접속했을 때 또는 작업이 발생했을 때 수행하게 됩니다. 특히, 데이터베이스의 로그 파일을 통해 에러가 없는지를 확인합니다.

- 오브젝트 관리 - 데이터베이스에 대한 테이블, 인덱스, 트리거, 프로시저 및 패키지 등을 생성, 변경 및 삭제 등의 작업을 수행하며 오브젝트의 상태가 사용 가능한지 등을 관리하는 업무입니다.

- 데이터베이스 백업 - 데이터베이스 복구 시 사용하기 위해 사전에 데이터베이스에 대해 백업을 수행합니다. 또한 데이터베이스 복구를 위한 백업 전략을 수립합니다.

- 데이터베이스 복구 - 데이터베이스 장애 발생 시 데이터베이스 백업본으로 데이터베이스를 복구하여 사용하도록 합니다. 물론, 데이터베이스 백업 전략에 따른 데이터베이스 복구 전략도 수립해야 합니다. 추가로 백업본을 이용하지 않고 데이터베이스의 장애를 복구하는 업무도 여기에 포함이 됩니다.

- 데이터베이스 엔진 최적화 - 데이터베이스 엔진에 대한 최적화는 데이터베이스 파라메터 관리를 의미하며 파라메터 관리는 초기에 충분히 고려되어야 하며 운영 중에도 주기적인 점검과 최적화 작업을 해야 합니다.

- SQL Tuning - 데이터베이스에 존재하는 테이블의 데이터를 엑세스하는 SQL에 대한 최적화 업무를 수행합니다.

- 논리 모델링 관리 - 데이터베이스에 존재하는 테이블에 대한 논리적인 개념과 어떻게 구성할지에 대한 업무입니다.

- 물리 모델링 수행 - 논리 모델에서 만들어진 테이블에 대해 파티션, 인덱스 등의 아키텍쳐를 구성하고 생성합니다.

- 데이터 표준화 수행 – 테이블에 저장되는 데이터의 정합성을 위해 컬럼명, 도메인 등의 공통 사항에 대해 표준화를 수행합니다.
- 데이터 이행 – 데이터베이스를 변경하는 경우 또는 데이터 모델링이 변경되는 경우에 데이터를 옮겨야 하며 이와 같이 데이터를 옮기는 작업입니다.

이상으로, 전문 DBA의 업무를 간략하게 살펴보았습니다. 지금부터는 조금 더 자세히 살펴보겠습니다.

DBA의 기본 업무 ① 데이터베이스 엔진 관리

데이터베이스 시스템 구축에서 가장 기본이 되는 작업은 당연히 데이터베이스 설치이며, 이는 DBA의 가장 기본적인 업무입니다. 물론, 데이터베이스 설치는 윈도우를 설치하는 것과 달리 복잡한 작업입니다. 그렇다면 데이터베이스만 설치하면 DBA가 해야 할 일은 끝일까요? 우리가 PC에 S/W를 설치한 후에는 보통 사용만 할 뿐이지 관리하는 부분은 거의 없을 것입니다. 하지만 데이터베이스는 이와는 전혀 다른 S/W라고 생각하면 됩니다. 데이터베이스 엔진만 설치하고 관리 없이 사용만 한다면 얼마 지나지 않아 엄청난 재앙이 발생할 것입니다. 그렇다면 데이터베이스 엔진 관리를 위해 무엇을 해야 하는지 확인해 볼까요.

- 데이터베이스 버그 관리 – 사용 중인 데이터베이스 버전에서 발생하는 버그를 관리하여 해당 버그에 대한 해결 방법을 관리합니다.
- 데이터베이스 버전 및 패치 관리 – 해당 버전을 통해 원하는 서비스를 수행할 수 있는지 또는 다른 기능을 위해 데이터베이스 버전을 업그레이드

해야 하는지를 관리 및 결정합니다. 또한, 버전과 다르게 관리되는 버그 패치 및 보안 패치 등의 각종 패치를 관리하여 데이터베이스의 안정성을 보장해야 합니다.

- 데이터베이스 엔진 백업 – 데이터베이스 엔진은 실제 데이터만큼 자주 백업을 수행할 필요는 없지만 엔진 자체의 문제에 의해 재설치해야 할 경우 엔진 백업본을 준비해야 합니다.

데이터베이스 엔진과 관련해서 DBA가 수행해야 할 업무는 위와 같습니다. 위에서 언급한 하나 하나의 항목은 어려운 업무가 아닙니다. 어떻게 보면 단순한 성격의 업무입니다. 하지만 데이터베이스를 운영함에 있어서 매우 중요하며 기초가 되는 업무임에는 틀림이 없습니다.

DBA의 기본 업무 ② 데이터베이스 상태 점검

DBA는 데이터베이스의 상태를 점검하는 모니터링의 업무를 해야 합니다. 그렇다면 과연 어떤 항목을 모니터링해야 할까요? 크게 보면, 다음과 같이 세 항목에 대한 모니터링을 수행해야 합니다.

- 오브젝트 상태
- 메모리 상태
- 디스크 상태

오브젝트 상태에서는 인덱스 중 사용하지 못하는 인덱스가 존재하는지 또는 테이블 중 공간을 할당할 수 없는 테이블이 존재하는지 등에 대한 주기적인 모니터링이 필요합니다. 메모리 상태에서는 메모리의 크기가 최적화되어 있는지 부족하지 않은지에 대한 모니터링이 필요합니다. 그리고 메모리 관련 Waiting 또한 관심 있게 확인해야 하는 항목입니다. 디스크 상태에서는 디스크 I/O의 상태 확인에 중점을 두어야 합니다.

이와 같이 모니터링을 통해 데이터베이스의 상태를 항상 확인해야 합니다. 이외에도 에러 로그 확인 등 사이트에 따라 모니터링 항목이 추가되는 경우도 있습니다.

앞에서 언급한 데이터베이스 엔진 관리와 데이터베이스 모니터링은 DBA의 기본 업무 중 가장 기본적인 업무에 해당합니다. DBA를 시작하면서 가장 처음 수행하게 되는 업무가 바로 이 두 가지 업무입니다.

위의 두 업무를 수행하기 위해 고급 지식과 현란한 기술을 갖추지 않아도 되지만 DBA라면 기본적으로 해야 할 업무입니다. 이러한 기본적인 업무를 등한시하고 고급 기술만을 고집하는 사람이라면 그 사람에게는 DBA의 자격이 없다는 것이 필자의 생각입니다. 세상 모든 일이 그렇지만 처음부터 어떻게 최상위로 갈 수 있겠습니까? 최고의 DBA가 되고자 한다면 기초부터 건실하게 다지고 가길 바랍니다.

DBA의 기본 업무 ③ 다양한 백업/복구 방법 숙지

데이터베이스도 다른 시스템 또는 우리가 사용하는 PC와 마찬가지로 언제든지 문제가 발생할 수 있고 그에 따라 해당 시스템에 보관되어 있는 데이터를 분실할 수 있습니다. PC에 문제가 생기면 가장 먼저 무엇을 하나요? 우선 중요한 문서를 다른 디스크로 복사할 것입니다. 그 다음에 OS를 재설치하고 복사해둔 문서를 다시 PC에 복사하여 사용할 것입니다. 데이터베이스 시스템의 백업도 이와 별반 다르지 않습니다. 데이터 또는 데이터베이스에 문제가 발생했을 경우를 대비하여 기존 데이터를 특정한 장소에 복사해 두어야 한다는 것입니다.

일반 PC에서 백업을 수행하는 것과 마찬가지로 데이터를 복사해 두는 것은 비슷하지만 데이터베이스 시스템에는 기업에서 사용하는 매우 중요한 데이터가 저장되어 있으므로 데이터를 복사하는 전략과 전술이 필요하다는 점에서 차이가 있습니다. DBA에게 백업은 기본 업무이며 더 나아가서 완벽한 백업 전략을 수립하고 실행할 수 있어야 합니다.

백업 전략을 수립하기 위해서는 반드시 데이터에 대한 장애 발생 시 어떤 수준으로 복구를 원하는지를 고객과 함께 협의를 해야 합니다. 예를 들어, A 테이블에 문제가 발생하여 엑세스가 되지 않을 경우 A 테이블을 복구해야 할지 아니면 개발 담당자가 해당 데이터를 재생성할 수 있는지 아니면 해당 테이블이 삭제되어도 문제가 없는지 등을 정확히 이해해야 합니다. 해당 테이블이 꼭 필요한 테이블이라면 해당 테이블에 대해 논리적 백업을 수행해야 합니다. 또한, 논리적 백업은 백업 시점까지만 해당 데이터를 복구할 수 있으므로 이에 대한 고객과의 정확한 협의를 DBA가 주도해야 합니다. 이와 같은 방식으로 백업 전략을 수립하지 않는다면 DBA의 업무를 정확히 이행한 것이 아닐 것입니다. 물론, 복구 또한 백업의 반대 개념이기 때문에 DBA가 수행하는 업무가 됩니다.

결국, 백업/복구 전략을 DBA가 수립해야 하며 백업 전략을 수립하기 위해서는 고객의 데이터 복구 수준을 정확히 협의해야 합니다. 고객의 정확한 요구 사항이 파악되었다면 이에 맞게 물리적 백업과 논리적 백업을 이용한 양방향 백업을 수행해야 합니다. 백업 전략 수립 시 또 하나의 고려 사항은 보관 주기입니다. 백업 데이터를 얼마동안 오래 보관할지도 백업 전략에 포함되어야 합니다.

백업은 잘하면 본전이고 잘못하면 큰 문제를 발생시킵니다. 이와 같이 가장 기본인 백업 전략을 제대로 수행하지 못한다면 어찌 DBA라고 할 수 있겠습니까?

DBA의 기본 업무 ④ SQL 튜닝을 통한 성능 최적화

계속적인 데이터의 증가로 인해 대부분의 시스템들은 대용량화되고 있으며 많은 기업에서는 데이터베이스의 성능을 중요 부분으로 인식하게 되었습니다. 데이터베이스의 성능은 고객 불만을 발생시킬 수 있는 부분이며 기업의 성패를 좌우할 수 있기 때문입니다. 시스템을 운영하면서 성능 저하를 피부로 느끼지만 실제 무엇이 문제인지를 인식하는 사람은 거의 없습니다. 문제를 확인하였더라도 어떻게 해결해야 하는지를 명확히 말해 줄 수 있는 사람이 부족한 것이 현실입니다. 데이터베이스는 데이터의 양과 비례하여 살아 움직이게 됩니다. 데이터가 많으면 그 변화는 더 심해집니다. 인덱스 또는 SQL 문 하나에 의해 해당 시스템은 천국과 지옥을 넘나들게 됩니다. 이는 경험해 본 사람이 아니라면 이해가 안 되는 부분일 수도 있습니다. 우리가 좀 더 SQL 튜닝에 대한 중요성을 인식하고 있었다면 이런 성능 저하는 발생하지 않았을 것입니다. 그렇다면 SQL 튜닝을 통한 성능 최적화는 왜 필요한 것일까요? 아래 문제를 해결하기 위해서입니다.

- 기업의 업무 마비
- 계속된 비용 증가
- 고객 불만 증가

SQL에 의한 성능 저하는 기업의 업무를 마비시킬 수도 있는 부분입니다. 성능 저하에 의해 해당 시스템에서 업무가 구현되지 않는다면 어찌 기업의 업무를 유지시킬 수 있겠습니까? 이와 같은 이유로 담당자들은 해당 시스템에 많은 비용을 투자하여 CPU 및 메모리 등을 증설할 것입니다. 과연 이러한 조치가 최적의 조치일까요? 필자는 이와 같이 무분별한 비용의 사용보다는 해당 시스템의 최적화가 먼저 수행되어야 한다고 생각합니다. 그 다음에 시스템을 증설해도 늦지 않을 것입니다. 이와 같은 SQL 성능 저하가 고객의 불만을 야기시키는 것은 두말할 필요도 없습니다.

이와 같은 이유에서라도 SQL 최적화를 수행해야 하며 그 중심에는 DBA가 있다는 점을 명심하기 바랍니다. DBA의 SQL 최적화에 대한 능력은 하나의 시스템을 최고로 만들 수도 있고 최악으로 만들 수도 있다는 사실을 인지하기 바랍니다.

SQL 튜닝을 통한 성능 최적화를 수행하기 위해서는 자기만의 방법론이 필요할 것입니다. 이와 같은 방법론이 존재하지 않는다면 SQL 튜닝을 통한 성능 최적화에 대한 효과를 기대하기는 힘들 것입니다. 아래에서 소개하는 SQL 튜닝 방법론은 하나의 예이며 이를 참조하여 자신만의 SQL 튜닝 방법론을 구축하길 바랍니다.

- 성능 데이터 수집
- 성능 데이터 분석
- 문제 SQL 최적화
- 효과 분석

첫 번째로, 성능 데이터를 수집해야 합니다. 성능 데이터를 수집하는 방법에는 여러 가지가 있습니다. 다양한 방법으로 성능 데이터를 수집하는 것이 SQL 최적화를 수행하기 위해서는 가장 기본적인 작업입니다. 성능 데이터 수집 없이 무엇을 보고 어떤 SQL에 문제가 있는지를 말할 수 있겠습니까? 이는 병원에서 엑스레이 하나 없이 환자의 병을 진단하는 것과 같은 이치입니다.

두 번째로, 수집한 성능 데이터를 정확히 분석하는 과정이 필요합니다. 성능 데이터의 분석은 매우 객관적이어야 하며 이러한 성능 데이터 분석을 통해 문제 SQL을 도출할 수 있어야 합니다.

세 번째로, 문제 SQL을 수집했다면 이제는 문제 SQL을 세밀하게 분석하여 해당 SQL의 문제점을 정확히 도출해야 합니다. 또한, 도출된 문제점을 기준으로 전문적인 지식을 융합하여 비효율을 제거하는 일련의 활동을 수행해야 합니다.

네 번째로, 이와 같이 최적화된 SQL을 적용하고 그에 따른 효과 분석이 필요합니다. 효과 분석은 계속된 SQL 최적화를 수행하기 위해 반드시 필요한 작업이며, 효과 분석에서는 SQL 최적화를 수행한 내용에 대한 문서화도 매우 중요한 일입니다.

이러한 SQL 최적화의 단계가 한 번만 수행되어서 종료되는 것은 아닙니다. 해당 시스템에 비효율이 전혀 존재하지 않을 때까지 계속적으로 반복 수행해야 합니다. SQL 최적화는 DBA의 핵심적인 업무 중 하나입니다. 또한, 한 단계 높은 일을 수행하기 위해서 한 번은 거쳐야 하는 단계이기도 합니다. SQL 최적화는 DBA의 업무이므로 반드시 도전해야 합니다.

DBA의 기본 업무 ⑤ 모델링

모델링이라고 하면 매우 어렵게 생각하는 경우가 많습니다. 하지만, 모델링이 마냥 어려운 일만은 아닙니다. 모델링을 이해하기 위해서는 우선 모델링이 어떤 단계로 구성되는지 이해해야 합니다.

- 논리 모델링
- 물리 모델링

논리 모델링은 개념 모델링도 포함한 단계입니다. 위와 같이 구분되는 모델링의 단계에서 물리 모델링은 DBA와 매우 관련이 깊은 단계입니다.

첫 번째로, 논리 모델링의 단계를 확인해 보겠습니다. 논리 모델링의 단계는 실제 업무를 이해하여 시스템으로 구성하기 위해 필요한 엔티티, 속성 및 관계를 정의하는 단계입니다. 이와 같은 엔티티 및 속성은 물리 모델링 시에 테이블과 컬럼으로 구현됩니다. 논리적 모델링 단계에서는 데이터베이스 시스템의 기본이 되는 테이블과 테이블의 컬럼이 선정됩니다. 이와 같은 논리 모델링에서 고려 사항은 무엇일까요?

- 데이터의 정합성
- 성능의 향상

논리 모델링 단계에서 위와 같은 사항의 고려는 매우 중요합니다. 위의 단계에서 DBA는 업무를 정확히 판단하여 데이터의 정합성 및 성능을 예측할 수 있어야 합니다. 정확한 업무를 이해한다면 데이터의 정합성을 유지하기 위해 어떻게 엔티티를 구성해야 할지를 이해할 수 있을 것입니다. 마찬가지로 업무를 통해 어떻게 데이터를 엑세스할 수 있는지를 알 수 있을 것입니다. 어떻게 데이터를 엑세스하는지 이해하며 SQL 최적화에 대한 지식을 가지고 있다면 성능에 대한 예측을 할 수 있습니다. 따라서, 논리 모델링을 수행하는 DBA는 데이터의 속성을 정확히 이해하여 데이터와 업무를 연관시킬 수 있어야 하며 더 나아가서 데이터 엑세스의 성능을 예측할 수 있도록 해야 합니다.

두 번째로, 물리 모델링에 대해 알아 보겠습니다. 물리 모델링은 논리 모델링을 통해 도출된 엔티티를 테이블로 구성하고 속성을 테이블의 컬럼으로 구현하는 단계를 의미합니다. 엔티티를 테이블로 구성하는 과정에 DBA는 많은 역할을 수행해야 합니다. 데이터베이스에서 제공하는 테이블에는 여러 종류가 존재하며 어떤 종류의 테이블을 선택하는가에 따라 성능 및 관리에서 많은 차이가 발생합니다. 그렇다면 데이터베이스 중 하나인 오라클에서 제공하는 테이블의 종류에는 어떤 것이 있을까요?

- 일반 테이블
- 파티션 테이블
- 클러스터 테이블
- 임시 테이블
- IOT

위와 같이 여러 종류의 테이블이 존재하며, 테이블 선정 과정에서 DBA가 직접 참여하여 물리 모델링의 중요한 역할을 수행해야 합니다.

테이블의 속성을 테이블의 컬럼으로 변경하는 단계는 어떨까요? 테이블의 속성을 테이블의 컬럼으로 변경하는 단계 또한 많은 항목을 고려하여 선정해야 합니다. 특히, 테이블의 컬럼에는 여러 속성이 존재합니다. 하나의 컬럼을 문자 타입으로 선정할 수도 있고 또는 숫자 타입으로 선정할 수도 있습니다. 이러한 사항은 추후 데이터베이스의 성능 및 관리에 큰 영향을 미칠 수 있습니다.

이런 작업을 아무나 마음대로 선정해서는 안 될 것입니다. 반드시 DBA와 협의하여 선택해야 하며 DBA 또한 이러한 업무에서 자신의 역할의 중요성을 인식하고 항상 준비해야 합니다. 준비하고 있지 않다면 이와 같은 업무는 DBA의 업무가 되지 않을 것입니다. 논리 모델링과 물리 모델링은 준비된 DBA만이 수행할 수 있는 업무라는 점을 꼭 기억하기 바랍니다.

이상으로 전문 DBA가 하는 기본 업무들을 살펴보았습니다. 데이터베이스 업무를 수행하는 사람마다 업무 항목이 조금은 다릅니다. 하지만, 업무 항목이 약간 다르더라도 위에서 언급한 업무는 전문 DBA로 성장하기 위해 반드시 필요한 업무임에는 틀림이 없습니다.

데이터베이스 컨설턴트(모델러와 튜너)로 산다는 것

데이터베이스 컨설턴트로 산다는 것은 매우 힘든 일입니다. 하지만 데이터베이스 컨설턴트를 하면서 자신이 인정받고 대우받고 또한 필요한 존재로 인식될 때 보람을 느낍니다. 그런 보람이 없다면 아마 어느 누구도 데이터베이스 컨설턴트를 하지 않을 거라 생각합니다.

그럼, 전문 DBA의 연장선상에 있는 데이터베이스 컨설턴트는 어떤 일을 할까요? 그전에, 데이터베이스 컨설턴트의 종류로 무엇이 있을까요? 데이터베이스 컨설턴트는 모델러와 튜너가 대표적입니다. DBA도 커맨드 작업을 하는 것만이 아니라 본인이 아키텍쳐와 구축을 혼자 지휘할 수 있을 때 컨설턴트로 거듭날 수 있을 것입니다.

DB 컨설턴트의 기본 요건 ① 실용적인 기술

첫 번째로, 데이터베이스 기술에 대해 설명하겠습니다. 데이터베이스를 지원하는 많은 사람들은 다들 열심히 공부를 하고 있는 걸로 알고 있습니다. 한가지 하고 싶은 말은 '그렇게 공부하는 것들이 실무에서 사용할 수 있냐'는 것입니다. 공부라는 것이 학문적인 공부도 좋지만 실무에서 사용하는 공부를 하여 기술력을 쌓아야 합니다.

간단한 걸 하나 확인해 보겠습니다. 우리가 교육센터나 책에서 배운대로 alter table table_name modify (col1 char(100)); 이라는 명령어를 수행하면 어떻게 될까요? 이 명령어가 매우 간단한 명령어임에는 틀림이 없습니다. 하지만 운영 중인 시스템이 대용량 테이블이라면 alter 작업을 수행하는 동안 해당 테이블에는 락이 수행될 것입니다. 그렇게 된다면 해당 테이블에는 다른 작업이 어렵게 되어 장애가 발생할 수 있습니다. 우리는 명령어는 공부하지만 해당 명령어가 대용량 테이블과 만나면 어떤 일이 발생하는지를 공부하지 않는 경우가 대다수입니다. 이런 데이터베이스 기술이 업무에 사용될 수 있는 기술일까요? 이러한 기술을 가지고서는 데이터베이스 컨설턴트가 될 수 없을 것입니다. 데이터베이스 컨설턴트가 갖추어야 할 지식의 유형은 이론과 실무를 유기적으로 고려할 수 있는 실용적인 기술이어야 합니다.

그럼, 이런 실용적인 기술만으로 데이터베이스 컨설턴트가 될까요? 그것만으로는 그냥 엔지니어에 불과할 수 있다는 것입니다. 그럼, 데이터베이스 컨설턴트가 되기 위해 추가로 뭐가 필요할까요? 필자는 기술도 중요하지만 지금부터 이야기하는 항목들도 매우 중요하다고 생각합니다.

DB 컨설턴트의 기본 요건 ② 말하는 습성

두 번째로, '말하는 습성'입니다. 데이터베이스를 한다는 것 또한 사람과 사람과의 관계입니다. 우리가 데이터베이스를 한다고 해서 데이터베이스하고만 일을 하는 것은 아닙니다. 데이터베이스를 한다는 것은 해당 데이터베이스를 사용하는 개발자, 운영자 및 기타 많은 사람들과 연관 관계를 가진다는 의미입니다. 이렇게 사람들과의 연관 관계가 있기 때문에 사람들과의 의사소통을 말로 할 수 밖에 없습니다. 이런 이유에서 데이터베이스 컨설턴트에게 가장 중요한 요소 중 하나가 바로 '말하는 습성'이다. 필자도 직원들에게 항상 이야기하는 게 있습니다. 고객이나 주변에서 같이 일하는 사람들에게 '모르겠다' 아니면 '이럴 수도 있고 저럴 수도 있다'와 같이 뭔가를 정확하게 이야기해 주지 않는 그런 형태의 말하는 습성을 갖지 말라는 것입니다.

또한 데이터베이스 컨설턴트는 '아마도', '그럴 수 있습니다', '아', '음', '등'의 단어나 문장을 쓰면 안됩니다. 마치 군대에서 '요'자를 쓰지 말라는 것과 같습니다. 이런 말을 쓰는 순간 데이터베이스 컨설턴트로서의 신뢰는 떨어집니다. 말 할때는 MUST만을 말해 줘야 하며 항상 시간 계산을 정확히 해줘야 합니다. '작업하는데 15시간 정도 걸릴걸요'라고 말하기 보다는 '15시간이면 종료할 수 있습니다'라고 말하는 사람이 진정 고객을 생각하는 컨설턴트가 아닐까요. 그러기 위해서 기술적인 것도 많이 습득해야 하고 미리 테스트도 해봐야 하고 경험도 많아야 할 것입니다. 그렇게 해야만 고객은 그 컨설턴트를 믿고 서비스를 15시간 정지시킬 수 있습니다.

예를 들어, 고객과 이야기를 하는데 기술적인 부분에서 이럴 수도 있고 저럴 수도 있다고 이야기하는 건 엔지니어로서 무책임한 말일 수 있습니다. 또한 어떤 작업에 대해서 소요 시간을 묻는 말에 무조건 '해 봐야 알 수 있습니다' 라고 말하는 것 역시 무책임한 말이라고 생각합니다. 물론, 작업을 해 봐야 시간 산정이 되는 것은 당연합니다. 그렇다고 무조건 해 봐야 시간을 산정할 수 있다고 주장하고 테스트해 볼 수 있는 상황이 아니라면 고객 입장이 얼마나 난처하겠습니까?

실제로 필자가 예전에 어느 사이트에서 회의를 하면서 경험한 일이 있습니다. 필자 회사의 직원이 투입되어 있었고 해당 직원과 고객이 회의를 하는데 직원 입장에서는 정확히 시간 산정을 못하기 때문에 '해 봐야 안다'고 이야기했습니다. 그래서 고객은 필자를 호출했고 저는 회의에 참석하게 되었습니다. 거기서 이야기하는 것은 '해당 배치 업무를 몇 시간 만에 종료할 수 있게끔 최적화를 할 수 있냐'는 것이었습니다. 그래서 필자는 저에게 필요한 사항만 정확히 두 가지를 요청했습니다. 해당 프로그램이 사용하는 테이블이 몇 개인지, 각각의 테이블의 크기는 어떻게 되는지를 요청했습니다. 저는 '몇 시간을 원하냐'라고 물었고, 고객은 '빠르면 빠를수록 좋다'라고 말했습니다. 그래서 필자는 '20분이면 되겠냐'라고 이야기를 했고 고객은 '아직까지 종료된 걸 본적이 없는 배치인데 그거면 본인은 너무 좋다'고 이야기를 했습니다. 그래서 그렇게 하기로 하고 회의를 바로 종료했습니다. 이렇게 회의하는데 소요된 시간은 10분에서 15분 정도였습니다. 회의라는건 이렇게 말하는 습성에 따라 결과도 시간도 달라지는 것 같습니다.

필자는 회의를 하는 10여분의 시간동안 머릿속에서 계산을 끝냈습니다. 필자는 고객의 구구절절한 사연은 관심 없었고 해당 문제를 해결하기 위해 필자에게 필요한 내역만을 간단히 요청했고 필자가 할 수 있는 시간을 제시했습니다.

물론, 터무니 없는 시간을 고객한테 제시한 것도 아니였고 필자의 계산은 15분이였지만 여유를 생각해 20분을 이야기한거였습니다. 물론, 그렇게 말을 하고 나서 책임을 지기 위해 몇 날 며칠을 밤을 새우며 완료를 해서 16분 정도로 종료하는 배치를 만들었습니다.

DB 컨설턴트의 기본 요건 ③ 회의 리딩 능력

세 번째로, '회의를 이끌어 가는 능력'입니다. 이 능력은 데이터베이스 컨설턴트에게 매우 중요한 능력입니다. 회의에서 기술을 리딩할 수 있는 데이터베이스 컨설턴트는 실제 업무에서도 기술을 리딩할 수 있게 됩니다.

필자의 이야기를 해 보면, 필자는 오랫동안 기술을 했지만 지금은 사업도 하고 기술도 하다보니 기술적인 건 이제 많이 부족할 수 있습니다. 하지만 회의에서 만큼은 엄청 강한 모습을 보입니다. 어떤 사안이 진실이라고 생각하면 거침없이 밀어 붙이고 틀렸다고 생각하면 아니라고 강하게 이야기합니다. 이러한 회의의 습관이 고객에게 믿음을 주게 되고, 믿음이 쌓이면 프로젝트를 더욱 쉽게 할 수 있습니다. 필자 회사의 직원들도 필자와 같이 회의를 들어가고 싶어하는 경우가 많습니다. 회의는 프로젝트의 방향을 결정짓는 중요한 요소이므로 데이터베이스 컨설턴트는 이와 같이 회의를 이끄는 능력을 가져야 합니다.

필자의 경우에는 회의를 길게 하지 않습니다. 이러한 것이 회의를 리딩할 수 있는 요소이며 회의 때는 필요한 것만 간략하게 요청합니다. 그리고 필자가 해 줄 수 있는 것을 자신있게 이야기합니다. 그렇기 때문에 회의가 길어질 이유가 없게 됩니다.

DB 컨설턴트의 기본 요건 ④ 문서 작성 능력

네 번째로, 문서 작성 능력입니다. 많은 엔지니어는 문서 작성을 싫어하는 경우가 많습니다. 이것이 엔지니어와 컨설턴트의 차이 중 하나라고 생각합니다. 컨설턴트에게 말하는 습성과 회의를 리딩하는 능력도 중요하지만 문서로서 본인의 의견을 전달해야 할 때도 많습니다. 특히, 데이터베이스 컨설턴트는 PT를 해야 하는 경우도 많기 때문에 문서 작성은 매우 중요한 업무 중 하나입니다. 어떤 사람들은 이렇게 이야기하기도 합니다. "컨설턴트라고 하면서 들어와서 문서만 만들고 회의 한 번 하고 가는데 비용은 왜 이렇게 많이 받는가!" 저는 그런 주장에 동의할 수 없습니다. DB 컨설턴트가 문서를 만들고 회의 한 번 하는 것이 프로젝트를 살릴 수도 있는 매우 중요한 행위라는 사실을 알아야 합니다.

문서를 만들 때 글자 서체, 글자 크기, PT 배경에 신경을 써야 하는 건 당연합니다. 표, 그림, 도식 등을 많이 이용하여, 보는 순간 이해되도록 해야 합니다. 후배들에게 문서 작성을 시켜 보면 글자 크기를 20 이상으로 만드는 경우도 많습니다. 이와 같이 PT를 만드는 건 대학생 수준이고, PT용 문서라면 보통 글자 크기를 14 미만으로 해야 합니다. '나는 엔지니어니깐 문서 안만들어도 된다'라고 생각한다면 영원히 엔지니어로 남게 되고 컨설턴트로 갈 수 없다는 걸 이해하기 바랍니다.

문서 만드는 습관을 가지면 추가로 좋은 점도 많습니다. 보통 사이트를 지원하다 보면 교육을 해달라는 경우도 많습니다. 그렇다면 평상시에 문서를 만들고 PT를 하던 컨설턴트는 교육 준비를 금방 할 수 있습니다. 또한 그런 문서들이 모여서 여러 매체에 컬럼으로 실릴 수도 있고 더 나아가서는 출판을 생각할 수 있게 됩니다.

DB 컨설턴트의 기본 요건 ⑤ 발표 능력

다섯 번째로, 발표 능력입니다. 데이터베이스 컨설턴트는 앞서 이야기한 것과 같이 본인이 문서를 작성해서 그 문서를 가지고 발표를 해야 하는 경우도 많이 만납니다. 프로젝트에 데이터베이스 컨설턴트가 많이 투입되지 않기 때문에 데이터베이스 컨설턴트가 투입되어 들어오면 많은 고객들은 회의, 발표, 교육을 요청합니다. 이러한 일들을 훌륭히 잘 해내기 위해서는 기본적으로 발표 능력을 갖추고 있어야 합니다.

필자의 경우, 직원들을 대상으로 매년 1개월 정도씩 사내 교육을 하고 있습니다. 사내 교육 기간에는 모든 직원에게 주제를 주고 3분 스피치 또는 5분 스피치를 시킵니다. 이와 같이 스피치를 시키면 직원들은 매우 힘들어합니다. 하지만 이와 같은 스피치는 문서 만드는 기본적인 능력, 발표하는 능력, 말하는 능력을 한번에 훈련할 수 있는 좋은 방법이라고 생각합니다. 그렇기 때문에 올해도 3분 스피치 또는 5분 스피치를 했고 내년에도 계속 할 예정입니다.

DB 컨설턴트의 기본 요건 ⑥ 일처리하는 센스

여섯 번째로, '일처리하는 센스'입니다. 어떤 일을 하던 일처리하는 센스는 반드시 필요합니다. 일처리하는 센스를 누가 가르쳐 주기는 힘든 것 같습니다. 필자도 수 백명을 가르쳐 보았지만 아무리 기술이 쌓여도 일을 처리하는 센스가 없는 경우를 종종 보았습니다. 그렇다면 일처리하는 센스는 무엇인가요? 일처리하는 센스는 동시에 많은 일들을 해야 할 때 어느 것이 중요한지를 결정하는 판단력과 데이터베이스에 무슨 일이 발생했을 때 해당 일을 처리하는 순발력이라고 볼 수 있습니다. 그리고 어떤 일을 할 때 얼만큼 효과적으로 빠르게 처리하냐입니다.

기술만 갖춘 DB 컨설턴트는 50점

데이터베이스 기술 말고 위의 항목 중에 어느 하나라도 어설프게 하는 순간 그 사람은 데이터베이스 컨설턴트로서는 부족하다는 평가를 받습니다.

데이터베이스 컨설턴트에게 필요한 요소를 나열하고 나니 데이터베이스 컨설턴트에게는 너무 많은 걸 요구하는 것 같습니다. 하지만 이게 현실이고, 그렇기 때문에 데이터베이스 컨설턴트가 된다는 건 쉽지 만은 않은 일인 것 같습니다. 이렇듯 데이터베이스 컨설턴트에게 필요한 것은 기술이 50%이며 나머지 부분이 50% 정도를 차지한다고 봐야 합니다. 결국, 기술에만 너무 연연하면 100점 만점에 50점 밖에 안 된다는 것입니다.

데이터베이스 컨설턴트가 되고자 한다면 지금부터라도 기술뿐만이 아니라 이런 여러 가지 능력을 배양해야 합니다. 기술은 종이 한장 차이라는걸 명심하길 바랍니다. 하지만 나머지 요소는 노력하고 준비하지 않으면 절대 따라올 수 없는 요소입니다.

대학 전공과 다른 DBA를 시작하다

이제부터는 필자가 데이터베이스 분야에서 직장 생활을 시작해서 사업까지 하게 된 이야기를 해 보겠습니다. 이를 통해 많은 분들이 꿈과 희망을 가지고 데이터베이스에 더 열중하길 바랍니다.

필자는 대학에서 수학을 전공했습니다. 아마 이쪽으로 입문하는 많은 분들이 컴퓨터공학과나 정보처리학과 등 IT 관련 학과가 아닌 경우도 많을 거라 생각합니다. 필자도 전공이 수학이다 보니 컴퓨터 분야에 대해서는 생소했습니다.

심지어 대학을 졸업할 때는 컴맹에 가까웠습니다. 대학교 다닐 때도 열심히 공부하지 않은 건 사실입니다. 하지만 대학 생활 내내 수학적인 논리는 가지고 있었던 것 같습니다.

지금도 취업하기 힘들지만 필자가 대학을 졸업하던 해는 IMF로 어느 회사도 정직원을 뽑지 않던 시기였습니다. 제가 다닌 과는 그해 40명 정도 졸업했지만 취업을 하겠다는 사람은 4명에 불과했습니다. 그 만큼 취업을 아예 포기하는 분위기였습니다. 그전까지는 여학생들이 휴학을 하는 경우가 없었고 군대 휴학이 아니면 남자들도 휴학을 하는 경우가 없었지만 그 당시에는 1년 휴학하고 어학 연수가는 게 유행이었습니다.

지금은 적은 인원이라도 직원을 모집하지만 그 당시에는 직원을 모집하는데가 전혀 없었고 단지 정부 지원 인턴만을 모집했었습니다. 그 당시의 인턴은 지금 인턴과는 차원이 달랐습니다. 6개월에서 1년 간 회사 생활을 하면서 매일 평가를 받고 인턴 과정을 마치는 날, 평가에 따라 합격 또는 불합격이 결정되는 구조였습니다. 6개월에서 1년을 투자하여 정직원이 되면 다행이지만 안 된다면 그 또한 문제가 되는 상황이었습니다. 물론 장시간의 인턴 기간에는 급여나 복지가 좋지 않은 조건이었지만 일자리가 전혀 없는 상태였기 때문에 필자도 인턴을 지원할 수 밖에 없었습니다. 그나마 인턴으로라도 회사에 입사하기만 하면 다른 친구들이 부러워하던 시절이었습니다.

이렇게 회사에 입사한 후 필자의 의지와 상관 없이 선배들이 메인프레임 DB2 DBA를 하라고 했습니다. 필자는 컴퓨터에 대한 지식이 없었기 때문에 선배들이 하라는 대로 메인프레임 DBA 일을 시작하였습니다. 필자는 그렇게 98년에 컴맹인 상태에서 DBA를 시작하게 되었습니다. 그땐 DBA라는 말도 별로 사용하지 않던 시기였습니다. 오라클이라는 말조차 들어본적 없이 DBA를 시작해서, 벌써 18년이 되었습니다. 그때는 뭔지 모르고 시작했지만 지금에 와서 돌이켜 보면 DBA로 사회 생활을 시작한 것이 행운이었던 것 같습니다.

사실, 처음에는 DBA가 하기 싫었습니다. 컴맹인 필자가 뭐 할 줄 아는 게 있었겠습니까? 선배가 시키면 하고 안 시키면 집에 일찍 가고, 그렇게 일년 가까운 시간을 보냈습니다. 그러던 중 운좋게 정직원이 되었지만 IMF 시절 회사가 부도나는 바람에 분위기도 그렇고 해서 회사를 퇴사했습니다. 나가라는 사람은 없었지만 자의로 퇴사했습니다. 그때만 해도 DBA라고 말할 수 없었고 단지 몇개 작업만 할 줄 아는 정도였습니다. 그러던 중 2개월 남짓을 여기저기 헤매다가 계열사 IT 운영을 하는 회사에 취업을 했습니다. 그 회사에서는 5-6개월 동안 자바를 했습니다. 물론, 그냥 남들 하는거 보고 따라한 게 전부였던 것 같습니다. 그러다가 우여곡절 끝에 DBA 팀으로 배치를 받았고 그때부터 필자의 인생은 180도 변했습니다.

그때 오라클을 처음 접하고 책을 보기 시작했습니다. 운좋게 그 당시 동양 최대 규모라는 시스템을 운영하게 되었고 그때부터 몇 년 동안 책과 데이터베이스와 씨름하며 살았습니다. 그땐 회사 동료들이나 선후배들은 필자가 언제 출근하고 언제 퇴근하는지 모를 정도였습니다. 그때 당시에는 회사에서 진짜 열심히 공부하고 테스트하고 또 공부하고 테스트하고 데이터베이스 운영을 했던 것 같습니다. 그렇게 2년 정도를 지내고 나니 나름대로 실력이 많이 향상된 것 같았습니다. 그때만 해도 누구와도 DB에 대해 기술적으로는 지지 않을 자신감이 생겼습니다. 진짜 어느 정도로 공부를 했는가 하면 잠자는 시간과 회식 시간 **빼고는** 모든 시간을 데이터베이스에 쏟아부었던 것 같습니다. 그리고 뭐가 그렇게 데이터베이스가 좋았는지 하루에 5시간 이상 잠을 자 본 적이 거의 없었습니다.

물론 노력한 것도 있었겠지만 대학교 때 배웠던 수학의 논리적인 사고 방식이 지금 데이터베이스 컨설턴트를 하는데 있어 구체적으로 어떤 도움이 되는지는 모르겠지만 많은 도움이 되는 것 같습니다. 그런 점에서 보면 전산 관련 학과가 아니더라도 논리적인 사고 방식이 있다면 DB 컨설턴트가 되는데 도움이 될 것 같습니다.

성능을 보는 튜너가 되다

DBA로 시작한 필자는 시작 당시만 해도 기술에 배고파 있을 때였고 그때 튜닝 책을 처음 접했고 튜닝이라는 길로 접어들게 되었습니다. 튜닝 공부를 혼자 하면서 2~3년 간 많은 프로젝트를 수행했습니다. 그렇게 준비한 덕분에 주옥같은 많은 프로젝트들을 무사히 수행할 수 있었습니다. 이때까지만 해도 아직 DBA에 가까운 튜너였으며 이런 경험이 튜너로 갈 수 있는 좋은 기회를 만들어 주었던 것 같습니다. 이와 같은 길을 통해 튜너로 변모하면서 SI를 하게 되었습니다. 많은 분들이 SI는 힘들다고 이야기하지만 필자는 SI에는 꿈과 희망이 있다고 이야기합니다. 그 꿈을 찾기 위해 SI에서 오랜 시간을 보내게 되었습니다. 프로젝트에서 튜너라는 직업이 남들이 보기에는 좋아 보일 수도 있지만 항상 좋은 것만은 아닙니다.

십 몇 년 전에 제가 집들이를 하고 있던 날 회사분한테 전화가 왔었습니다. 그때가 새벽 1시가 다 된 시간이었고 저는 집들이 중이라서 집에서 친한 분들과 양주와 맥주를 먹고 있었습니다. 그래서 도와 주고 싶어도 술을 마셔서 내일 다시 연락을 해달라는 말과 함께 지금 바로는 도와 드리기 힘들겠다고 이야기를 했습니다. 하지만 그분은 너무 급하다는 말을 하였습니다. 하지만 필자도 다른 팀의 팀원이었기 때문에 팀 상사나 팀장님의 지시 없이 움직일 수는 없었습니다. 그렇게 잠깐의 통화를 끝내고 전 다시 술자리에 동참을 했으나 몇 분 후 팀장님에게 전화가 왔습니다. 급하니 지금이라도 가봐야 할 것 같다는 말을 하셨습니다. 물론, 다음날 가고 싶었지만 상사의 지시니 어쩔 수 없이 집들이에 초대한 분들을 남겨 놓고 먼저 집을 나서 택시를 타고 사이트로 향하게 되었습니다. 이렇게 집을 나온 후 두 달 남짓 지나서야 집에 들어갈 수 있었습니다. 물론, 중간 중간에 옷이라도 갈아 입으러 새벽에 집에 간 적은 있지만 대부분의 날을 집에 못가고 밤샘을 하게 되었습니다. 튜너라는 것이 곁에서 보기에는 화려해 보일지는 몰라도 이와 같은 생활도 감당해야 합니다. 그렇게 튜너 생활을 15년 넘게 하게 되었습니다. 물론, 중간에 DBA도 하고 모델러 업무도 수행했었습니다.

튜너가 되고 싶은 분이 있다면 튜너의 밝은 곳만 보지 마시고 어두운 면도 알고 도전했으면 합니다. 튜너로 산다는 것이 무엇을 의미하는지 생활이 어떠한지를 생각하길 바랍니다. 단지 금전만을 보지 않기를 바랍니다. 필자는 이렇게 저도 모르게 튜너가 되어 있었습니다. 중요한 것은 본인이 좋아서 열심히 했고 그게 너무 행복했었다는 것입니다.

필자의 후배가 자기도 열심히 하지만 선배를 따라가기가 너무 힘들다고 말한 게 기억납니다. 그래서 왜 그러냐고 물었을 때 필자의 후배는 자신은 열심히 하지만 선배는 좋아서 하는게 달라서 그런 것 같다고 했습니다. 진정 본인이 도전하고 잘하고 싶은 일이라면 열심히 하는 것도 중요하지만 좋아서 하는 게 더 중요한 것 같습니다.

데이터에 미치는 모델러가 되다

많은 DBA들이 꿈꾸고 도전하고 싶어하는 업무는 무엇일까요? 많은 DBA들은 SQL 튜닝과 함께 모델링 업무를 수행하고자 하는 욕망을 가지고 있을 것입니다. 단지 데이터베이스를 관리하는 업무가 아닌 데이터를 관리하는 단계로 자신의 역량을 강화하고 싶을 것입니다. 하지만, 그런 길이 쉽지는 않습니다. 그래서인지 SQL 튜닝을 하면서 모델링를 수행하는 DBA를 찾는 것은 매우 어려운 일입니다. 물론, 모델링을 수행하면서 SQL 튜닝을 수행하는 DBA를 찾는 것도 힘듭니다. 하지만, 진정한 DBA를 꿈꾼다면 모든 역경을 이겨내고 모델링과 SQL 튜닝을 함께 수행할 수 있어야 합니다.

튜너를 하다 보면 자연스럽게 데이터 모델링을 보게 됩니다. 데이터 모델링을 보다 보면 모델러를 해 보고 싶다는 꿈을 가지는 것은 당연한 일입니다.

그렇다고 튜너가 더 밑이고 모델러가 더 위인 것은 아닙니다. 물론 반대도 아닙니다. 튜너나 모델러나 데이터베이스 쪽에서는 가장 최상위 기술이라고 이야기합니다. 물론, 하는 일은 좀 다릅니다. 둘 다 상위의 업무이며 어느 것이 더 가치 있고 어느 것이 더 가치 없는 것도 아닙니다. 물론 일반 DBA 업무도 어느 것이 더 가치있다고 이야기할 수 없습니다. DBA던 튜너던 모델러던 모든 걸 병행할 수 있다면 그것이 최고입니다.

필자는 데이터베이스 관련 업무를 한다고 그거 자체를 하찮게 보는 분을 보았습니다. 지금도 현업에서 프로젝트를 하고 있고 이쪽에서는 유명한 모델러이긴 합니다. 그래서 왜 DBA를 무시하는지를 물어보았습니다. 답변은 황당하기 그지 없었습니다. 단지 DBA여서, 본인은 데이터를 다루는 사람이고 데이터베이스를 다루는 사람과는 다르다는 그런 뜻의 말을 하는 것을 들었습니다. 필자도 모델러이지만 한편으로는 DBA이기도 하기 때문에 마음이 좋지는 않았습니다. 일의 경중이 중요한 것은 아닌 것 같고 무엇을 하던 최선의 노력과 최고의 품질을 이루는 게 중요한 것 아닐까요? 이 책을 읽는 모든 분들은 본인이 하는 일만 가치가 있고 다른 사람이 하는 일에는 가치가 없다고 생각하지 않길 바랍니다. 모든 일에는 가치가 있고 중요한 일이라는 걸 명심하길 바랍니다. 그런 마음이 있어야만 진정한 최고가 되지 않을까 생각합니다.

필자가 모델러의 일을 시작할 때 모델링이 팀의 업무는 아니었습니다. 하지만 필자의 업무가 아니여도 한번 해 보고 싶었습니다. 물론, 튜너를 할때도 팀의 업무는 DBA였습니다. 모델링을 하고 싶은 마음에 친한 개발 PL들을 찾아다니며 술도 사고 이 짓 저 짓 하면서 모델링을 처음 하게 되었습니다. 아마 그때부터 기술 영업을 시작한 게 아닌가 생각합니다.

모델링을 하면서 팀에는 DBA로 투입되는 걸로 이야기를 했습니다. 물론, DBA 업무도 하고 튜너이다 보니 튜너 업무도 하고 거기에 모델링 업무까지 모두 다 했었습니다. 결국, 모델링, 튜너, DBA, 세 가지 업무를 혼자 하게 되었습니다. 물론 규모가 큰 프로젝트라면 그렇게 할 수 없을 테지만 규모가 작았기 때문에 가능했던 것 같습니다. 그때 처음으로 모델링을 하면서 많은 것을 느끼게 됐습니다. 모델링을 완료해서 개발을 할 때 잘못한 부분도 많았고 이를 통해 진짜 많은 것을 배우게 되었습니다. 아마 그때가 2001년이었던 것 같습니다. 그렇게 시작한 모델링으로 인해 데이터 모델러라는 직무를 하나 더 얻게 되었습니다.

모델러로 산다는 것은 튜너로 산다는 것과는 다른 이야기입니다. 모델러는 데이터의 데이터에 의한 데이터를 위한 삶을 살아야 하는 직무입니다. 일어나서 잘 때까지 데이터만을 생각하는, 그래서 데이터와 결혼했다는 이야기도 하게 됩니다. 튜너가 시간과의 싸움이라고 한다면 모델러는 데이터와의 싸움인 셈입니다. 이렇게 십년 넘게 모델러 생활을 하면서 많은 추억들이 있었습니다. 물론, 그 기간 동안 모델러만을 한 것은 아닙니다. 원래 DBA도 하고 튜너도 하다 보니 일년에 한두개 정도 모델링을 하게 되었습니다. 모델러는 DBA에 비해 밤샘이 많거나 장애를 걱정할 필요는 없습니다. 그래서 DBA나 튜너에 비해 몸은 편하다고 할 수 있지만 몸만 편하지 마음은 편하지 않은 것이 모델러입니다.

모든 일은 하고자 하는 마음과 그에 따른 실천이라고 생각합니다. 모델러로 살고자 하는 분들에게 모델러는 도전할만한 일임에는 틀림이 없습니다. 하지만, 많은 준비를 해야 한다는 사실을 명심하기 바랍니다.

컨설턴트에서 사업가로 변신하다

필자의 경우 DBA, 튜너, 모델러, 데이터 이행 업무를 하다가 2009년에 데이터베이스 컨설팅 회사를 설립하였습니다. 데이터베이스 컨설팅 회사를 차리게 된 데에는 여러 가지 이유가 있었습니다.

첫 번째는 기술을 계속 하고 싶은 욕망이었습니다. 대기업에 다니던 필자는 기술보다는 관리를 해야 되는 시기에 접어들었습니다. 아마 회사에 입사를 해서 DBA를 하다가 어느 순간이 되면 관리자가 되야 하는 게 대다수 대기업의 현실임에는 틀림이 없는 것 같습니다. 그때 모든 사람들은 많은 고민을 합니다. 관리자로 남을 것인지 기술자로 남을 것인지 고민을 하지만 결국 답은 없는 것 같습니다. 필자는 그 와중에 회사를 나오게 되었습니다. 그러다가 프리랜서로 튜너와 모델러, DBA를 하게 되었습니다. 지금 생각해보면 그때가 더 좋았던 것 같기도 합니다. 프리랜서로 일할 때도 열심히 했지만 그때는 해당 프로젝트만 신경쓰면 되었기 때문에 한결 더 좋았던 것 같습니다.

그렇게 프리랜서를 조금 하다가 바로 회사를 설립했습니다. 이렇게 회사를 설립한 첫 번째 이유이자 시작은 기술에 대한 갈망이였던 것 같습니다.

두 번째는 사람입니다. 내가 의지할 수 있고 나를 의지할 수 있는 사람들과 같이 일하고 싶었고 그게 데이터베이스였으면 했습니다. 물론 필자는 다른 건 할 줄 모르고 해 온 게 데이터베이스였기 때문이었습니다. 사람으로 사는 한, 사람과 어울려야 하고 그럼 사람들과 조직을 만들어 10년 아니 더 이상 일하기 힘든 나이가 될 때까지 같이 일하고 그 와중에 슬픔도 나누고 기쁨도 나누는 그런 가족 같은 사람들과 함께 하고 싶었습니다. 그런 마음으로 회사를 설립했고 최대한 노력은 하지만 잘 될 때도 있고 잘 안 될 때도 있는 것 같습니다.

그와 같은 마음으로 회사를 설립했고, 회사를 설립한 지 7년째이지만 아직 그 마음은 그대로 간직하고 있다고 생각합니다. 하지만 실제 일을 하다 보면 생각대로 못 해 주는 부분도 있어서 내심 미안한 경우도 많습니다.

많은 분들은 회사 설립에 대한 동경도 있을 테고 해보고 싶은 마음도 있을 것입니다. 물론, 지금 일을 시작하는 분이나 준비하는 분들도 10년 후 또는 그 이후에 이와 같이 본인의 업무로 사업을 하고 싶어 하는 분들이 있을 것입니다. 필자도 사업을 처음 시작하면서는 필자와 직원 한 명 이렇게 달랑 2명에서 2009년에 데이터베이스 컨설팅 사업을 시작했었습니다.

처음 사업을 시작할 때는 아무 것도 모르는 상태였고 저는 단지 컨설턴트였기 때문에 프로젝트의 성공이 가장 중요했습니다. 그렇게 시작한 사업이 처음에는 매우 힘들었고 지금도 힘들지만 어느덧 30명 가까운 데이터베이스 컨설턴트를 직원으로 데리고 있는 작지만 강한 회사로 성장할 수 있었습니다.

사업 초창기에는 계약하는 방법도 모르고 세금계산서 처리 방법도 모를 뿐만 아니라 회사 운영에 대해서는 아는 게 없었습니다. 어디 물어볼 데도 없었고 그래서 혼자 밤을 지새우며 회사 운영을 했었고 프로젝트도 해야 하기 때문에 정신 없는 하루 하루를 보낸 것 같습니다. 말 그대로 낮에는 프로젝트 하고 밤에는 회사 운영하고 그리고 다른 프로젝트 준비하고 그렇게 회사를 운영하다 보니 지금은 조금이나마 회사 운영에 대해 알게 된 것 같습니다.

많은 분들은 회사도 이제 좀 안정화가 되니 더 확장을 하고 이 사업 저 사업 해보라고 하지만 필자는 그러고 싶은 마음은 별로 없습니다. 더 큰 기업 더 많은 수익이 나는 기업으로 변하기 위해서는 그렇게 하는 것도 맞겠지만 그건 기업을 운영해 보지 않아서 모르기 때문입니다. 사실 우리나라 사람들이 안해 본 거에 대해 너무나도 아는 것처럼 이야기하지만 실제 사업을 관리하는 것은 사업을 안 해 본 분들이 생각하는 것보다 10배 아니 100배는 힘든 일입니다. 또한 필자는 회사가 커지고 중견기업이 된다고 지금 직원들에게 주어지는 이득은 무엇인가를 생각해 봅니다. 기업이 커진다고 본인한테 주어지는 이득이 있는걸까요? 또 한 가지는 지금은 직원들하고 회식도 많이 하고 자주 보려고 하지만 지금보다 회사가 훨씬 더 커지면 인원도 많아지고 그렇게 되면 이름 모르는 직원도 생길 것입니다. 그 직원이 어디에 사는지 무슨 마음을 가지고 있는지도 모르는 상태가 될 것입니다. 필자는 직원을 뽑을 때 그 사람이 회사를 위해 얼마나 헌신해 줄거냐 보다는 그 사람 자체로 마음으로 직원을 선발하려고 합니다. 그러기 위해서는 회사가 너무 커지는 것도 별로 좋지 않다고 생각합니다.

이런 저런 이유로 필자는 그냥 데이터베이스 전문 기업으로 남고 싶고 거기서 직원들에게 비전과 희망을 주고 싶은 마음은 지금도 변함이 없습니다. 또한 그 직원들과 계속 친한 선배로 남고 싶은 마음입니다.

회사를 설립한 지 7년차이지만 필자는 한번도 프로젝트를 안해 본 적이 없습니다. 아직도 1년에 10개월 이상은 프로젝트를 하고 있습니다. 나중에 사업을 하고자 하는 분들은 회사 대표이사라고 프로젝트 안 하고 영업이나 직원 관리에만 신경쓰겠다고 생각하면 분명 문제가 많은 회사로 변할 것입니다. 직원 관리도 같이 프로젝트 투입되서 하는게 더 좋고 영업도 실제 프로젝트 투입되서 기술을 보여주는 게 더 효과적입니다.

아직은 필자도 부족하여 기술에 대해 더 노력하겠지만 지금 시작하시는 분들이나 시작을 준비하는 분들도 더 열심히 해서 우리나라 데이터베이스 업계에 유능한 인재들이 모였으면 하는 바람입니다.

자기 계발은 필수; 카페 동호회, 저술, 교육, 기고

필자는 앞서 이야기한대로 DBA로 시작해서 데이터베이스 컨설턴트를 거쳐 사업가까지 오게 되었는데 그 가운데 열심히 일 한 것도 있지만 더 중요한 것은 일을 시작한 1990년대부터 지금까지 계속 진행하고 있는 자기 계발인 것 같습니다.

처음에 DBA를 시작하면서 인터넷에 카페를 만들었습니다. 이때가 아마 1999년 아니면 2000년일 것입니다. 물론, 지금은 폐쇄한 카페입니다. 이렇게 카페를 통해서 데이터베이스 동호회를 만들었습니다. 데이터베이스 동호회 할동을 하면서 많은 신입 DBA들과 대학생들을 모아 주말에 만나 서로 공부하고 세미나하고 했었습니다. 홍대, 신촌, 강남, 신천 등 서울 시내 모든 곳을 다니면서 동호회 할동을 했습니다. 그렇게 하던 동호회 활동을 지금도 하고 있습니다. 물론 예전처럼 많이 못해서 못내 아쉽지만 동호회 활동을 한지는 어언 17년이 됩니다. 그렇게 데이터베이스 동호회를 하면서 기술 습득은 물론이고 많은 DBA들이 무엇을 생각하는지 그리고 또 어떤 걸 하고 싶어하는지를 아는 주옥같은 시간을 보냈습니다.

저술 할동도 많이 했습니다. 많은 분들이 어떻게 책을 저술하게 되었느냐고 물어보는 경우가 있습니다. 첫 책을 저술할 때를 생각하면 참 재미있는 추억으로 기억됩니다. 원고를 100장 정도 작성한 후에 원고에 대한 소개, 원고가 가지는 장점 및 원고의 경쟁 서적 등 나름대로 분석을 해서 여러 출판사의 메일 주소를 보고 메일을 보냈습니다. 이와 같이 메일을 계속 보내고 기다리다 보니 한 출판사에서 보자는 전화가 왔습니다. 그것에 어떠한 기대감도 갖지 않고 출판사를 찾아갔고 출판사에서는 간단한 출판사 소개를 하고 필자가 쓰고자 하는 책에 대한 설명을 듣더니 바로 계약서를 가져왔습니다. 출판 계약서를 보고 계약을 하였고 그 순간부터 집필의 고통이 시작되었습니다. 그 당시에도 계속 프로젝트를 하고 있는 상황이었기 때문에 밤 아니면 주말에만 원고를 집필할 수 있었습니다. 하지만 원고라는 것도 마감일이 있기 때문에 밤에 잠깐 해서는 원고를 마감할 수 없었고 새벽까지 원고를 집필해야 했습니다. 결국, 첫 번째 책을 출판하기까지 대략 1년의 세월이 걸렸는데 그 기간동안 대부분 새벽까지 원고 집필하고 교정하고 주말에도 아무 것도 안하고 원고만을 바라봤던 것 같습니다.

그렇게 해서 첫 번째 책을 출판하게 되었습니다. 첫 번째 책을 출판하면서 너무 힘들어서인지 다시는 책을 출판하지 않겠다고 생각했었습니다. 하지만 책이란 것도 중독인지 또 쓰고 또 쓰게 되어 어느덧 7권이라는 책을 출판하게 되었습니다. 이제는 출판을 할 때도 혼자만 쓰지는 않는다. 왜냐하면 필자가 책을 한 권 더 쓰는 것이 중요한 것 같지는 않고 이런 기회를 후배들에게도 주기 위해 지금은 대부분의 책을 회사 직원들과 공동으로 작업하는 경우가 많습니다. 최근에는 많은 후배들이 자신의 원고를 가지고 오는 경우가 있습니다. 그런 경우에는 출판사를 소개시켜 주고 원고에 대한 검수를 해 주기도 합니다. 이렇듯 후배들이 따라 해 주는게 너무 고맙고 자랑스럽습니다.

필자는 자기 계발로 교육도 많이 했습니다. 어떤 분들은 교육을 하는게 어떻게 자기 계발이냐고 할 수도 있지만 교육을 하려면 문서를 만들고, 사람들에게 말하는 방법을 연구하고, 기술적인 내용을 가르치다 보면 가르치는 본인이 가장 많이 배우게 되므로 훌륭한 자기 계발 수단입니다. 많은 사람들은 누군가에게 가르치는 일을 부담스럽게 생각합니다. 물론, 필자도 가르치는 일이 많이 힘들 때도 있었지만 지금은 교육을 하는게 너무 재미있는 일 중 하나가 되었습니다. 교육을 하면 교육을 하는 사람이 더 많이 배우는 게 사실입니다. 기회가 된다면 많은 교육을 해 보는 것 또한 본인의 역량을 계발하는 데 큰 도움이 됩니다. 그래서 회사를 설립하고 이듬해 교육센터를 설립하였고 교육센터를 통해 직원들이 강의하고 거기에서 DBA가 한 명 두 명 배출되는 게 기쁘기 그지 없습니다.

추가로, 컬럼과 VLS 강의 등도 했었습니다. 컬럼은 많은 분들이 보는 잡지에서 벌써 10년 가까이 기고를 했습니다. 책도 저술하고 교육도 해봤지만 가장 어려운 건 컬럼인 것 같습니다. 컬럼은 매달 납기일이 있고 매달 납기일을 못 맞추면 잡지가 출간되지 못 할 수도 있을 것입니다. 그러한 중압감이 매달 있다는게 컬럼이 주는 부담감입니다.

데이터베이스 업종에서 일을 하면서 어떻게 하다보니 책도 여러 권 저술하고 컬럼도 쓰고 교육도 했습니다. 그러한 일련의 활동들이 저에게는 자기 계발이였던 것 같습니다. 향후에도 그 활동들을 많은 사람들과 계속 진행하고 싶습니다. 추가로, 최근에는 데이터베이스 솔루션 개발도 준비 중인데, 이 역시 저에게는 자기 계발 수단이 될 것으로 보입니다.

데이터베이스에서 일하기를 원하거나 준비하는 분들이 추후 필자와 같이 이런 방식으로 자기 계발을 한다면 많은 사람도 알게 되고 많은 것을 배우게 될 것입니다.

DBA를 꿈꾸는 분들에게 드리는 글

DBA를 하고 싶어하는 모든 사람들과 회사의 관리자들에게 하고 싶은 말이 있습니다. IT 기술을 리드하는 DBA는 하루 아침에 만들어지지 않습니다. 그렇다고 1~2년의 시간 동안 만들어지지도 않습니다. 최소한, 10년이라는 시간을 두고 계속 노력하지 않으면 전문 DBA가 만들어질 수 없습니다. 회사 관리자라면 이런 DBA를 육성하기 위해 노력해야 합니다. 지금은 전문 DBA의 소중함을 피부로 느끼지 못 할지도 모르지만 이제 전문 DBA 시대가 도래할 것입니다. 그리고 이미 약간씩 도래하고 있는 것 같습니다. 막상 그런 시대가 되어서 전문 DBA를 찾는다면 늦을 것입니다. 전문 DBA를 육성하지 못한 것에 대해 후회하게 될 것입니다. 물론, 많은 곳에서 지금도 전문 DBA를 필요로 하고 있으며 전문 DBA를 육성하지 못한 것을 한탄하는 경우도 많이 있습니다.

DBA를 꿈꾸는 사람들은 지구력을 가지고 계속적으로 전문 DBA가 되기 위해 노력해야 합니다. 야망과 꿈을 가지고 전문 DBA에 도전하는 것도 인생을 보람되게 보내는 것이 아닐까 라는 생각을 저는 합니다.

회사 관리자들과 DBA들에게 몇 가지 말하고 싶습니다. 첫 번째로, 회사 관리자들에게 이야기하고 싶습니다. DBA가 안고 있는 고뇌를 이해해 주길 바랍니다. 아마, DBA를 시작하는 사람들이나 시작하고자 하는 사람들은 어느 회사에 소속되어 일을 할 것입니다. 회사에 소속되어 일을 하다 보면 관리자들은 DBA에 대해 좋지 않은 인식을 가지는 경우를 많이 봤습니다. 그 이유를 보면, 관리자는 'DBA가 뭐하는지를 모르겠다'는 경우가 많고 DBA들은 '일이 많다'는 이야기를 항상 합니다. 필자는 관리자의 입장과 DBA의 입장을 모두 이해합니다. DBA의 경우, 컬럼 추가나 변경 작업 등에 대한 기본적인 작업들이 많기 때문에 힘들지만 이러한 것에 대해 정확히 일량이 얼마나 되고 얼마나 많은지를 잘 보고하지 않는 경우가 많습니다. 그렇기 때문에 관리자는 하는 게 없어 보인다고 이야기를 합니다. 관리자들도 그런 부분을 이해해야 하고 DBA도 일량을 정확하게 산정하고 보고하고 설득해야 합니다. 물론, 또 하나의 문제는 관리자 분들이 자기 역량 계발에 소홀한 경우가 많다는 점입니다. 관리자 분들이 데이터베이스에 대해 조금이라도 안다면 DBA가 뭘하는지를 정확히 파악할 수 있습니다.

두 번째로, DBA는 상대방에게 도움을 주고 희망을 주는 기술을 확보해야 합니다. 여기서 이야기하는 기술은 무엇일까요? 필자 또한 아무 것도 없이 젊음과 기술 하나만으로 기업을 설립했습니다. 필자의 친한 부장님이 하시던 말이 생각납니다. "너가 사업을 하고 유지할 수 있었던 건 현란한 기술도, 화려한 이력도 아니다"라고 말하시며 "너가 기업을 설립하고 운영하는데 가장 큰 힘은 적이 없다"는 것이라고 하셨습니다. 곰곰이 생각해보면 프로젝트를 하면서 적이 없었기 때문에 원하는 프로젝트에 합류하여 원하는대로 기술을 표현할 수 있었던 것 같습니다. DBA를 하고자 하는 분 또는 준비하는 분 그리고 지금 시작하는 DBA에게 하고 싶은 이야기는 바로 이것입니다.

결국, 더 앞서 나가기 위해 필요한 것은 '적이 없게 하는 것'이 아닌가 생각합니다.

그렇다면 어떻게 해야 적이 없을까요? 적이 없기 위해서는 어떤게 필요할까요? 기술이 진정한 기술이 되려면 상대방에게 도움을 주고 희망을 주어야 합니다. 그러기 위해서는 상대방에게 필요한 게 무엇인지를 알아야 합니다. 이를 위해 가장 필요한 건 역지사지의 마음이라고 생각합니다. 역지사지의 마음은 '남의 마음으로 모든 걸 생각하는 것'을 의미합니다. 일을 함에 있어서 그렇게 된다면 상대방과 적이 될 필요는 없지 않을까요? 이것이 진정한 기술이 아닐까라는 생각을 합니다.

데이터베이스를 하는 많은 사람들이 잘못 생각하는 게 있습니다. 본인이 많은 기술을 가지고 있다고 생각하지만 필자가 보기에는 아무리 뛰어난 기술이라도 상대방에게 필요하지 않다면 그것은 기술이 아닙니다. 상대방에게 필요하지 않은 기술을 강요한다면 주변에는 적이 계속 늘어나지 않을까요? 본인이 나서서 상대방에게 필요한 기술을 제공할 때 그 기술이 진정한 기술이 아닐까라는 생각을 합니다.

많은 사람들은 항상 열심히 공부하고 기술을 연마하고 있는 것이 사실입니다. 교육센터를 운영하면서, 프로젝트를 수행하면서 많은 사람들을 만나고 이야기합니다. 그런 가운데, 많은 사람들이 매일 매일 열심히 공부하고 실습하고 테스트하고 정리하는 것을 보았습니다. 데이터베이스 분야에도 이와 같은 매니아들이 많이 있는 것 같습니다. 물론 이 와중에는 특출나게 잘하는 사람도 있고 열심히 하지만 일에 잘 적응하지 못하는 사람도 있습니다. 이와 같이 많은 사람들은 기술을 습득하고 경험을 쌓을려고 하지만 진정한 기술이 뭔지를 이해하는 사람은 그렇게 많지 않은 것 같습니다. 남들이 모르는 어디 구석진 지식을 아는 것이 기술이라고 할 수 있을까요? 조금 전에 이야기했듯이 필자는 기술이라는 것은 '그 기술로 인해 주변에서 도움을 받을 수 있을 때 그것이 진정한 기술'이라고 생각합니다. 그러기 위해서는 본인이 많이 안다고 자부하는 것보다는 고객에게 필요한 게 무엇인지를 파악하고 고객에게 필요한 부분을 채워주기 위해 어떤 기술 요소들을 조합해서 어떤 형태로 제공할 건가를 고민해야만 그 기술로 상대방은 이득을 얻을 것입니다.

이것이야 말로 진정한 기술이 아닐까요? 잘 사용되지 않고 다른 데 적용할 수 없는 그런 지식을 습득하려고 애쓰지 말고 상대방이 원하는 것을 해결할 수 있는 기술을 습득하고 노력하는 것이 적을 안 만들고 진정한 DBA로 성장하는 지름길이 아닐까 생각합니다.

세 번째로, DBA에게 추가로 말하고 싶은 것은 기술 전수입니다. 본인이 습득한 기술에 대해서는 어떠한 이득없이 많은 사람들에게 그 기술을 전수해 줄 수 있는 마음이 중요합니다.

프로젝트를 하다 보면 1년에도 많은 사이트를 갑니다. 필자의 경우 다른 업무 때문에 오랜 기간 투입되는 사이트보다는 짧은 기간 동안 수행하는 사이트에 많이 참여합니다. 이와 같은 프로젝트를 수행하다 보면 한 가지 특징적인게 있습니다.

아마 대부분의 사람들이 인지하고 있겠지만 특정 업무를 담당하면서 해당 업무에 대해 어느 누구에게도 그 업무를 전수해 주지 않는 경우가 많다는 것입니다. 필자가 생각하는 진정한 DBA는 후배 양성에도 노력하는 모습을 보이는 거라 생각합니다. 예전에 몽골에 프로젝트를 갔을 때의 일입니다. 몽골 사이트에 가니 한 명의 담당자가 모든 업무를 장악하고 업무에 대한 지식을 후배나 다른 사람들에게 절대로 알려주지 않는 것이었습니다. 이렇게 되니, 그 사람 없이는 관리가 안 되고 담당자는 회사에 무리한 요구를 하는 행태가 계속 반복되는 것을 보았습니다. 과연, 이러한 것이 올바른 일인지 다시 한번 더 생각해 보게 되었습니다.

국내에도 그런 경우가 적지 않게 있는 것 같습니다. 엔지니어들 사이에서 가장 중요한 건 '본인이 얼마나 많이 아는가'가 아닙니다. '본인이 알고 있는 기술을 다른 사람에게 전달해 줄 수 있어야 한다'는 것입니다.

기술을 다른 사람에게 전달하면 서로 마음이 통하는 사람도 많아지고 본인의 기술을 다른 사람에게 전달함으로써 본인은 새로운 영역에서 더 앞서 나갈 수 있다고 생각합니다. 이제부터라도 주변 사람들에게 기술을 전수해주길 바랍니다. 지금 그런 능력이 없다면 능력이 생기는 순간 그런 마음을 가지고 기술을 전수해 주길 바랍니다. 우리가 일하는 IT 쪽에서는 많지도 않은 기술을 숨기는 자기 중심적인 사고와 행태를 보이지 않기 바랍니다. 그런 기술은 '다른 사이트에 가면 통하지 않는다'라는 점을 명심하기 바랍니다.

진정한 기술은 모든 사이트에서 통하는 기술이여야 하며 그러기 위해서는 본인의 기술을 연마하는 것은 물론이고 그렇게 얻은 기술을 전달하는 일도 매우 중요합니다.

DB 컨설턴트가 갖추어야 할 기술

DB 컨설턴트는 데이터를 효과적으로 구축, 관리, 최적화하는 업무를 합니다. 데이터베이스는 모든 사용자가 만들어내는 데이터를 저장하기 때문에 각 회사의 업무 중심이 되고 있습니다. 이와 같은 데이터베이스를 효과적으로 구축, 관리, 최적화하기 위해서는 많은 기술 요소를 습득해야 합니다. 그중에서도 가장 기본은 데이터베이스에 대한 관리 기술입니다. 데이터베이스 관리 기술은 기본적인 오브젝트 관리 및 생성 변경 작업을 포함합니다. 이와 같은 데이터베이스 관리 기술을 하기 위해서는 유닉스 운영 기술 및 디스크 분산에 대한 기술도 필요합니다. 더 나아가서는 SQL 작성 기술 및 튜닝, 모델링 기술이 필요합니다. 처음에 데이터베이스 업무를 준비하는 분이라면 유닉스와 데이터베이스 어드민에 대한 지식을 습득하는 것이 중요합니다.

- 유닉스 운영 기술
- 디스크 분산 기법
- 데이터베이스 관리 기술(데이터베이스 어드민)
- 장애 처리 기술
- 백업/복구 전략 수립 및 수행
- 데이터베이스 분석 기술
- SQL 작성 기술
- SQL 튜닝 기술
- 데이터 이행Migration 수행 기술
- 데이터 모델링 구축 기술

DB 기술 전문가 김은영의 사는 법

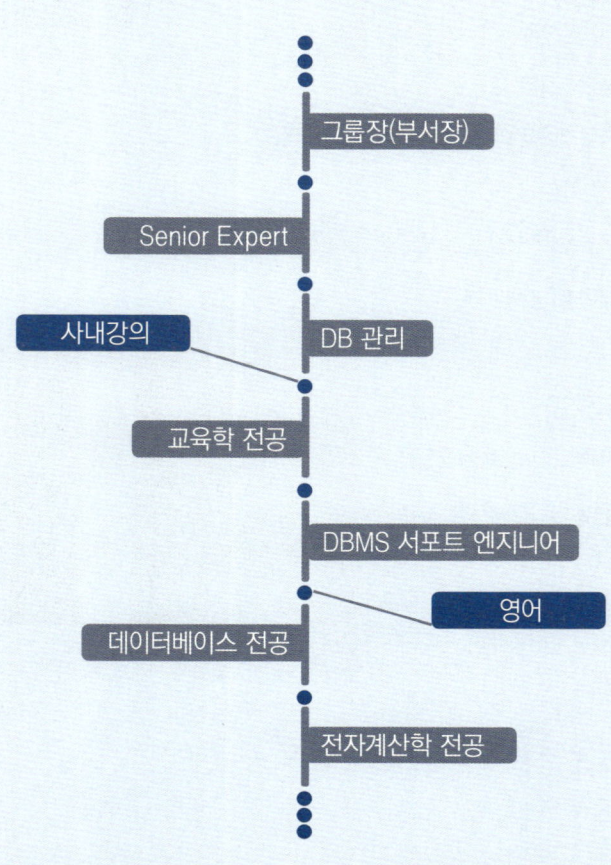

덕승재 德勝才

덕이 재능을
뛰어넘어야 한다

엄마가 자기 분야에서 열정을 다하고 성취
감을 느끼는 모습은 아이들과 함께 발전하
는 데 도움이 될 수도 있다고 믿습니다.

컴퓨터를 재료로 인간과 사회를 위한 작품을 만드는 사람들이 IT
엔지니어라고 생각하고 있습니다. 여러분들이 만들어내는 작품과 그
작품들이 이루어내는 우리의 미래를 기대합니다.

DB 기술 전문가 김은영의 사는 법

```
NOW   DB 기술 전문가
PRE   DBMS 서포트 엔지니어
```

 가벼운 인터뷰로 시작된 DB 엔지니어로서의 저의 경험이 막상 책으로 나온다고 하니, 민망하고 부끄러워집니다. IT 엔지니어로 역량 부족을 아쉬워하며 하루하루를 보내고 있는 제가 어떻게 IT 후배들에게 조언을 할 수 있나 싶습니다.

 대단하지도 않은 제 IT 분야에서의 몇 가지 경험을 새로 이 분야로 진입하려는 혹은 이 분야에서 한창 열심히 일하고 있을 후배들과 공유하고자 합니다.

대학교나 전공의 이름으로 결정되지는 않습니다

 현재까지도 제게 있어 가장 큰 실패는 두 번의 대학 입학 좌절입니다. '88년 강원도의 작은 도시에서 주변의 기대를 안은 채 서울에 올라와 시험을 보았지만 제 이름은 합격자 명단에 없었습니다. '89년 재수 끝에 다시 한번 서울대학교 강의실에서 시험을 보았고 결과는 마찬가지였습니다. 20살 그때는 그것이 제 인생의 끝이라고 생각했고 죽고 싶은 마음까지 들었던 기억이 납니다. 부모님의 경제적인 사정이나 덜어드리자는 마음으로 당시 후기대였던 집에서 가까운 한림대학교에 자연대 수석으로 입학하였습니다. 학과는 특별한 적성 고려 없이 당시 이공계에서 제일 인기였던 전자계산학과를 선택하였습니다. '88년도 첫 시행된 선지원 후시험 대학입학제도 덕에 당시는 재수생이 많았습니다. 어리고 건방진 마음에 인생을 포기하는 마음으로 대학생활을 시작했지만, 친구들과의 생활도 즐겁고, 장학금과 연구비 등 많은 후원을 해준 학교에도 감사한 대학시절이었습니다.

그 이후 어느새 26년의 세월이 지났지만 서울대를 가기 위해 기울였던 제 노력이 한림대를 감으로써 절대 소용 없거나 헛된 일이 아니었다는 사실을 자신 있게 말할 수 있습니다. 직장에서 서울대를 졸업하신 동료들과 함께 일하면서 제 실패의 기억을 떠올려야 하는 상황은 없었습니다.

대학교가 중요하지 않으니 적당히 공부하라는 것은 아닙니다. 반대로 최선을 다해 쌓은 지식과 역량은 어떠한 허울속에 있어도 결국 발휘됨을 경험으로 알려드리고 싶습니다.

학부 졸업 후 서울로 이동해 대학원에서 데이터베이스를 전공하고 당시 DBMS로 유명했던 한국오라클에 입사했고, 현재 삼성SDS에서 근무하고 있습니다. 저는 전공에 맞추어 직장을 선택했지만 저와 같이 근무하는 많은 직원들이 회계학, 경영학, 통계학 등 비전공자이면서도 IT 전문가로 당당히 인정받고 있습니다. 혹시 IT 분야 전공이 아닌데 적성을 늦게 발견하셨나요? 자신의 능력과 관심이 온통 IT 분야로 쏠려 있나요? '불리하다' 생각하지 마시고 도전하라고 권해드리고 싶습니다.

비전공자 면접시 정답보다는 고민한 경험을 들려주세요

IT 분야에서는 비전공자라도 불리하지 않다는 말씀을 앞서 드렸습니다. 비전공자가 면접에 임할 때 한 가지 유의할 점을 꼭 이야기하고 싶습니다.

신입 사원 채용 시 기술 면접을 하다 보면 비전공자도 많았습니다. 비전공자들도 그 분야에 지원하기 위해 어느 정도 전공 지식을 갖춘 상태에서 면접에 임합니다. 이에, 면접관들도 누군가가 그 자리에 왔을 때는 일단 전공 지식을 일정 수준 알고 있다는 전제 하에서 면접을 봅니다. 따라서 면접관들은 다음과 같은 관점으로 지원자들을 살핍니다. 첫째, 평소에 IT에 관련된 관심을 가지고 있었는가? 둘째, 자신만의 전공이나 관심 분야를 IT와 연계해서 고민을 해 본 적이 있는가? 셋째, 단순한 개념이나 그럴듯한 말로만 익힌 지식이 아니라 경험과 사고를 통해 실제의 산출물로 만들어내려는 노력을 해 본 경험이 있는가?

많은 경우 면접관들은 정답을 원하지 않습니다. 그 보다는 고민한 경험과 고민의 과정을 듣고자 합니다. 작년에 제가 면접 본 대상자 중 가장 인상깊었던 지원자는 통계학과 출신이었습니다. 데이터센터 화재 기사를 보고, 화재로 시스템이 손상을 입어 사용할 수 없게 되는 경우를 대비해서 무엇이 필요할지 개인적으로 생각해본 의견을 이야기하더군요. 그리고 대학생 인턴 시절 자신이 공부한 통계학적인 지식을 시스템 성능 튜닝에 이용하려고 시도했었다는 이야기도 매우 인상적이었습니다. 물론 그 시도에서 원하는 결과를 얻지는 못했지만 저는 그의 고민한 경험과 그 과정을 본 것이죠.

면접을 앞두고 있나요? 입사하고자 하는 회사에 대해서, 구체적으로는 지원하는 직무에 관해서, 자신이 성장하며 기여할 수 있는 바에 대해서 얼마나 깊이 있고 치열하게 고민했었는지를 보여주십시오. 그것이 정답입니다.

DB 엔지니어가 수행 가능한 여러 직무가 있습니다

DB 엔지니어로 근무할 수 있는 회사를 크게 두 종류로 나눌 수 있습니다. 하나는 DBMS 제품을 만드는 회사이고, 다른 하나는 DBMS 제품을 사용하는 회사입니다. 제품을 사용하는 회사라고 하더라도 업종이 다양할 수 있습니다. 그리고 그런 여러 업종의 회사 내 IT 부서에서 근무할 수도 있습니다. 아니면 IT 서비스를 전문적으로 제공하는 전문 업체에 취업할 수도 있습니다.

DBMS 제품을 개발하고 판매하는 회사를 흔히 "벤더"라고 부릅니다. 오라클, IBM, Microsoft 등이 벤더가 되죠. IT 업체로는 먼저 삼성SDS, LG CNS, SK C&C 같은 국내 대기업이 있습니다. 그리고 DB 모델링이나 SQL 튜닝 등의 컨설팅 서비스를 제공하는 회사들이 있구요, 그 다음으로 DB 구축, 이관, 성능 개선 등의 기술 지원을 제공하는 업체들이 있습니다.

그중 제가 근무한 경험이 있는 DB 벤더 및 IT 업체 중심으로 DB 관련 직무를 살펴보겠습니다.

DBMS 벤더에서 근무하면 제품 판매 사전 또는 사후에 기술 지원을 수행합니다.

위에서 제 이력을 간략하게 소개했었는데 조금 더 자세히 살펴보겠습니다. 흔히 벤더라고 하는, DBMS 제품을 직접 개발 및 판매하는 업체에서 엔지니어가 무슨 직무를 수행하는지 이해하는 기회가 되리라 봅니다.

벤더라고 해도 회사마다 조직 구성은 다릅니다. 그러나 크게 보면, 제품을 개발하는 개발 조직, 제품 판매를 담당하는 영업$_{Sales}$ 조직, 판매 이후 기술 지원$_{Support}$ 조직으로 구분됩니다. 이들 조직별 DB 엔지니어의 역할을 정리하면 다음과 같습니다.

제품 개발자

DBMS 제품의 다양한 기능을 개발하는 개발자로, 각자 담당하는 기능, 즉 모듈이 정해져 있습니다. 제가 근무했던 오라클의 경우 본사가 미국이며, 한국에는 제품 개발자가 근무하지 않고 있습니다.

세일즈 컨설턴트 Sales Consultant 또는 프리세일즈 엔지니어 Pre-Sales Engineer

영업 조직에 포함되어 있으며, 제품이 판매되기까지 기술적인 부분을 담당하는 엔지니어입니다. 제품에 대한 기능과 성능을 파악하여 고객에게 프레젠테이션을 수행하는 업무를 주로 합니다. 또한 제품을 직접 이용하여 기능과 성능을 보여주기 위한 POC Proof of Concept 또는 BMT Benchmark Test 등을 수행합니다.

서포트 엔지니어 Support Engineer

판매된 제품에 대한 기술 지원을 담당하는 조직에 포함되어 있으며, 고객이 제품을 구축하고 이용하면서 발생하는 문제에 대한 기술 지원을 담당합니다. 서포트 엔지니어는 다시 두 부류로 나뉩니다. 하나는 전화나 웹 사이트를 이용하여 원격에서 지원하는 리모트 Remote 엔지니어이고, 다른 하나는 고객사에 직접 방문하여 현장에서 지원하는 온사이트 On-Site 엔지니어입니다. 이들 서포트 엔지니어는 제품 오류 등 문제를 분석하고 해결하거나, 성능 튜닝, 구축, 이관 등의 기술 지원 업무를 수행합니다.

저는 위의 역할들 중 서포트 엔지니어로 12년 정도 근무했으며, 리모트 엔지니어와 온사이트 엔지니어를 모두 경험하였습니다. 리모트 엔지니어의 경우 필요시 본사 개발자 조직과 연계하여 문제를 분석하고 제품 버그의 경우 해결을 위한 패치$_{Patch}$를 고객에게 제공하기도 합니다.

온사이트 엔지니어로서 특별히 기억에 남는 기간은 S사의 프로젝트를 수행했던 약 2년간입니다. 당시 오라클 미국 본사에도 주요 Reference Site로 등록된 규모도 크고 중요한 프로젝트가 있었는데, 여기에서 여러 분야의 인력들이 함께 모여 근무하였습니다. 프로젝트 당사자인 고객과, SI 업체, 그외 서버, DB, 미들웨어, 스토리지 등 여러 벤더사가 협업했습니다. 프로젝트는 애초 설정한 목적을 달성하는 성과를 냈습니다. 성공 체험을 한 것이죠. 프로젝트 기간 동안 대부분 밤 12시에 퇴근하고 많은 연휴를 반납하며 보냈지만, 각자의 이해 관계와 책임 소재에 국한되지 않고 공동의 목표를 향해 몰입한 경험은 프로젝트의 품질 뿐 아니라 저 스스로의 성장과 발전에도 큰 도움이 되었습니다.

이 프로젝트의 경험 덕에 이후 오라클의 본사 개발자 조직에서 3년간 근무할 수 있는 기회를 얻게 되었습니다. 싱가폴에서 근무하는 매니저와 2~3개월에 한번씩 만나고 평소에는 저 스스로 업무를 스케쥴링하여 진행하였습니다. 제가 속한 팀의 주된 업무는 오라클의 최신 제품을 오라클 파트너사에게 빠르게 소개하여 엔지니어들의 기술 역량을 강화하는 것이었습니다. 저는 오라클 파트너사를 대상으로 신제품의 베타 테스트 및 POC$_{Proof\ Of\ Concept}$와 신기능 프레젠테이션 등을 수행하였습니다.

이러한 제품을 사용하는 15년 간의 근무 경험 이후 저는 2011년에 제품을 사용하는 회사인 삼성SDS로 이직하였습니다. DBMS 제품을 사용하는 회사에는 DBMS 운영 또는 DB 액세스 개발 직무가 있습니다.

저는 현재 회사에서 DB 관리 직무의 오너를 맡고 있습니다. DB 관리 직무를 정의하고 DB 엔지니어$_{Database\ Administrator}$ 역할 및 주요 임무를 정의합니다. DB 관리 직무는 고객의 데이터베이스 시스템을 최적으로 구성하고 성능 및 가용성 등을 관리하여 고객에게 안정적인 DB 서비스를 제공하는 업무로 정의하고 있습니다.

DB 엔지니어, 즉 DBA는 초기의 DBMS 설치 및 버전 업그레이드, 이중화 구성 등의 업무를 수행합니다. 또한 DB 용량 및 성능을 관리하여 필요시 자원을 증설하거나 튜닝 등의 개선 작업도 주요 임무 중 하나입니다. 그 외에도 DB 백업 및 장애 발생시 복구 작업을 수행하고, DB 보안도 관리해야 합니다.

이렇게 DBMS 구축, 구성, 관리를 책임지는 DBA 외에 DB와 관련해서 DB 액세스 개발 직무가 있습니다. DB 액세스 개발은 DB 프로그램, 즉 SQL을 이용하여 DB를 활용한 비즈니스 로직을 구현합니다. 일반적으로 이러한 DB 프로그램 개발자는 DB 모델링 및 설계에 대한 기본 지식을 보유하고 있으며, 모델링 및 성능 튜닝을 전문적으로 수행하는 컨설턴트 또는 튜너로 성장하기도 합니다.

성장은 계단식입니다

IT에 흥미를 느끼고 그중에서도 DB 관련 직무를 전문으로 하겠다고 결심하고 원하는 직장에서 근무를 시작하신 분들이 계실 것입니다. 막상 의욕을 가지고 시작했는데 스킬업을 통한 전문가의 길이 너무 길게 느껴지시나요? 제 주변 후배들에게서 실제로 다음과 같은 이야기를 간혹 듣습니다. "DB, 너무 어려워요. 해도 해도 끝이 없어요!" 저도 동감합니다.

DB라는 제품 영역으로 계속해서 새로운 기능들이 추가되고 범위가 넓어지다 보니 오라클 전문가라 해도 DB 전 영역을 모두 파악하지는 못합니다. 저도 DB

를 시작한지 20년이 지났는데도 여전히 공부해야 할 내용이 산더미인 느낌이 듭니다. 결국 IT 엔지니어에게 기술 역량 강화를 위한 노력은 직장 생활 내내 지녀야 하는 습관이 되어야 합니다.

습관이 되어야 한다고 하니 무조건 많은 내용을 접하고 공부하는 것으로 생각하실 수 있습니다. 그러나 많은 정보에 노출되는 것 보다는 필요한 분야를 다음의 방법을 이용하여 완전히 자기의 것으로 만들기를 추천합니다.

첫째, 반드시 직접 테스트하여 확인한다.
둘째, 강의를 하면서 완전히 소화한다.

강의라고 하니 거창하게 생각할 수 있지만, 자신이 속한 사내 연구회에서 발표할 수도 있고, 혹은 같이 일하는 두 세명의 동료와 가벼운 스터디 그룹처럼 공유할 수도 있습니다.

제 경우에도 오라클에서 근무 시 해외에서 받은 기술 교육을 국내 엔지니어들에게 전달 교육을 수행한 것이 많은 도움이 되었습니다. 어쩌면 해외 교육이어서, 즉 영어로 진행된 교육 탓에 내용을 잘 이해하지 못한 것이 더 도움이 된 것 같습니다. 왜냐하면 일주일 간의 교육 분량을 전달 교육하기 위해, 저는 한 달 이상의 기간 동안 테스트하고 관련 자료들을 스스로 찾아 내용을 파악해야 했기 때문입니다.

그 당시 오라클의 여러 종류의 블록들의 덤프를 뜨면서 파악했던 내부 구조와 원리는 그 이후 오랜 기간 동안 제 지식의 근간이 되고 자신감을 갖게 해 주었습니다.

이러한 경험을 통해 깨달은 사실이 있습니다. 실력은 1차 함수처럼 향상되는

게 아니고 계단식으로 성장한다는 점입니다. 당장은 열심히 노력해도 변화가 없는 것처럼 느껴지더라도 꾸준히 노력하고, 중요한 몰입의 기간을 지나고 나면, 어느 순간 한 단계 성장해 있는 자신을 발견하게 되니까요. 이렇게 한 계단 한 계단 성장하는 것이 DB 엔지니어로 일하는 매력이고, 그로 인해 다른 사람이 한걸음에 따라 잡을 수 없는 장벽이자 장점(?)도 있는게 아닐까 생각합니다.

강점에 투자하십시오

많은 직장인들이 자신에게 주어진 직무 외에 자신의 경쟁력을 위해서 또는 생활의 활력을 위해서 자기 계발을 많이들 합니다.

저의 경우 직무를 위한 역량 외에 가장 많은 투자를 한 부분은 영어입니다. 신입사원 시절 같이 입사한 동기들보다 조금 높은 TOEIC 점수 덕에 국내 주요 기술 이슈를 오라클 미국 본사에 Escalation하는 업무를 맡게 되었습니다. 즉, 업무상 영어가 필요했죠. 그러다 보니, 회사에서 지원하는 영어 학원에서의 영어 학습 기회를 놓치지 않고 항상 이용했습니다. 지금 다니는 회사에서도 영어 학습을 지원하고 등급 관리 등 더 많은 동기부여 프로그램을 운영하고 있습니다. 저도 그러한 프로그램을 이용하여 회사가 지정한 최고 등급을 획득하기는 했지만, 여전히 영어 의사소통이 유창하진 못합니다. 그래서 현재도 전화 영어 및 온라인 학습을 수강하고 있습니다. 또한 사내 Global PT 대회에도 도전하였습니다. 최종 본선에서 입상하지 못했지만 그러한 자기 계발 노력은 제게 업무 기회를 넓게 되는 도움을 줄 뿐만 아니라 회사 생활에도 활력을 줍니다.

하지만 저는 모든 분들이 영어에 집중하라고 권하고 싶지는 않습니다. 물론 많은 회사가 최소한의 영어 등급 등을 요구하고는 있지만, 저는 업무상 불필요한 사람들까지 모두 영어에 에너지를 쏟을 필요는 없다고 생각합니다. 회사는 학교나 가정과는 다르죠. 결국 각 개인이 지닌 강점을 뽑아 성과로 만들어내고자 합니다. 나의 역량 중에 다른 사람과 작게라도 차별화되고 내가 장기적으로 투자해도 지치지 않을 분야가 무엇인지를 주기적으로 생각하는 시간을 가지길 권해드립니다. 그것은 사람에 따라 어학일 수도 있지만, PT일 수도 있고, 프로그래밍 또는 커뮤니티를 통한 공유 활동 등 다양한 분야가 있겠죠.

절벽에서 떨어지고 나서야 자신에게 날개가 있음을 깨닫게 됩니다

회사 생활을 하다보면 의욕을 가지고 처음 시작한 초심이 잊혀질 때가 있습니다. 매너리즘에 빠지기도 하고 벽에 봉착한 듯 앞이 막막하고 돌파구가 보이지 않을 때도 있습니다. 내가 가는 길이 맞는지 확신이 들지 않고 언제 태양이 나타날지 모르는 터널이 끝없이 이어지는 기분이 들기도 합니다.

사실 저도 20년 동안 회사 생활을 했지만 그런 상황에 대한 정답은 모릅니다. 하지만 한가지, 막상 그 위험하고 캄캄하게만 보이는 곳으로 한발 앞으로 내디디면 항상 그곳에는 그 전에는 안보이던 길이 보이더란 것입니다. 그리고 불안하게 내디던 그 한발 덕에 제가 그 일을 해낼 능력이 있음을 알게 되더군요.

부정적인 결과가 예상되던 프로젝트가, 답이 없어 보이던 고객사 장애 상황이, 악명 높은 고객사에서의 상주 기회가 막상 부딪혀보면 저에게 배움과 성장의 기회가 될 때가 많았습니다.

그 중 매너리즘 극복의 한 경험을 공유하고자 합니다. 직장 생활 시작한지 10

년 정도 지난 시점이었습니다. 저는 업무와 직접 연관이 없는 분야의 학습에서 매너리즘 극복의 도움을 받는 편이어서 이화여자대학교 교육대학원에 진학하였습니다. 회사 생활과 야간에 수업이 진행되는 학업을 병행하는 일이 쉬운 일은 아니었습니다. 5학기제를 중간에 한 학기 쉬고 3년만에 마치면서 늦은 나이에 정보고등학교에서 1달간 교생 실습도 다녀왔습니다. 한창 바쁜 프로젝트가 진행 중일 때는 학교 근처에서 김밥으로 저녁을 해결하고 수업을 마치고 다시 고객사로 돌아와서 근무를 마치고 자정이 넘어 택시타고 집으로 귀가하는 생활을 몇 개월 동안 하기도 했습니다.

이미 데이터베이스로 석사 학위를 가지고 있었고 교사가 될 목적은 없었기 때문에 이 3년 동안의 경험이 실질적으로 제게 큰 이익이 된 점은 없습니다. 그러나 그 기간은 교육 분야 학습에 대한 어린시절부터의 갈망을 해소하고, 캠퍼스에서만 느낄 수 있는 에너지와 정신적 생기를 얻은 기간이었습니다. 다른 사람의 눈으로는 돈과 시간의 낭비일 수 있지만, 저에게는 지금 되새겨보아도 후회가 없는 인생의 투자이고 값진 경험이었습니다.

국내 회사는 동기부여 프로그램, 외국 회사는 자율성이 장점입니다

저는 한국오라클에서의 회사 생활을 후회 없이 즐겁게 보냈습니다. 그리고 지금 5년째인 삼성SDS에서도 매일 배우고 성장하는 경험에 이직을 후회한 적은 없습니다. 각 회사 나름의 장점이 있는데, 제가 경험한 주요 장점은 이렇습니다.

국내 IT 기업에서는 먼저 동기부여 프로그램을 뽑고 싶습니다. 온라인/오프라인의 다양한 교육 및 자격증 취득을 위한 프로그램이 있습니다. 삼성SDS의 예를 들면 서버/DB/프로그래밍/빅데이터/클라우드 등 다양한 분야의 전문가 프로그램이 매년 진행됩니다. 한번에 10명 이상의 DBA에게 10주 가량의 교육 수강의 환경을 제공한다는 것은, 비용만의 문제가 아닌 업무적으로 큰 투자입니다. 이외에도 다양한 경진 대회, 우수 사례, 아이디어 공모, 인센티브 프로그램 등이 진행되고, 조직의 협업을 통한 성과 유도가 많아 매너리즘에 쉽게 빠지지 않을 수 있습니다.

IT 엔지니어에게 있어 동기부여가 될 삼성SDS의 또다른 프로그램은 전문가 인증제입니다. 해당 분야에서 전문성을 인정받으면 Expert, Senior Expert, Master 등의 자격을 부여하여 대우해 주는데, 이러한 프로그램은 엔지니어도 근무 경력이 쌓이면 부서장 등 관리직이 되어야만 인정받던 업무 문화를 변화시키고 있습니다.

Master는 회사가 기술 전문가에게 부여하는 최고의 명예직으로 임원에 준하는 처우를 받게 되며, 경영이나 조직 관리보다는 주요 프로젝트나 TF 리딩 업무를 주로 맡게 됩니다. 저도 DB 전문가로서 Expert를 거쳐 올해 Senior Expert 자격을 부여받게 되었는데 제 분야에 대한 기술적인 인사이트$_{\text{Insight}}$를 경영진에게 제공해 드릴 수 있도록 더 큰 책임감을 가지고 일하고 있습니다.

외국계 IT 회사는 대부분 개인의 능력을 가장 중요시합니다. 관리직인지 기술직인지는 나뉘지만, 같은 기술직에서라면 해당 분야에서 몇 년을 근무했고 현재 직급이 무엇인지는 크게 중요하지 않습니다. 자신의 분야에서 스스로 열심히 하면 인정받을 수 있고, 매니저는 관리를 전문으로 하는 위치일 뿐 팀원인 엔지니어들과 상하관계라는 인식이 적어 매니저가 부하 직원에게 미치는 영향도 적습니다.

자신이 수행한 업무는 고객이나 업무 지시자에게 직접 보고하고 성과를 인정받습니다. 이때 회사 내 보고의 경우는 문서 작업 없이 메일로 간단히 하고 결재 등의 절차가 대부분 필요하지 않습니다.

저의 경우에는 오라클 본사 조직에서 근무하던 3년 간 저의 매니저는 싱가폴, 저는 한국에서 근무하면서, 저 스스로 출퇴근 시간 및 업무 스케쥴을 조정하고 관리하였습니다.

어느 쪽의 장점이 더 끌리는 지는 각자 생각해보시고 회사 선택 시 참고하시기 바랍니다.

이직을 계획 중이라면
현재 직장에서 최선을 다하는 모습을 보여주세요

IT 업계에서 이직은 드문 일이 아닙니다. 저도 15년 이상 근무한 직장을 떠나 현재의 직장을 선택하였다고 말씀드렸습니다. 경력직 이직과 관련해서 제가 드리고 싶은 이야기는 "이직하려면 현재 직장에서 현재 일과 현재 동료에게 최선을 다하라"입니다.

요즘, 취직이나 이직을 위해 영어, 자격증, 프로젝트 활동 등 스펙을 쌓기 위한 노력을 많이 하는 것으로 알고 있습니다. 그러나 경력 사원으로 취업할 때는 서류만 참고하지 않는다는 사실을 알아야 합니다. 서류보다 더 중요하게 보는 것이 있답니다. 이전 직장에서 같이 일한 동료나 함께 일한 경험이 있는 다른 회사 직원들의 의견reference입니다. 이게 결정적인 역할을 하는 경우가 상당히 많습니다. 제가 이직할 때도 오라클 동료와 삼성SDS에서 제가 기술 지원한 부서원의 의견이 결정적인 역할을 하였고, 저 또한 여러 번 예전 동료들의 레퍼런스 요청을 받곤 합니다.

먼저, 이직하려는 이유를 한번 알아볼까요. 다음 두 가지로 대변됩니다.

첫째, 본인의 역량을 더 펼쳐 보일 수 있는 곳을 찾기 위해서입니다.
둘째, 더 좋은 대우를 받기 위해서입니다.

어느 순간, 위와 같은 이유들로 인해 이직을 계획하고 계시다면 다음 세 가지에 유념할 것을 권고해 드립니다.

첫째, 현재 직장에서 최선을 다해 성과를 만들기 바랍니다.
둘째, 주변 동료와 좋은 관계를 유지하세요.
셋째, 만나는 고객에게도 업무적으로 인간적으로 신뢰를 주십시오.

위와 같이 해야 하는 이유가 있습니다. 이직한 회사에 가면 처음에는 이전에 근무하던 회사와 연관된 업무를 맡을 가능성이 높기 때문입니다. 왜냐하면 이전 근무 회사에 이미 인맥이 형성되어 있기 때문이고, 이전 근무 회사를 누구보다 잘 이해하고 있기 때문입니다. 이 정도 말씀드리면 아시겠죠. 현재 다니는 회사를 위해서 본인이 맡은 일에 최선을 다해야 하는 이유와 그 일에서 최선을 다하는 것은 기본이고, 더 나아가서 업무상 만나는 다른 회사 사람들도 업무로 윈윈Win-Win할 수 있게 진심으로 최선을 다해야 하는 이유가 여기에 있습니다.

"진심으로 최선을 다하라" 제가 경험한 바로는, 혹은 주변에서 본 바로는 본인이 속한 조직이나 업무 관계에 있는 다른 회사를 위해서 진심으로 최선을 다하는 것이 다른 어떤 이직 전략보다 더 좋은 성과로 이어집니다.

할아버지/할머니 엔지니어? 한국도 가능합니다

앞에서 말씀드린 것과 같이 2011년 제가 삼성SDS로 이직할 당시 제 나이는 40대 초반이었습니다. 저 뿐 아니라 IT 각 분야별 기술 전문가들로 구성된 제가 속한 부서의 경력 입사자의 나이가 대부분 40대입니다.

이는 시사하는 바가 큰데요. 기업에서 새로운 직원을 채용할 때는 그 사람이 최소 10년 이상은 해당 분야에서 역량을 발휘하고 성과를 낼 수 있다는 계산과 기대를 가집니다. 즉, 이 말은 이미 한국 IT 기업에서 엔지니어의 수명을 50대로 기대한다는 의미입니다. 저도 주변에서 50대 전문 엔지니어들을 종종 봅니다.

오라클에서 근무할 때 미국 본사의 50대, 60대 엔지니어들이 한국에 방문해서 같이 일할 기회가 몇 번 있었습니다. 당시 자기 전문 기술만 있다면 나이와 관계없이 엔지니어로서의 커리어를 이어가는 그분들을 보고 우리와는 무관한 먼 일로만 생각했습니다.

이제 한국에서도 할아버지/할머니 프로그래머, DBA 등 IT 엔지니어들이 낯설지 않은 시대가 되었습니다.

더 많은 여자 IT 엔지니어를 기대합니다

아시는 바와 같이 IT 분야에는 여자 엔지니어 수가 남자 엔지니어에 비해 적습니다. 데이터베이스 분야 역시 예외가 아닌데요. 저는 더 많은 여자분들이 IT 분야에서 일하기를 바라는 마음입니다. 세밀한 분야까지 완벽성을 추구해야 하는 IT 분야에서 여자들이 성과를 낼 수 있는 가능성이 많습니다. 또한 관계를 중시하는 여자들의 특성 상 팀이나 프로젝트 멤버 사이에서 갈등이 생길 때 더 부드럽게 해결해 나가기도 합니다.

　IT 분야에서 경험 많은 엔지니어가 적은 것은 여자들 스스로 가지는 가정, 특히 아이들에 대한 죄책감이 큰 원인이라고 합니다. 주말 및 야간 작업이 드물지 않은 IT 분야에서 그리고 교육열로 유명한 한국 사회에서, 10년, 20년 이상 여자 IT 엔지니어로 성장하는 것을 스스로 포기하는 것이죠. 하지만 실제 엄마의 직업 유무와 아이들의 학업 성과가 관계가 없음은 많은 연구에 의해 증명되었고, 저 또한 이를 확신합니다.

　저의 경우 현재 고2인 큰 아이가 5학년이 될 때까지 한국에서 교육 관련 비즈니스 마켓이 이렇게 넓은지 전혀 몰랐습니다. 하지만 아이가 초등학교 시절 책에서 접하고 마음으로 꿈꾸던 고등학교에 입학하여, 비록 기숙사 생활로 가족과 떨어져 있지만, 자신의 꿈을 향해 열심히 그리고 즐겁게 생활하고 있습니다. 둘째도 엄마가 열심히 챙겨주는 아이들과 별 차이 없이 공부하고 생활하고 있습니다.

　엄마가 경제적인 문제 때문에 마지 못해 일하고 있음을 암시하는 것은 아이들에게 부정적인 영향을 미친다고 합니다. 혹은 아이의 공부를 챙겨주지 못한다는 불안감에 낮동안 과제를 잔뜩 내주고 퇴근 후 검사하는 워킹맘도 많은데요. 그런 생활이 아이에게 행복이어야 할 엄마의 퇴근 시간을 불안과 공포의 시간으로 바꾸는 경험을 듣곤 합니다. 함께 하는 시간의 부족이 아니고, 그에 대한 죄책감, 또는 초조감이 결과적으로 아이들과의 관계에 부정적 요인이 된 경우를 더 많이 접합니다.

　엄마가 자기 분야에서 열정을 다하고 성취감을 느끼는 모습은 아이들과 함께 발전하는 데 도움이 될 수도 있다고 믿습니다.

롤 모델은 동암문화연구소 이사장 전혜성 박사

IT 분야와는 관련 없지만, 제가 이전부터 존경해 온 분은 동암문화연구소 이사장인 전혜성 박사님입니다. 전혜성 박사는 오바마 행정부 보건복지부 차관보를 지낸 장남 고경주 박사를 비롯하여 6남매를 모두 글로벌 리더로 키워내어 자녀 교육으로 유명하지만, 제가 박사님을 존경하는 이유는 자녀 교육때문은 아닙니다.

17~18년 전 제가 사회 생활을 시작한지 얼마 되지 않아 TV에서 처음 본 전혜성 박사는 인류학 및 사회학 박사로, 당시 이미 70의 연세였음에도 불구하고 족히 1000페이지는 되어 보이는 책을 읽고 계셨습니다. 그리고 앞으로도 계속해서 공부하고 활동할 계획이라고 말씀하셨는데, 그때 사명감이 우러나는 확신에 찬 모습은 제가 꿈꾸어 온 현실속 인물로 제 머리속에 각인되었습니다.

평소, 저는 나이가 들어도 끊임없이 공부하고 작게라도 사회에 기여하는 삶을 사는 것이 바람이었는데, 당시 박사님은 더 큰 모습으로 사람과 사회를 위한 큰 가치를 실현하고 계셨습니다.

그 이후 박사님이 말씀하신 '덕승재(德勝才; 덕이 재능을 뛰어넘어야 한다)'는 제 좌우명이 되었습니다. 최근에도 꾸준히 책도 내시고 공부와 봉사의 삶을 멈추지 않는 박사님은 지금도 제 마음의 멘토이십니다.

IT 엔지니어는 작품을 만드는 예술가

IT 분야를 직업으로 가지는 것에 대해 완전히 다른 시각이 존재하는 것 같습니다.

먼저, 3D 혹은 고객의 무리한 요구를 수용해야 하는 Demanding을 더해 4D라는 의견이 있습니다. 야근 및 주말 작업이 많은 IT 특성때문에 전산과 학생은 미팅 시에도 외면당한다는 이야기를 듣기도 합니다.

저도 하루 종일 고객사의 기술 문제를 해결해주고 다시 저녁에 다른 고객사의 시스템 조치를 위해 투입되면서 길 옆 포장마차 앞에서 어묵 하나로 저녁을 때우고, 다시 새벽 3시에 작업을 끝내고 나오면서 밤길에 택시를 잡기 위해 애태우면서... '이러면서까지 내가 이 일을 계속해야 하나' 싶을 때도 있었습니다.

1년 이상 프로젝트로 인해 휴일과 명절을 가족과 보내지 못하다가 회사의 본부 챔피언 부상으로 호주의 골드코스트에서 며칠을 보낼 때는 여유와 흥겨움으로 가득한 그 곳이 마치 다른 행성인 듯, 부럽다는 말로는 표현이 안되는 생소함과 이질감을 느끼기도 하였습니다.

하지만 사실 IT 엔지니어가 대체적으로 이렇게 육체적으로나 정신적으로 고단할 때가 많은 직업이긴 하지만, 그럼에도 불구하고 소모적이거나 천대받는 직업은 아닙니다.

IT 직업에 대한 또 다른 시각은, 세상을 바꾸는 IT야 말로 대박을 꿈꿀 수 있는 가능성이 가장 높은 분야라는 인식입니다. 우리는 IT와 관련된 아이디어와 기술 하나로 몇 십 년을 이어온 기업의 자산 가치를 단숨에 뛰어 넘는 사례를 실제로 종종 봅니다.

그리고 이러한 IT 분야의 성공의 요인으로 열정과 창의력을 많이들 이야기합니다. 예술가들에게 필요하다고 알려진 자질들이죠. 그런데 게임처럼 나도 모르게 몰입하는 게 열정이고 놀이처럼 즐겁게 하고 싶은 걸 하는 게 창의력이라고 쉽게 생각하는 사람들도 많은 것 같습니다.

집중력과 인내를 가지고 마지막 하나까지 완벽을 기하고자 하는 에너지가 열정이고, 그러한 몰입을 통해 창의력이 성과로 이루어진다는 것이 제 생각입니다.

IT 분야에서 일을 하다 보면 밤을 새면서 새로운 시스템을 구축하여 서비스가 정상적으로 운영되는 것이 확인되는 순간, 도저히 잡힐 것 같지 않던 문제를 고민하다 아주 작은 파라미터 하나로 해결되어 안정화되는 순간에 보람과 희열을 느끼고 다음 단계로 도전해보고 싶어지는 경험을 하게 됩니다.

적당한 속도로 흘러가는 대로 따라 가는 것이 아닌, 고민하고 집중하고 작은 것이라도 이루어내는 이러한 체험이 저는 예술가들의 그것과 크게 다르다고 생각하지 않습니다.

사람이 아닌 컴퓨터에 내 인생을 거는 것에 회의가 드는 순간도 있었습니다. 그러나 지금은 그 컴퓨터를 재료로 인간과 사회를 위한 작품을 만드는 사람들이 IT 엔지니어라고 생각하고 있습니다. 여러분들이 만들어내는 작품과 그 작품들이 이루어내는 우리의 미래를 기대합니다.

DBMS 서포트 엔지니어가 갖추어야 할 기술

DBMS 서포트 엔지니어는 이미 판매된 DBMS 제품이 고객 환경에서 안정적으로 서비스되도록 기술지원하는 역할을 수행합니다. 그러므로 안정적인 구축과 운영을 위한 기술지원, 진단, 장애복구 및 근본 원인 분석에 필요한 기술을 갖추어야 합니다.

- DBMS 및 관련 옵션 제품 신규 설치, 설치 시 발생 이슈 분석 및 해결
- DB 업그레이드/마이그레이션, 이러한 작업 수행 중 발생 이슈 분석 및 해결
- DBMS 메커니즘에 대한 정확한 이해를 바탕으로 고객이 접하는 DB 이슈에 대한 해결책 제시, 필요 시 교육 수행
- 서비스 요구사항에 맞는 DB 이중화 및 DR 환경 가이드 및 구축
- 데이터 손실 시 요구되는 복구시간(RTO) 및 허용데이터손실양(RPO)을 고려한 백업 및 복구 환경과 절차를 가이드하고 구축 지원
- DB 성능 분석 및 튜닝을 통한 개선 작업 가이드 및 수행
- DB 구성, 환경, 성능, 보안, 가용성 등의 진단 및 개선안 도출 후 제공
- 고객 환경에 적합한 패치 분석 및 가이드
- 장애발생 시 복구 작업을 지원하고, 장애발생의 근본 원인 분석 및 해결책 제시
- 제품 버그 지원 시 패치 작성을 위한 제품 개발자와 커뮤니케이션

DB 관리자(DBA)가 갖추어야 할 기술

DB 관리자는 DB 시스템을 최적으로 구성하고 성능 및 가용성 등을 관리하여 안정적인 DB 서비스를 제공해야 합니다. 이에 따라 DBMS 설치와 구성 외에 가용성, 용량, 성능, 백업 및 복구, 보안 등을 관리할 수 있는 기술이 요구됩니다. 필요시 앞에서 설명한 DBMS 서포트 엔지니어의의 지원을 받을 수 있습니다.

- 다양한 OS, 스토리지, 네트워크 환경에서 DBMS 신규 설치
- DB를 다른 서버, 저장공간, 버전 등으로 업그레이드 또는 마이그레이션
- DBMS 파라미터 이해 및 설정, 이후 변경에 따른 영향도 분석
- DB 가용성을 위한 이중화 구성 및 이중화/DR 환경에서의 전환 수행
- 데이터 용량 증가에 대비한 공간 설정 및 증설 계획과 수행
- 데이터 손실 시 요구되는 복구시간(RTO) 및 허용데이터손실양(RPO)을 고려하여 적합한 백업 및 복구 환경과 절차를 수립하고, 절차에 맞게 DB 백업 수행
- DB 성능 데이터 관리 및 DB 튜닝을 통한 성능 개선 작업 수행
- DB 패스워드 관리를 포함한 접근 제어, 감사Auditing 등을 통한 보안 위험 차단
- DB 상태 모니터링 및 이상 징후 감지 시 해석과 긴급 복구 작업
- DB 장애 발생 시 절차에 따른 복구 작업 후 원인 분석 및 재발 방지를 위한 공유 활동 수행

네트워크 엔지니어 김진성의 사는 법

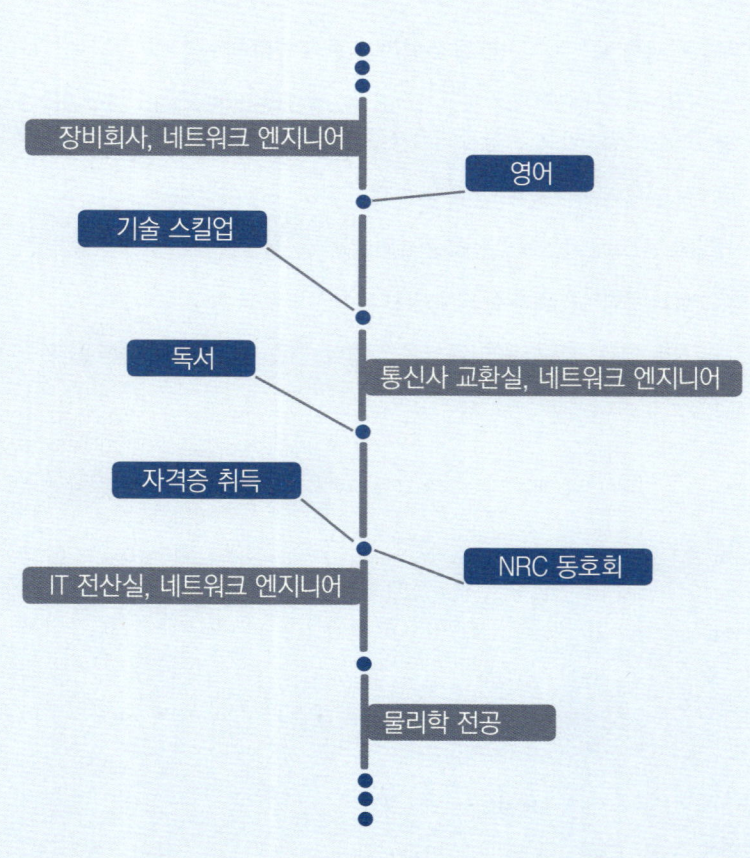

장비회사, 네트워크 엔지니어

영어

기술 스킬업

독서

통신사 교환실, 네트워크 엔지니어

자격증 취득

NRC 동호회

IT 전산실, 네트워크 엔지니어

물리학 전공

지금까지 일하면서 '이렇게 하면 안되겠구나' 리스트를 가지고, 후배들에게 한 가지 정도는 모범이 되고 싶고, 또 자신이 좋아하는 일을 하고 싶습니다. 또한 우리 사회 구성원들이 좀 더 편하게 살 수 있고, 발전하는데 도움을 줄 수 있는 방법을 고민하면서 일을 하고 싶습니다.

**네트워크 엔지니어
김진성의 사는 법**

NOW	장비회사, 네트워크 엔지니어
PRE	교환실, 네트워크 엔지니어
PRE	IT 전산실, 네트워크 엔지니어

물리, 네트워크

고등학교 3학년 때 홀로그램 전시회를 보러갔는데 홀로그램에 완전히 매료되었습니다. 그래서 전공을 물리학으로 선택했습니다. 물론, 대학 들어가서 물리학에 '물리면'서 꿈과 현실이 다르다는 것을 알았습니다. 그래서 그 꿈을 저 멀리 떠나보낼 수밖에 없었습니다. 주된 이유는 수학 때문이었습니다. 수학에 적응이 안되더라구요. 물리를 아주 잘하려면 수학도 아주 잘해야 한다는 사실을 고3 때는 몰랐던 것이지요. 그래도 지금 후회는 없습니다. 어떤 형태로든 학교에서 배웠던 지식이, 뭐랄까... 딱 도움이 된다고 보기는 어렵지만 연계되어 있다고나 해야 할까요. 그 나름대로의 가치가 충분히 있습니다.

저는 인터넷을 아주 일찍이 접했습니다. 우리나라에 네트워크가 처음 소개되던 시절에 넷스케이프 1.1부터 사용했으니깐요. 물론 그 당시에는 네트워크 분야로 올 것이라는 생각을 전혀 하지 못했습니다. 네트워크를 배운 계기는 군대에 있을 때였습니다. 어떻게 하다 보니 랜 공사를 맡아서 해야 했습니다. 그때부터 네트워크를 하게 되었습니다. 구체적으로 아무 것도 모르는데 그냥 했죠. 공부하면서...

회사 면접볼 때 인사담당자가 '랜 공사를 해 보았냐'고 물었습니다. 물론 지금은 입사할 때 이런 질문을 할 리가 전혀 없겠지만, 그 당시에는 그런 일을 해본 사람이 드물었기 때문에 그런 질문을 했던 것이죠. 또 그런 경력이 필요하던 시기이기도 했구요.

첫 직장, 입사

졸업을 하고, 2001년에 이동통신사인 K사에 입사했습니다. 입사할 때 서류 전형, 인적성 검사, 3단계 면접 과정을 거쳤습니다. 서류 전형은 어떻게 통과했는지 저도 조금 궁금한데요. 여하간 서류 전형을 통과했습니다. 사실, 그 당시에는 취업하기가 지금만큼은 힘들지 않았었지요. 면접은 3단계로 이루어져서, 기술 면접, 집단 토의, 임원 면접의 순서로 진행하였습니다.

제가 본 기술 면접에서는 5명의 응시자가 들어갔고, 임원들과 팀장들이 면접관으로 들어왔습니다. 팀장들은 주로 기술적인 질문을 하는데, 저는 학부 출신이라 어려운 것을 물어보지 않았습니다. 그러나 대학원 나온 사람들에게는 어려운 것을 물어보더군요. 즉, 응시자에 맞춰서 물어봅니다. 뭐, 어차피 모르는 것을 물어봐도 모를테니까 안물어보는거죠. 그래서 특별히 부담은 없었습니다.

집단 토의는 주제를 던져주고 20-30분 동안 어떻게 하는지를 지켜봅니다. 이때 성격 급한 사람이 주관자가 되는데, 제가 어색한 분위기를 못 참는 스타일이라서 제가 주관이 되어서 집단 토의를 진행했습니다.

임원 면접은 기술하고 전혀 상관이 없구요. "회사에 아는 사람이 있느냐?", 뭐 이런 정도의 질문을 합니다.

IT 전산실, 네트워크 엔지니어의 업무

입사 후, IT 전산실에 배치되었습니다. 제가 입사한 시점에 지점이 계속 늘어나는 중이었습니다. 그래서 무척 바빴습니다. 늘어나는 지사를 계속 연결하고, 속도가 느려지면 회선을 늘리고, 이런 업무를 2-3년 했습니다. 지사는 내부망으로 연결하고, 대리점은 내부망이 아닌 인터넷을 통해서 VPN으로 연결했습니다. 지방 출장도 많았습니다. 지사가 신설되면 1-2주 동안 공사팀과 함께 공사를 하기도 했습니다. 네트워크 회사에서 사원이나 대리 때는 대개 이런 일들을 한다고 보면 됩니다.

지사나 대리점이 늘어나면 전산실 장비도 계속 늘어납니다. 늘어나는 서버를 모두 수용하지 못하면 전산실도 새로 신설합니다. 이전이나 통합하는 경우도 있죠. 대기업 전산실 이전/통합의 경우 대개 3-4일 정도 걸리는데, 문제는 다른 사람들이 일을 하지 않고 쉬는 설날이나 추석 연휴에 일을 한다는 것이지요.

DR 네트워크 구축 업무도 했습니다. DR~Disaster Recovery~은 재난복구입니다. 정전이 발생하거나 홍수로 전산실이 물에 잠기면 기능이 마비가 되고 비즈니스를 수행하지 못하기 때문에 이를 즉시 복구해야 합니다. 복구 대상이 DR 네트워크 전체가 되기도 하고, 필수 기능만 되기도 합니다. 2010년 전까지는 재난 복구 개념이 컸지만 그 이후로는 이중화가 대세입니다. 즉, 두 군데서 업무를 같이 볼 수 있게 만드는 것이죠. 이중화 시스템을 구축해 놓고 되는지 안되는지 모르기 때문에 1년에 1-2회 테스트를 합니다. 위험 부담이 있어서 다 넘기는 것은 잘 하지 않고, 특정 기능만 넘기는 방식으로 테스트를 합니다. 이 역시 설날이나 추석 연휴에 한답니다. 여기서 정답이 나오죠. 설날과 추석 때 연휴를 즐기고 싶다면 이쪽으로 오시면 안됩니다!

콜센터 네트워크 구축 업무도 했습니다. 콜센터 네트워크는 일반 네트워크와 조금 다릅니다. 통신사의 114로 전화를 하면 연결되는 곳이 콜센터입니다. 콜센터의 기본 구조는 지사와 같지만 독특한 업무를 하기 때문에 따로 관리합니다. 망도 다르고, 전산실도 별도로 있습니다. 콜센터에서 일하는 분들이 적게는 300명에서 많게는 1000명에 이르고, 녹취까지 다 해야 하므로 규모가 상당히 크다고 볼 수 있습니다.

신설 콜센터의 경우 건물을 자체적으로 보유하고 있으면 구축에 3-6개월 정도 걸립니다. 보통 5-10개의 벤더가 들어오고 인원도 20-30명 정도가 붙습니다. 콜센터에서 일하는 분들을 쉽게 보지만 사실 그렇지 않습니다. 그중에서 실력있는 상담사는 고액 연봉을 받기도 한답니다. 이동통신 분야 상담사의 실력이 좋기 때문에 금융권으로도 많이 갑니다. 물론 이직도 잦아서 고급 인력이 그렇게 많지는 않습니다.

이상의 업무를 2001년부터 2006년까지 했는데요, 다양한 엔터프라이즈 망을 경험했습니다. 그래서 현재 업무를 보는데 필요한 기본적인 기술 자산을 얻었던 시기였습니다.

입사 후 3년, 할 수 있는 것은 무조건 다 하십시오

처음 회사 들어가서 3년 배운 걸로 최소한 10년은 써먹을 수 있습니다. 저도 실제로 그랬구요. 신입 때 2-3년 동안은 일을 진짜 많이 했습니다. 젊음을 완전히 불태웠던 시기였습니다. 그때 그렇게 듣고 보고 배우지 않았다면 지금의 저는 없었을 것입니다. 제가 입사했을 때는 케이블을 까는 작업부터 해서 천정을 기어 다니면서 작업을 했습니다. 물론 지금은 대기업 IT 전산실에 와서 그런 일을 할 일은 거의 없겠죠. 뭐, 그 당시에도 그렇게까지 하지 않고자 하면 하지 않을 수도 있었습니다만, 저는 그냥 그렇게 했습니다. 할 수 있는 것은 무조건 다 한다는 것이 엔지니어의 자세가 아닐까 생각합니다.

IT 전산실에는 인력이 많지 않아서 저 같은 경우 혼자서 기획하고, 발주하고, 계획 수립하고, 밤에는 일을 하고, 다음 날 다시 일해야 하니 회사 기숙사 라꾸라꾸에서 자고 일어나, 다음 날 다시 일을 했습니다. 그렇게 3년을 지냈습니다. 지방에 가는 일도 많았는데, 오히려 지방 업무가 더 편하기도 했습니다. 공사팀하고 같이 가는데, 길면 2달이 걸리기도 했습니다. 그런 경험을 한 것은 저에게는 행운이었습니다. 지금은 신설 회사가 없어서 그런 일을 하기 쉽지 않습니다. 이미 다 셋팅되어 있기 때문입니다. 혹시 신설 회사로 가서 그런 일을 할 기회가 생기면 마다하지 않기 바랍니다. 나중에 다 도움이 됩니다.

엔지니어, 넋 놓고 있으면 자리가 없어집니다

육군에서 보병이 주력이라면 해군은 함정이 주력입니다. 이동통신에도 주력이 있습니다. 기술 쪽이면 이동통신기술 쪽이 주력이고, 마케팅이면 폰을 판매하는 쪽이 주력입니다. 제가 속한 IT 전산실에는 지원 부서라는 꼬리표가 붙습니다. 즉, 이동통신에서는 주력이 아닌 셈이죠. 그래서 저도 주력으로 가고 싶었습니다. 그래서 2006년에 기지국 시설 공사하는 부서로 가서 철탑 세우는 일부터 했습니다. 주 업무는 철탑 세울 부지 찾아서 지주나 건물주와 협의해서 계약 담당자에 넘기는 일이었습니다.

그렇게 6개월 정도 하다가 교환실로 옮겼습니다. 그 당시에는 2G/1x가 사용되던 시절이었습니다. 즉, 주력인 이동통신 쪽으로 간 것이죠. 결과론적이지만 지금 돌아보면 그 결정은 괜찮은 결정이었던 것 같습니다. 그 결정으로 인해 지금까지 계속 엔지니어로서의 삶을 이어가고 있다고 볼 수 있죠.

사실, IT 엔지니어로서 넋 놓고 일만 해도 리스크가 생깁니다. 빠르게 변하고 바뀌는 기술 트렌드 속에서 어느 순간 자리가 없어질 수 있습니다. 그것만큼 무서운 일도 없습니다. 정년까지 보장되는 직장은 없기 때문에 준비를 해야 하는데, 무엇보다 다른 특화된 부분을 찾아야 합니다. 또 그 쪽에서 잘 할 수 있는지도 확인을 해야 하구요. 회사 내부에서도 신상품이나 새로운 서비스를 개발해야 하고, 새로운 일을 할 때는 준비된 사람을 내부에서 찾습니다. 외부에서 데려올 수도 있지만 내부 경력직을 많이 뽑습니다. 특히 좋은 회사일수록 그런 경향이 뚜렷합니다. 따라서 평소에 눈여겨 볼 필요가 있습니다.

통신사 교환실, 네트워크 엔지니어의 업무

2G 시절에는 무선 인터넷 개념이 없었습니다. 흑백, 256 컬러 시절에는 데이터가 거의 없었고 전화 주고받는 것이 핵심이었습니다. 그래서 교환실에서 하는 일도 주로 그와 관련된 것이었습니다. 이동 전화에서 가장 중요한 것은 '내 위치가 어디에 있냐'입니다. 이동 전화기는 이동하는 물체이기 때문에 위치가

중요합니다. 전화를 걸 때는 상관이 없지만 전화를 받을 때는 위치를 알아야 합니다. 그래서 위치 등록이 가장 중요합니다. A라는 사람이 종로에 있고, 종로 교환기 2번에 있다면 그 정보가 DB에 저장이 되고, B라는 사람이 A에게 전화를 걸면 DB에 등록된 위치 정보를 보고 A가 종로 교환기 2번에 있다는 사실을 알고 두 사람을 연결시키는 식으로 진행이 됩니다. 이 과정 속에서 기지국 등에 있는 다양한 장비들이 관여되는데 제가 맡은 일은 그 장비들이 제대로 작동되도록 유지하는 일이었습니다. 2011년 12월까지 그 일을 했습니다.

2006년부터는 WCDMA가 도입되었습니다. WCDMA부터는 무선 데이터용 교환기가 따로 있었습니다만 하는 일은 1x 때와 거의 동일했습니다. 그 사이에 저희 회사가 K사에 합병되었습니다만 하는 일은 같았습니다. 2011년부터 LTE 서비스가 시작되면서 교환실에서는 WCDMA와 LTE를 같이 관리하게 되었습니다. 하는 일은 대동소이했습니다. 다만 기술이 바뀐 것뿐이었죠. 물론 기술 변화에 따라 그에 맞는 기술력을 계속 갖추어 갔습니다.

IT 엔지니어에게 기술에 대한 목마름이란?

이동 통신사에 근무하면서 휴대폰이 어떻게 되는지 잘 알게 되었으며, 다른 사람에게 자신 있게 이야기할 수 있는 수준이 되었습니다. 기간망을 하다 보니 남들이 모르는 분야를 알 수 있었고, 특정 지역 또는 전국적으로 문제가 생길 때 그 가운데에 서 있는 영광 아닌 영광(?)을 누리기도 했습니다. 그러나 기술에 대한 궁금증이 있을 때마다 그것을 자세히 알 수 있는 것에 한계가 있다는 점이 아쉬움으로 남았습니다. 하는 업무가 워낙 바빠서 시간을 낼 수 없었던 것도 있었고, 어디 가서 물어볼 곳도 없었지요. 뭐, 물어본다고 해서 마땅히 속 시

원하게 가르쳐 줄 수 있는 사람도 없었으니깐요.

제가 재직한 회사가 통신 사업자다 보니 필요한 것만 알면 되었습니다. 근본적인 내용이나 기술적으로 앞으로 어떻게 될 것인지에 대해서는 알 수가 없었습니다. 운영에 필요한 기술만 알면 일을 아무 무리 없이 할 수 있었으니깐요. 물론 연구소에서는 알았겠지만 저는 연구소 소속이 아니었으니깐요. 그런 점이 아쉬웠습니다. 물론 네트워크 엔지니어들이 원하는 대형 서비스 사업자 망 속에서 일을 한 점은 괜찮았지만 그래도 기술적인 목마름이 있었습니다. 그래서 기술적인 것을 더 알고 싶어서 장비 회사로 옮겨보고 싶었지만, 쉬운 결정은 아니었기에 몇 년 동안 고민하고 나름대로 준비를 했습니다.

또 한편으로는 10년 정도 지나니까 슬럼프 또는 한계라고 할까 그런 것이 생겼습니다. 직장 생활을 하다 보면 대개 3년 주기로 오는데요, 진급 심사와도 맞물리는 경향이 있습니다. 어느 순간 팀장이나 관리자로 갈 것인지, 기술을 계속할 것인지를 선택해야 하는 순간이 옵니다. 저는 기술을 선택하였죠.

외국계 장비 회사로 이직

지금 직장인 시스코에 올 때 지인 추천으로 들어왔습니다. 프로젝트를 같이 하던 분에게 시스코 합류 의견을 피력했습니다. 2011년 말에 이야기하고 6개월이 지난 시점에 '지난 번에 이야기한 내용이 아직 유효하냐'라는 질문이 와서 '그렇다'고 답해서 이직 과정이 진행되었습니다. 이렇게 지인을 통해서 가면 좋은 점이 있습니다. 이력서 등 서류 작성할 때 잘 알려줍니다. 그리고 면접 팁 같은 것도 알려준답니다.

지인 추천인 경우 인성은 보장되어 있다고 보기 때문에 인성 관련해서는 그다지 비중을 두지 않습니다. 실제 이력서 내용이 맞는지 확인하는 절차를 거친다고 보면 됩니다. 추천인의 회사내 신뢰가 두터우면 합격 확률이 더 높아집니다. 구직자도 많지만 괜찮은 사람을 구하기도 쉽지 않은 것이 현실이기 때문에 채용하는 쪽에서도 최대한 노력을 기울입니다.

여기서 한 가지 주의할 점이 있습니다. 괜찮은 사람이 아쉽다고 하더라도 사람을 채용하는 쪽에서 먼저 이직하라고 권고하지는 않습니다. 특히, 소위 갑을 관계이거나 업무상 관련이 있는 경우에는 더욱 조심합니다. 따라서 이직하고 싶으면 이직하겠다는 의견을 먼저 조심스럽게 피력해야 합니다. 그래야 일이 시작됩니다.

헤드헌터는 전문 헤드헌터를 이용

이직을 해 보셨으면 경험이 있겠지만 헤드헌터들에게 연락이 많이 올 것입니다. 헤드헌터를 통한 이직도 실제로 많이 이루어집니다. 그런데 한 가지 주의할 점이 있습니다. 헤드헌터를 통할 때는 본인의 기술 커리어에 맞는 헤드헌팅 회사를 찾아야 합니다. 무조건 규모가 큰 회사와만 접촉하면 안 됩니다. 저 같은 경우 헤드헌터에서 10곳을 추천했지만 8곳은 저와 전혀 무관한 곳이었습니다. 그래서 시간과 에너지만 낭비했습니다. 헤드헌터도 전문화되어 있으므로 본인에게 맞는 헤드헌터 회사를 잘 선택해야 합니다.

이직 면접은 기존 업무 중심

제가 온 자리는 수요도 없고 공급도 없는 대체 불가한 자리였습니다. 그래서 면접이 그렇게 까다롭지는 않았습니다. 면접은 반나절 동안 진행했습니다. 포트폴리오를 별도로 준비하지는 않았지만 사람들 앞에서 자신의 의견을 조리있게 잘 표현할 수 있는지를 보기 위한 자리였습니다. 기술 면접을 2시간 동안 진행했고, 임원과 매니저 면접을 1시간 동안 진행했습니다. 싱가포르 쪽 임원과 전화 통화도 해야 했지만 여의치 않아서 하지는 않았습니다.

제가 모바일 쪽인데 제가 들어가는 팀에 모바일 전문가가 없어서 다른 팀에 있는 모바일 전문가를 데려와서 기술 면접을 보았습니다. 핸드폰을 켤 때부터 인터넷이 될 때까지의 과정 설명을 요구하셔서 그림을 그리면서 30분 동안 설명했고, 3G와 LTE의 차이점에 대해서도 물어보았고, 특정 벤더 장비들의 장단점도 물어보았습니다. 대체로 경력직 이직할 때는 자기가 지금까지 해 왔던 부분에 대해서 상세하게 물어본다고 생각하시면 됩니다.

보유 기술에도 보릿고개가 있습니다

저는 현재, WCDMA/LTE망(3G/4G)에서 스마트폰이나 테더링을 사용하는 노트북에서 인터넷을 포함하여 네트워크를 빠르고 안정적으로 사용할 수 있도록 기술 지원을 하고 있습니다. 4G에서 VoLTE라는 데이터망을 통한 음성전화 부분도 지원하고 있습니다. WCDMA/LTE는 무선랜과는 그 태생이 다르므로 기술적인 부분에서도 생소한 기술을 사용하고 있습니다. 하지만 결국의 목적인, 휴대폰에 IP를 할당하고 인터넷을 연결하는 것은 유선망과 다르지 않습니다.

음성과 데이터가 분리되어 있는 3G에서는 문제가 생기면 무선 인터넷만 안되지만 제가 맡고 있는 LTE에서는 문제가 생기면 아무 것도 안됩니다. 즉, 네트워크 연결 자체가 안되기 때문에 전화도 안되고 인터넷도 안됩니다. 그래서 신경이 더 쓰이기도 합니다.

현재 4G라고 하는데 평창동계올림픽과 일본하계올림픽이 열리는 2018년과 2020년 정도를 5G 시작점으로 봅니다. 현재 무선쪽으로는 새로운 기술 보다는 기존 기술 간의 융합 단계로 넘어가고 있습니다. 물론, 그 너머에 어떤 것이 있을지는 아무도 모릅니다. 즉, 지금은 와이파이와 LTE를 결합하여 인터넷 속도를 향상시키는 노력을 하고 있습니다. 아마도 2020년 일본 올림픽까지 그런 일을 할 예정입니다.

갑자기 이 말씀을 드리는 이유는 엔지니어에게도 자신이 보유하고 있는 기술에 따라 보릿고개가 있다는 이야기를 하고 싶어서입니다. 현재 이동통신 쪽은 성숙기에 접어들었습니다. 성숙기에 접어들면 사용자도 크게 늘지 않고, 투자비도 줍니다. 그러면 엔지니어의 일이 줄어들어요. 물론, 시설 유지보수와 운영비는 유지되거나 오히려 늘어나게 됩니다. 이제, 올해를 기점으로 모바일 분야 일이 줄어들 것입니다. 그러면 관련 엔지니어에 대한 수요가 줄게 되죠. 그래서 엔지니어인 저도 5G와 관련된 아이디어와 기술력을 확보하려고 노력하고 있습니다. 그래야 회사에 기여를 할 수 있고, 그렇게 회사에 기여를 해야 저도 제 몫을 할 수 있기 때문입니다.

자기 계발: 동호회, 자격증, 영어

제가 멀티태스킹에 약해서 동시에 여러 가지를 하지 못합니다. 그래서 많은 대외 활동을 하지는 않았습니다. 다만 NRC라고, 한 때 유명했던 동호회가 있었습니다. 그곳에서 잠깐 활동을 했습니다. 또, 아무래도 이쪽 분야에 있다 보니 자격증도 몇 개 취득했습니다. 시스코의 CCIE를 가지고 있습니다. 그리고

ITIL과 VMWare 자격증도 가지고 있습니다.

특히, 외국계 회사에서 잘 나가려면 영어를 조금 잘 해야 합니다. 우리나라 엔지니어들은 동남아시아 엔지니어들보다 영어를 진짜 못합니다. 그래서 사실 글로벌 시장에서 한국 엔지니어의 가치가 떨어집니다. 기술적으로는 분명히 상위에 있지만 영어가 안 되기 때문입니다. 아무리 엔지니어라도 듣기 좋은 말을 해야 하는데 그렇지 않은 것이죠. 회화를 엄청 잘할 필요는 없습니다. 기본부터 시작하면 됩니다. 회화보다는 이메일 영어에 더 중점을 둘 필요가 있습니다. 이메일이나 채팅으로 의사소통하는 경우가 오히려 많기 때문입니다.

외국계 회사와 국내 회사의 차이점

조직적으로 보면, 외국계 회사는 수직보다는 수평구조인 회사가 꽤 있습니다. 즉, 상하향식 업무 구조가 아니라 기능 단위로 움직이기 때문에 프로젝트나 업무가 생길 때마다 Virtual 조직이 만들어집니다. 외형적으로는 그렇고, 근본적인 차이점은 상명하복식 구조가 없다는 점이 확실히 다릅니다. 그럼에도 불구하고, 매니저의 권한이 크기 때문에 매니저의 성향에 따라 분위기가 달라질 수는 있습니다. 매니저도 한국 사람이 많기 때문에 이 부분은 감안을 해야 합니다.

연봉면에서 볼 때, 외국계 회사가 국내 회사보다 월등히 더 많은 연봉을 주지는 않습니다. 국내 회사의 경우 상대적으로 복지가 잘되어 있기 때문에 전체적으로 보면 일반적으로 생각하시는 외국계 연봉 보다는 낮다고 보면 될 것 같습니다. 그리고 경력직으로 이직할 때는 그 전 회사에서 얼마를 받았느냐부터 시작해서 연봉을 협의하고 회사 나름대로의 연봉 테이블을 가지고 협의를 하기 때문에 말도 안 되는 연봉을 받는 경우는 흔치 않습니다.

업무 진행과 관련해서, 외국계 회사의 지원 인프라가 잘 갖추어져 있습니다. 제가 현재 기술 지원과 컨설팅 업무를 맡아서 합니다. 기술 지원에는 장비들이 정상적으로 돌아가게 하는 모든 일이 해당됩니다. 컨설팅의 경우 고객사에 필요한 요구사항을 파악해서 그 요구사항을 충족시켜 주는 일을 한다고 보시면 됩니다. 프로젝트가 4개월인 경우 4개월 내내 있는 경우는 거의 없구요. 시작할 때 1-2주 들어가서 계획 수립하고, 중간에 1주 정도 들어가서 점검하고, 마지막에 1주 정도 들어가서 마무리를 합니다. 그런데 이런 업무를 진행하다가 문제가 생기면 곧바로 컨퍼런스 콜을 요청해서 화상회의를 할 수 있습니다. 문제가 되는 부분을 담당하는 담당자의 도움을 받아서 문제를 바로 처리할 수 있습니다. 필요하면 자료도 곧바로 주고받을 수 있구요.

IT 분야로 들어오려는 분들과 후배 엔지니어에게 드리는 글

첫째, 독서로 창의력과 경험을 길러야 합니다. IT에 대한 관심과 지식이 당연히 중요하지만 그에 못지않게 중요한 것이 한 가지 있습니다. 바로, 다양한 경험과 창의력입니다. 제가 일을 하면 할수록 한계에 도달하는 것이 창의력입니다. 남들이 해 놓은 것을 가지고 하는 것은 하면 되지만, 좀 더 부가가치가 있고 새로운 것을 하려면 나만의 창의적인 생각과 그것을 표현할 수 있는 능력이 필요합니다.

이는 하루아침에 되지 않고, 다양한 경험이 바탕이 되어야 합니다. 이를 위한 최선의 방법은 독서라고 생각됩니다. 물론 독서보다 더 좋은 최고의 방법은 실제로 경험하는 것이지만 그러기에는 저희 인생이 너무 짧고, 기회도 주어지지 않습니다. 따라서 독서는 이 모든 것을 간접적으로 경험할 수 있도록 도와줍니다. 분야를 막론하고 다양한 책을 읽어서 지식에서 지혜로 바뀌도록 노력을 해야 합니다.

둘째, IT 분야는 빠르게 변화합니다. 따라서 끊임없이 공부를 해야 합니다. 계속 공부한다는 것이 쉽지 않지만 그렇게 한다면 분명히 그에 상응하는 대가를 받을 수 있습니다. 현재 제가 다니고 있는 회사에서는 '전설의 엔지니어' 분들을 별도로 우대하고, 그분들의 지식과 노하우가 회사 발전에 공헌하도록 장려하고 있습니다. IT 엔지니어 분야는 그만큼 정직한 분야입니다.

셋째, 건강해야 합니다. 앞에서도 이야기했지만 며칠 동안 계속 집중해서 일해야 할 때가 많습니다. 건강이 뒷받침되지 않으면 그렇게 일을 할 수 없습니다.

넷째, 신입사원에게 가장 중요한 자세는 '일을 얼마나 열심히 할 수 있는가'와 '문제에 부딪혔을 때 부딪히면서 할 수 있는가'라고 생각합니다. 최근 들어 회사에 들어온 분들을 보면 힘들게 노력해서 회사에 들어왔으니 편하게 일하겠다는 경향을 가진 분들이 간혹 있습니다. 처음에는 편할지 모르지만 오래 가지는 못합니다. 열심히 치열하게 즐기면서 일해야 한다고 생각합니다.

다섯째, 신입사원이라면 3년 동안 배운 것으로 10년은 버틸 수 있습니다. 신입사원 때 최대한 많은 사고를 일으키십시오. 저도 신입사원 때 얄팍한 지식으로 여러 사고를 저질렀고, 신입이기에 넘어간 적이 많습니다. 물론 일부러 하라는 것이 아니라 움츠려 있지 말고 적극적으로 모든 일에 임하기 바랍니다. 어떤 작은 일이더라도 습득하면 언젠가는 본인에게 득이 됩니다.

네트워크 엔지니어가 갖추어야 할 기술

네트워크 엔지니어로 살아가는 것이 다른 IT 엔지니어와 크게 다르지는 않습니다. 저는 아래와 같이 불변의 진리로 알아야 할 것과 현재 필요한 기술에 대해서 권고를 드립니다. 다만 오늘의 현재는 내일의 과거가 되기 때문에 항상 현재에 대하여 관심을 가지고 고민을 하시기를 바랍니다.

1. 불변의 진리

- 긍정적인 마음가짐
- 건강한 신체
- 항상 공부하는 자세
- TCP/IP 프로토콜 : 어플리케이션 계층 제외
- IP 라우팅 프로토콜 : OSPF, BGP, MPLS
- 영어

2. 현재 필요한 기술

- 리눅스 : 서버관리자 중급
- 가상화 : 각종 Hypervisor 및 Overlay에 대한 이해
- 프로그래밍 : Python, XML, Java(script)
- IPv6

DB 컨설턴트 변동구의 사는 법

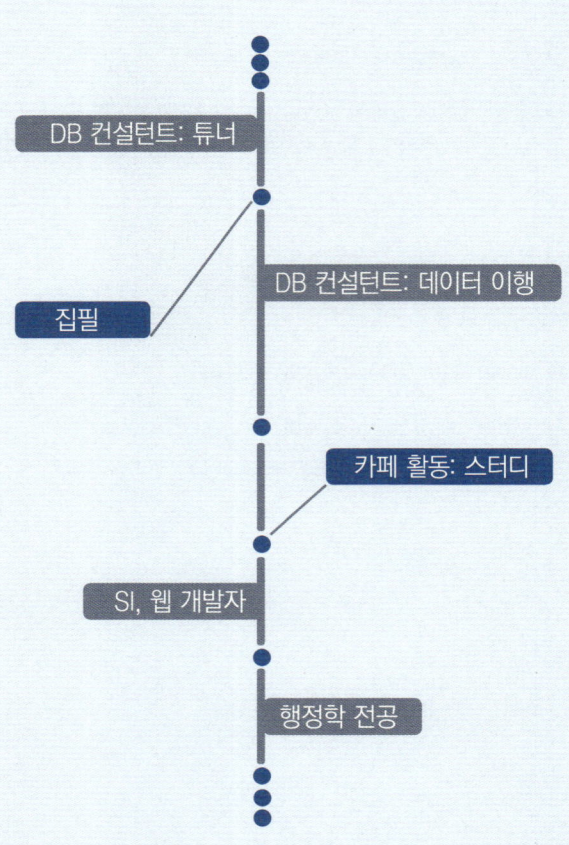

길고도 길어 끝을 알 수 없는 장성
얽히고설키어 그 이어짐도 모를 장성.
어차피 다 갈 수도 다 알 수도 없다면,
웃으며 볼 수 있는 만큼만 갔으면.

DB 컨설턴트 변동구의 사는 법
(40대 데이터베이스인의 소회)

NOW DB 컨설턴트(튜닝, 이행)
PRE 개발자(SI, 웹)

어느 월요일 아침, 서둘러 출근하려는데, 막 깨어난 6살 아들이 말한다.

"아빠! 회사 안 나가면 안 돼?"

전에는 이런 얘기를 한 적이 없는데. 그러고 보니, 프로젝트 막바지인 요 몇 달은 주말에 제대로 쉬어 보질 못했다. 평일에도 막차를 타거나 택시를 타고, 새벽 1~2시에 퇴근하는 일이 빈번했다. 그래도 나는 좀 나은 편이다. 사무실에서 잠시 눈을 붙이거나, 아예 사무실 근처에 숙소를 잡고 사는 사람도 많았다. 출근해서는 12시간 이상 격무에 시달려야 한다. 한동안 아들과 놀아주기는커녕 깨어있는 모습도 보지 못했는데, 그게 서운했나 보다. 아들을 꼭 안아주며 말한다.

"이따가 저녁때, 아빠랑 신나게 놀자."

집을 나서, 지하철을 탄다. 신문을 펼쳤지만, 한 줄을 넘어서기 어렵다. 회사에 가지 말라는 아들의 말이 자꾸 떠오른다. 그 날 밤에도 새벽 2시가 되어서야 집에 도착했고, 잠든 아들의 얼굴을 바라보아야만 했다.

나는 데이터베이스 일꾼이다. IT 일로 20여 년, 데이터베이스 일을 시작한 지는 10년이 다 되어 가는데도, 늘 쉽지 않다. 프로젝트는 항상 어렵게 느껴진다. 적응을 잘못하나? 실력이 부족한가? 체력이 떨어졌나? 에너지는 조금씩 **빠져** 나가고, 집중력은 무뎌져만 간다. 즐거움으로 시작한 일이지만, 어디선가 밀려오는 회의감을 어찌할 도리가 없다. 이 일을 계속할 수 있을까? 다른 대책을 세워야 하나? 또다시 고민이 시작된다.

데이터베이스를 시작하다

공무원이 되기 위해 행정학과에 갔으나, 졸업 때까지 되지 못했다. 가산점을 받으려고 정보처리기사 자격증을 준비하던 도중에, 공무원시험을 포기했다. 정보처리학원에서 배우던 프로그래밍이 훨씬 매력적으로 다가왔기 때문이다. 결국, 1년 후 소프트웨어 개발자의 길로 들어섰다.

1996년 봄, 직장 생활을 시작한 곳은 조그만 소프트웨어 개발사다. 주로 SI(System Integration: 시스템 통합, 주로 신규 시스템 구축 프로젝트를 말한다)나 SM(System Maintenance: 시스템 유지보수) 업무를 하는 회사다. 처음 맡은 일은 대학의 학사/행정 시스템을 유지보수하는 업무였다. 초기에는 시스템이 안정화되지 않아 힘들었다. 시간이 지나면서 서서히 정리되는 SM 업무의 특성처럼, 1년쯤 지나고 보니, 어려운 일이 많지 않았다. 시스템은 안정화를 이루었지만, 나는 서서히 지루함을 느끼면서 불안정에 이르렀다. 3년 후, 다른 회사로 옮겨 SI 개발과 웹 개발도 해보았지만, 여전히 일에 대해서는 흐릿한 상태다. 일에 대한 변화를 주기 위해, 2001년 봄부터 C언어 공부를 시작했다. 하지만 나는 여전히 느리고 느긋할 뿐, 달라지지 않았고, 공부가 제대로 될 리가 없었다. 월드컵의 열기가 사그라들 때쯤인 2002년 가을, 공부를 멈추고 프리랜서(일반적으로 '프리'라고 부른다)로 일을 시작했다. 프리로 신분만 바뀌었을 뿐, 하는 일이나 실력은 변한 게 없었다. 다룰 줄 아는 개발 툴이 파워빌더(PowerBuilder: 1990년대 유행했던 4세대 개발 툴, Client/Server 환경에서 강력한 생산성으로 각광을 받았다) 밖에 없어서, 주로 파워빌더를 사용하는 SI나 SM 업무를 수행하였다.

2003년 가을, 역시 파워빌더를 쓰는 SI 프로젝트에 투입되었다. 이미 오픈하였으나, 오류가 많아 제대로 사용할 수 없는 시스템을, 정상화해야 하는 프로젝트였다. 많은 인력이 오랜 기간 개발한 시스템을, 단 두 명이 2개월 안에 정상화해야만 했다. 일이 많아, 늦게 퇴근하는 일이 반복되었다. 다행히 함께 일하는 분이, 경험이 풍부하고 워낙 일을 잘했다. 의사소통에 능숙하고, 자신이 설계한 것도 아닌데 업무에도 정통했다. 특히 데이터베이스를 잘해서, SQL을 수정하거나 튜닝하는데 능숙했다. 파워빌더로 작성된 중요한 배치 작업을, 업무에 맞게 프로시저(Database Procedure)로 재작성하기도 하였다. 시스템이 하나씩 정상화되어감에 따라, 고객도 만족하기 시작하였다. 프로젝트는 무사히 완료되었다. 같이 일했던 분이 일반적인 프로그램 설계자가 아니라, 데이터 모델러라는 것을 나중에야 알았다. 그를 통해, 데이터 모델링이나 데이터베이스 튜닝을 전문으로 하는 데이터베이스 업체가 있다는 사실도 알았다. 처음으로, 데이터베이스란 것이, 눈에 들어오기 시작했다.

프로젝트를 마치고, 데이터베이스 전문 업체 홈페이지를 방문했다. 홈페이지에서 오사모(오라클사용자모임)라는 소모임을 발견했고, 거기에서 "대용량 데이터베이스 솔루션" 책으로 스터디모임(이후로는 '스터디'로 줄여 쓴다)을 곧 시작한다고 한다. 당연히 소모임에 가입하고, 스터디도 신청했다.

스터디는 2004년 봄부터 시작되었다. 100명도 넘은 인원이, 지역별로 10개 팀으로 나뉘어 오프라인 스터디를 각각 진행하였다. 내가 속한 팀은 매주 목요일에 스터디를 했다. 프로젝트가 바쁜 날에는 퇴근 후 스터디를 하고, 다시 사무실로 돌아와 남은 일을 해야 했다. 조금 버겁긴 하지만, 스터디가 재미있어서 힘들진 않았다. 스터디에 참여하면서, 점차 데이터베이스에 자신이 생겼고, 하는 일에도 변화가 생기기 시작했다. 이전에는 시스템 환경, 업무, 데이터베이스에 모두 자신이 없어, 프로젝트에 갈 때마다 항상 어렵고 긴장되었다. 데이터베이스를 알기 시작하면서, 데이터베이스를 중심으로 나머지 일을 풀어갈 수 있었다. 데이터 모델이나 SQL에 대해 알게 되면서, 업무를 이해하는 것도 전보다 수월해졌다.

2005년 가을부터는, 본격적으로 데이터베이스 관련 일을 시작하였다. 인터넷 쇼핑몰, 홈쇼핑 업체, 온라인포인트 관리업체, 대형서점, 화재보험사 등에서 데이터 이행 프로젝트를 수행하였다. 2008년부터는, 데이터베이스 튜닝 프로젝트에 투입되기 시작하였다. 금융, 제조, 통신, 공공 등의 분야에서 데이터베이스 튜닝 프로젝트를 수행하였다.

데이터베이스 일을 말하다

사람마다 약간씩 다르겠지만, 내가 데이터베이스 분야를 분류하는 방식은 이렇다.

첫째, 데이터베이스 엔지니어는 데이터베이스의 설치, 유지보수, 복구 및 장애 처리 등을 담당한다. 일반적으로 데이터베이스 유지보수 전문업체에 소속되어 있으며, 데이터베이스를 정기적으로 점검하거나, 필요에 따라 장애처리 등을 수행한다. 유지 보수해야 하는 고객 사이트의 상황에 따라, DBA 업무를 일부 수행하기도 한다.

둘째, DBA는 데이터베이스 관리에 관련된 모든 일을 담당한다. 안정적인 데이터베이스 운영을 목적으로 하며, 그와 관련된 일을 수행한다. 인스턴스 모니터링, 오브젝트 관리, 성능 관리 등이다. 더불어 물리 모델링이나 데이터베이스 튜닝 등을 수행하기도 한다.

셋째, 데이터베이스 컨설턴트의 일은, 아래처럼 나누어져 있다.

- 데이터 모델링Data Modeling : 데이터 표준화와 데이터 모델의 분석 및 설계를 한다.
- 데이터베이스 튜닝Database Performance Tuning : 데이터베이스 성능을 개선하는 활동이다.
- 데이터 이행Data Migration : AS-IS 시스템(기존 시스템)의 데이터를 추출하여, TO-BE 시스템(신규 시스템)의 데이터 구조에 맞게 변환하는 일이다.
- 기타 : 데이터 품질Data Quality 검증 및 개선 활동, ISP(Information Strategy Planning : 정보화전략계획)의 DAData Architecture 파트 등의 일이다.

이 중에서 데이터베이스 엔지니어나 DBA는 거의 경험하지 못했다. 데이터베이스 컨설팅 중에서도 데이터 모델링을 대형 프로젝트에서 수행한 적은 없다. 지난 10여 년 동안은 데이터베이스 컨설팅 분야에서 주로 데이터 이행과 데이터베이스 튜닝 업무를 수행하였다. 두 가지 일을 중심으로 데이터베이스 컨설팅을 소개한다. 대다수 초보 컨설턴트가 호소하는 어려움은, 개별적인 일들은 잘할 수 있는데, 어디부터 어떻게 시작해야 하는지 모르겠다는 것이다. 예를 들면, SQL 튜닝은 할 수 있는데, 데이터베이스 튜닝 프로젝트는 어떻게 해야 할지 모르겠다고 얘기한다. 한마디로, 큰 그림을 그리기 어렵다는 것이다. 프로젝트를 수행하는 방법은 회사마다 다르고, 개인마다 다 다르다. 경험을 통해 자신의 것으로 정리해가는 수 밖에 없다. 아래에 소개하는 프로젝트의 절차는 절대적인 것은 아니며, 여러 프로젝트를 거치면서 경험적으로 정리한 방식일 뿐이다.

(1) 데이터 이행

전반기 5년 동안에 주로 한 일은 데이터 이행이다. 데이터 이행은 TO-BE 시스템을 구축할 때, AS-IS 시스템의 데이터를 TO-BE 시스템의 데이터 구조에 맞게 옮기는 일이다. 데이터 구조의 변경이 없다면, 굳이 데이터 전문가가 데이터 이행을 수행할 필요는 없다. TO-BE 시스템의 데이터 구조가 변경되어, AS-IS 시스템의 데이터 모델과 데이터를 파악하고, TO-BE의 구조에 맞게 데이터를 이행해야 할 때, 비로소 데이터 전문가가 위력을 발휘한다.

데이터 이행에서 가장 중요한 요소는 정확성이다. 데이터는 정확하게 이행되어야 한다. 모든 데이터베이스 업무의 기본 요소이기도 하다. 시스템을 오픈할 때, 데이터 이행에 주어지는 시간이 충분하지 않기에 성능도 대단히 중요하다. 모든 데이터베이스는 안정적이면서, 정확하고 빠른 것을 목표로 한다.

데이터 이행은 "분석/계획"-"설계"-"개발"-"테스트"-"실행"-"완료"의 단계를 따른다.

"분석/계획" 단계에서는, AS-IS 시스템과 TO-BE 시스템에 대한 거시적인 분석을 거쳐, 데이터 이행 수행계획서를 작성한다. 데이터 이행 수행계획서를 데이터 이행 전략서라고도 한다. 그만큼 데이터 이행에서는 전략이 중요하다는 뜻이다. 수행계획서에는 어떤 데이터(대상)를 어떤 방법(전략)으로 이행할 것인지를 담는다. 데이터 이행을 하려면, 다른 팀과의 협업이 매우 중요하기에, 프로젝트 내에서 수행계획서(이행 전략)는 반드시 공유되어야 한다.

"설계" 단계에서는, TO-BE 데이터 모델의 테이블별로 테이블/컬럼 매핑정의서를 작성한다. 또한, 데이터 이행 검증을 위해 검증항목을 정하는 것도 설계 단계에서 해야 할 일이다. 모든 IT 업무가 그렇듯, 데이터 이행에서도 설계는 매우 중요하다. TO-BE의 특정 테이블을 이행하는데, AS-IS의 어떤 테이블 데이터를 이용할 것이며, 데이터 이행이 잘 되었다는 것을 어떻게 증명할 것인지가 설계 단계의 핵심 테마다. 수행계획서가 전략이라면, 매핑정의서는 구체적인 전술에 비유할 수 있다.

"개발" 단계에서는 매핑정의서에 근거하여 이행 프로그램을 개발한다. 더불어 정의된 검증항목을 기준으로 검증 프로그램도 개발해야 한다. 실제 데이터 이행 프로젝트를 수행해 보면, 검증항목 정의는 "개발" 단계까지 이어지며, 검증 프로그램 개발은 "테스트" 단계까지 가야 완료된다.

"테스트" 단계에서는 이행 프로그램을 수행하고 검증 프로그램을 수행하여, 데이터의 정확성과 수행시간을 체크한다. 테스트 횟수는 많을수록 좋지만, 프로젝트 상황에 맞게 적절하게 정해야 한다. 테스트를 수행할 때마다 수행시간과 검증 결과를 담은 이행결과서를 작성해야 한다. AS-IS의 오류 데이터와 오류 프로그램을 찾아, 클렌징(Cleansing: 정제)을 요청하는 것도 테스트 단계의 중요한 절차다.

"실행" 단계에서는 시스템 오픈 직전에 최종적으로 데이터 이행(본이행이라고 한다)을 수행한다. 테스트가 잘 되면 실행 단계에서도 별문제가 없으나, 내부 또는 외부 환경에 의해 문제가 생길 수도 있다. 본 이행 수행 도중에 문제가 생겼을 때, 상황을 정확하게 판단하고, 신속하게 대처해야만 제시간에 데이터 이행을 마칠 수 있다. 자칫 잘못 판단하면, 시스템 오픈이 늦추어질 수도 있기 때문에, 경험자의 순발력이 중요해지는 순간이다.

"완료" 단계에서는 본 이행 후에 이행 팀에서 데이터 보정 작업을 수행한다. 이행 팀의 책임이든, 외부의 책임이든, 이런 일은 꼭 생기게 되어 있다. 신규 시스템을 오픈한 후에, 약 1~2주가 지나면, 이행 팀의 역할은 마무리된다.

처음, 데이터 이행 프로젝트를 경험한 곳은 인터넷쇼핑몰이었다. TO-BE 시스템 기준으로 250개 남짓의 테이블을 8개월의 기간에 세 명이 이행해야 했다. 매핑정의서는 업무단위별 프로그램 설계자들이 작성해 주었다. 데이터 이행 팀 멤버는 나름대로 괜찮았다. 데이터베이스 전문업체의 데이터베이스 튜닝 전문가 한 명과 SI 업체 소속의 데이터 모델링에 능숙한 한 명, 그리고 제법 SQL에 자신이 있던 나, 이렇게 셋이었다. 하지만 불행히도, 우리는 모두, 데이터 이행 프로젝트에 전혀 경험이 없었다. 데이터 이행에 대한 전략은 없었고, 일은 끝없이 늘어만 갔다. 각자 개인의 능력으로 버텨가고 있었다. 특히 내가 맡은 주문과 결제, 배송 등 중요한 업무에 이슈가 집중되었다. 데이터양도 많았고, 오류 데이터도 많았다. 매핑룰(Mapping Rule: TO-BE 데이터를 만들기 위한 AS-IS 데이터의 추출 규칙)에 어긋나는 예외 데이터가 많은데, 이것을 유형마다 SQL로 커버하려니, 점점 감당하기 어려워졌다. SQL에는 예외처리를 위해, UNION ALL과 CASE 구문이 난무했다. 이런 상황이라면, 이행 프로그램(SQL Script)을 어떻게 작성할 수는 있어도, 데이터를 검증하기는 매우 어렵다. 데이터 이행 프로젝트를 하는데, 클렌징에 대한 개념없이, 자신의 SQL 실력만 과신한 탓이다. 오류 데이터를 발생시키는 프로그램을 수정하고(프로그램 클렌징), 오류 데이터를 수정하면(데이터 클렌징), 그 이후에는 그런 유형의 오류 데이터가 발생하지 않는다. 클렌징을 하면, 이행 프로그램을 손댈 일이 적어지고, 데이터 검증도 더는 복잡해지지 않는다. 또한, 데이터 검증에 대한 계획도 없어서 미리 대비하지 못했다. 프로젝트 막바지에 추가 인력을 투입하여, 검증항목을 작성하고, 검증 프로그램을 개발하는데, 많은 비용을 지불해야 했다. 전략도 계획도 없었던, 첫 번째 데이터 이행 프로젝트였지만, 모두 고생한 끝에 프로젝트를 무사히 마칠 수 있었다. 힘들긴 했지만, 많은 것을 배운, 아주 값진 프로젝트였다.

　데이터 이행은 매우 힘든 일이다. 시스템 규모가 점점 커지고 데이터양이 많아짐에 따라, AS-IS 데이터의 오류 확률도 높아지고, 데이터 이행 시간도 점점 길어질 수밖에 없다. 테스트 이행을 수행할 때에는 야간작업도 빈번하다. 데이터는 오랫동안 축적되어, 그 회사 시스템의 역사를 담고 있으며 많은 이슈를 유발한다. 이러한 이슈를 해결하려면, AS-IS 운영 팀이나 TO-BE 개발 팀 등, 다른 팀과의 조율이 매우 중요하다. 이슈를 해결하기 위한 회의도 많고, 따라서 준비할 자료도 많다. 반면에 최종적인 성과는 미미하다. 마치 축구경기의 골키퍼처럼, 잘해야 본전(무실점)이다. 이행 팀 외부에서는, 데이터 이행을 당연히 되어야 하는 일로 생각한다. 프로젝트 막바지에는, 시스템 오픈과 관련하여 데이터 이행 팀에 포화가 집중된다. 매핑룰을 바꿔 달라, 데이터가 안 맞는다, 이행 시간을 더 줄일 수 없느냐 등 불평이 많다. 시스템 오픈까지 오랫동안, 이슈를 해결하고, 시련을 견뎌야 한다. 어찌 되었건, 데이터 이행은 끝이 나고, TO-BE 시스템은 오픈한다. 수많은 상처를 남기면서. 데이터 이행의 환경과 인력 등 투자에 냉담하고, 관심이 없었기 때문이다. 데이터 이행 때문에 고생했던 사람들은, 다음번엔 데이터 이행에 특별히 관심을 가져야겠다고 다짐한다. 하지만 고생한 사람은 떠나고, 그 일은 곧 잊힌다. 다음 프로젝트는, 빨라야 5년 후에나 이루어질 것이기 때문이다. 데이터 이행은 생각만큼 쉽지 않다. 데이터 이행을 잘 하려면, 차세대 프로젝트를 기획하는 단계부터, 데이터 이행 환경과 인력 등에 적극적인 관심을 가져야만 한다.

데이터베이스를 배우고자 할 때, 데이터 이행은 매우 좋은 선택이다. 우선 AS-IS와 TO-BE의 데이터 모델에 대해 알아야 한다. 오류 데이터를 찾아내기 위해, 데이터 검증도 수없이 해야 한다. SQL은 질릴 정도로 작성하고 또 수정해야 하며, 이행이 빠르게 진행되도록 SQL 튜닝도 해야 한다. 여러 가지 일을 한꺼번에 배울 좋은 기회다. 더구나 프로젝트 기간도 길어, 시간을 두고 충분히 테스트하고, 연구할 수 있다. 이슈를 하나하나 해결해 가는 과정이 재미있으며, 끝내고 나면 외부의 평가와 관계없이, 스스로 느끼는 성취감도 크다. 데이터 이행의 장점은, 이슈가 많아, 해결할 일이 많고, 배울 점이 많다. 단점은, 이슈가 많아, 일이 힘들고, 환경이 대체로 열악하다. 그렇더라도, 데이터 이행은 프로젝트마다 발생하며, 해볼 만한 가치 있는 일이다.

(2) 데이터베이스 튜닝

데이터베이스 튜닝은 데이터베이스 시스템의 성능을 개선하는 일이다. 데이터 모델링이나 데이터 이행에 비해, 데이터베이스 튜닝은 DBMS$_{\text{DataBase Management System}}$의 특성과 매우 밀접한 관련이 있다. 최소한의 작업으로 원하는 목적을 달성한다는 대원칙은 같지만, DBMS마다 만들어진 사상이 다르므로, 그 컨셉을 무시할 수 없다. 예를 들어, SQL 서버에서는 클러스터 인덱스$_{\text{Clustered Index}}$를 어떤 컬럼으로 할 것인지가 매우 중요하다. 오라클에서는 클러스터 인덱스와 유사한 기능인 IOT$_{Index\ Organized\ Table}$가 특정한 상황에서만 유용할 뿐이다. 두 DBMS는 근본부터 다르게 만들어졌기 때문에 데이터베이스 구조나 오브젝트, SQL의 수행 방식 등에 차이가 있다. 이러한 DBMS의 특징을 이해하는 것이 데이터베이스 튜닝에서는 반드시 필요하다.

데이터베이스 튜닝에는 인스턴스$_{Instance}$ 튜닝, 오브젝트$_{Object}$ 튜닝, SQL 튜닝이 있다.

인스턴스 튜닝은 OS 환경을 변경하거나, DB 파라미터를 수정하거나, 통계정보 수집 정책을 정하는 등 데이터베이스 인스턴스 전반에 영향을 줄 수 있는 일이다.

오브젝트 튜닝은 데이터베이스 오브젝트(테이블, 파티션, 인덱스, 시퀀스 등)의 성능을 개선하는 일이다. 주로 인덱스와 파티션에 관심이 집중된다. 튜닝한 오브젝트를 사용하는 모든 SQL에 영향을 줄 수 있다.

SQL 튜닝은 특정 SQL의 성능을 개선하는 일이다. SQL을 수정하거나 힌트$_{HINT}$를 사용하여, 테이블의 엑세스 패턴(데이터를 가져오는 방식)을 변경하는 일이다. 해당 SQL에만 영향을 준다.

DBMS마다 성격이 좀 다르겠지만, 오라클은 SQL 튜닝의 비중이 높고, 타 DBMS는 인스턴스나 오브젝트 튜닝의 비중이 높게 보인다. 이 또한 DBMS가 만들어진 사상과 관련이 있을 수 있다.

데이터베이스 튜닝은 "분석/계획"-"개선"-"평가/완료"의 절차를 따른다.

"분석/계획" 단계에서는, 시스템 전반에 대해 주된 성능 이슈를 찾아낸다. 성능 이슈를 해결할 절차와 방법을 개략적으로 만들고, 그런 내용을 담은 수행계획서를 작성하고 공유한다. 튜닝은 데이터베이스 튜너가 하지만, 실제 적용은 DBA(인스턴스나 오브젝트 튜닝)나 개발자(SQL 튜닝)가 한다. 따라서 이들에게, 어떤 방식과 절차로 개선하는지 공유하는 것이, 매우 중요하다.

"개선" 단계에서는, 개별적인 이슈마다 내부적으로 '분석/계획'-'개선'-'적용'-'평가/완료'의 절차를 따른다. 개선 단계에서는 인스턴스나 오브젝트, SQL의 이슈를 하나하나 '분석'하고 '개선' 방법을 연구하여, 그 결과물로 튜닝가이드를 작성한다. 작성된 튜닝가이드를 DBA나 개발 담당자에게 전달하면, 그들이 해당 시스템에 실제로 '적용'한다. 적용되어 실제 수행된 결과를 '평가'하여, 만족스러운 것은 '완료'하여 마무리하고, 부족한 것은 '분석'부터 다시 진행한다. 차세대 프로젝트처럼 대규모의 개발자가 투입되는 경우에는, SQL 작성 가이드나 기본적인 튜닝 교육을 미리 시행할 수 있다.

"평가/완료" 단계에서는, 데이터베이스 전반적인 성능 평가와 개별 프로그램(또는 SQL)에 대한 성능을 평가하여, 종료보고서를 작성하고 공유한다. 필요에 따라 향후 과제를 제시할 수도 있고, 실제 튜닝한 사례로 교육을 하기도 한다.

최근에 경험한 데이터베이스 튜닝 프로젝트는, 금융권의 중소규모 시스템이었다. 온라인(On-Line: 사용자가 데이터를 요청하면, 즉시 화면에서 보여주는 일반적인 프로그램 형태) 프로그램과 일배치(Daily-Batch: 매일 수행되는 일괄처리 프로그램, 일반적으로 비업무 시간대에 수행한다) 프로그램 위주의 시스템이었다. 튜닝을 의뢰한 이유는, 재작년 연말에, 새벽 시간에 끝나야 할 월배치(Monthly-Batch) 프로그램이, 업무시간(오전 9시~오후 6시)까지 수행되어, 온라인 프로그램의 응답시간이 매우 느려지는, 준 장애 상황까지 도달했기 때문이었다. 따라서 튜닝 대상은 온라인, 일배치, 월배치 프로그램이었다. 배치는 대부분 데이터베이스 프로시저$_{Procedure}$로 작성되어 있었다. 특이한 점은, 함수$_{Function}$나 프로시저의 사용이 많고, 데이터를 주고받기 위해, 배열$_{Array}$을 많이 사용한다는 점이다. 시스템을 분석해 보니, 업무시간에는 자원 사용량은 평이했으나, 일배치가 수행되는 저녁 7시부터 10시까지 시스템 메모리 사용량이 급격히 증가했다. 온라인 프로그램의 응답속도를 개선하고, 일배치 프로그램의 메모리 사용량을 줄여, 시스템을 안정화하는 것이 튜닝포인트였다. 우선, 실행계획$_{Execution\ Plan}$이 안정되도록 DB 파라미터를 조정하고, 메모리 자원을 효율적으로 사용할 수 있도록 DB 파라미터(SGA, PGA)를 조정하였다. 더불어, 일관된 방식으로 통계정보$_{Optimizer\ Statistics}$를 수집하도록 정리했다. 데이터베이스 튜닝을 받아본 적이 없는 시스템이기에, 기존의 인덱스나 파티션도 점검하여 조정했다. 디스크 용량이 넉넉하지 않아, 과거 데이터는 파티션 단위로 압축하였다. 인스턴스와 오브젝트 개선 후, 부하 SQL의 튜닝에 집중했다. 외부환경이 안정되어야, SQL 튜닝을 진행할 수 있다. 그렇지 않으면, 같은 SQL을 여러 번 튜닝해야 하는 경우가 생길 수 있다. 가장 중요하고 오래 걸리는 일배치를 튜닝하려는데, 프로시저가 너무 복잡해서 함부로 손댈 수 없었다. 배열을 사용하는 곳에서, 처리하는 데이터양이 100만 건 이상으로 너무 많아, 10만 건 정도씩 처리하도록 조정해 주었다. 배치 수행시간은 조금 더 걸리겠지만, 메모리 사용량을 줄이기 위한 목적이었다. 그런데 극적인 효과가 나타났다. 해당 배치의 수행시간이, 절반 이하로 떨어졌다. PL/SQL에서 배열 변수를 사용하면, DB에서 할당한 PGA 크기를 넘어, OS의 물리 메모리를 사용할 수 있다. 그전에는 배열의 크기가 너무 커서, 메모리를 많이 사용했고, 물리 메모리가 부족하여, 디스크로 페이징이 발생하면서 처리가 느렸었다. 하지만 개선 이후, 배열의 크기가 작아져, 이제는 데이터를 메모리 내에서 처리하면서 배치가 빨라진 것이다. 덕분에 일배치 수행시 간대의 비정상적인 메모리 사용량도 안정화되었다. 특히 문제가 되었던 월배치는, 처리 대상이, 연말이면 평소보다 3,000배 이상 증가하여 속도가 안 나왔었는데, 튜닝 후 새벽 시간에 끝날 수 있도록 맞춰주었다. 지난 연말, 문제의 월배치가 제시간에 잘 끝났다며, 고맙다는 연락을 받았다. 흔치 않은 일이라서, 나 또한 고마웠다.

항상 그런 것은 아니지만, 데이터베이스 튜닝은 다른 분야보다 환영받으면서 할 수 있는 일이다. 개선하는 동안에는, 외부와의 접촉에 자유로우며, 집중해서 혼자 일할 수 있는, 엔지니어들이 좋아할 만한 일이다. 보람도 있으면서, 재미도 느낄 수 있는 일이다. 10시간씩 걸리는 배치를 수초 만에 끝낼 수도 있다. 5분 걸리는 SQL을 0.005초 만에 끝낼 수도 있다. 물론 가끔은 아무리 애를 써도 개선이 잘 안되는 프로그램이 있을 수 있다. 이런 경우에는, 프로그램을 대폭 수정하거나, 업무 로직을 바꾸거나, 데이터 모델을 변경해야 할 수도 있다. 대단히 번거로운 일이며, 수많은 반대까지 예상되는 일이다. 어디까지 할 것인지는, 튜너의 능력과 성향에 따라 다를 수밖에 없다.

대부분의 사람은, 데이터베이스 튜닝 때문에 데이터베이스에 관심을 가지게 된다. 그들 중의 일부는, 실제로 데이터베이스 분야에 진출하기도 한다. 하지만 데이터베이스 튜닝은, 단순한 지식이 아니며, 데이터 모델링이나, 데이터, 데이터베이스 구조, 오브젝트, SQL 그리고 업무까지, 다양한 경험의 부산물이다. 만약 당신이, 초중급 데이터베이스 컨설턴트라면, 너무 데이터베이스 튜닝에만 집착하지 말기 바란다. 열린 마음으로, 다양한 데이터베이스 분야를 경험해 보기 바란다. 자질이 좋으면, 나중에는 하기 싫어도, 데이터베이스 튜닝만 할 수도 있다. 기본적인 얘기지만 자주 잊게 되는 것이, 데이터를 위해 데이터베이스가 존재한다는 사실이다. 정작 중요한 것은 데이터다. 프로그램은 데이터를 처리하기 위해 존재하며, 데이터베이스는 데이터를 안정적으로 관리하기 위해 존재한다. 주객이 전도되는 일이 없어야 한다.

진정한 실력을 요하다

(1) 데이터베이스 튜닝의 기술력

데이터베이스 튜닝을 진행하려면, 일단 데이터베이스 기본에 대해 정확하게 이해하고 있어야 한다. 오라클로 얘기하면, 데이터베이스 인스턴스의 구조와 기능, 데이터베이스 오브젝트의 특성과 용도, 그리고 SQL이다. 그리고 이것들의 상태를 조회할 수 있는 딕셔너리 뷰(오라클의 DBA~, V$~)에 대해서도 이해하고 있어야 한다. 이것만 해도 너무 방대해서, 모든 것을 다 알 수는 없다. 기본적인 요소들에 대해서만, 정확히 이해하면 된다. 예를 들어, SGA와 PGA의 의미와 기능, REDO와 UNDO의 의미, 서버 프로세스와 세션의 의미, 다양한 형태의 테이블, 인덱스, 파티션의 용도와 기능, 통계정보의 의미, AWR Active Workload Repository 등이다.

SQL은 막힘이 없어야 한다. 튜닝은 남들이 작성한 SQL을 수정해주는 일이 다반사다. 힌트를 사용하거나, SQL 일부만 수정하거나, 완전히 새로운 SQL을 작성하는 일 등이 많다. SQL에 능하지 않으면, 절반의 튜닝이 될 수밖에 없다. 최소의 일로 원하는 결과를 달성하는 것이, 데이터베이스 튜닝이다. 세월이 변해도, 데이터베이스 튜닝의 기본은 SQL 튜닝이다. 인덱스를 잘 이용하여 블록

I/O를 줄이는 일이 SQL 튜닝의 기본이다.

데이터베이스 인스턴스와 오브젝트, SQL에 대한 분석을 잘해야 한다. 분석을 잘해야 원인을 알 수 있고, 원인을 알아야만 개선안을 만들어 낼 수 있다. 방대한 대기 이벤트_{Wait Event}, 시스템 통계_{System Statistics} 중 중요한 항목들에 대해서는, 원인과 해법에 대해서 어느 정도 알고 있어야 한다. 개별 SQL을 분석할 때는 이벤트와 실행계획(조인순서, 조인방법, 인덱스 등), 실행계획 통계_{DBMS_XPLAN}에 대해서 잘 알아야 한다.

데이터 모델과 데이터도 볼 줄 알아야 한다. 데이터 모델은 엔티티의 의미와 관계를 파악하기 위해서 필요하고, 데이터는 실제 데이터의 분포를 파악하기 위해 필요하다. 데이터 모델과 데이터에 강해지면, 튜닝이라는 전투에서 무기가 하나 더 늘어난다.

튜닝 대상 시스템의 특성에 대해서도 잘 알아야 한다. 일단 어떤 용도의 시스템인지를 이해해야 한다. 시스템 환경(서버, O/S, DB 파라미터 설정 등)과 시스템의 피크타임(Peak Time: 시스템의 부하가 집중되는 시간대) 및 배치 수행 시간 등을 알아야, 주요한 튜닝포인트를 찾아낼 수 있다.

(2) 데이터 이행의 기술력

데이터 이행에서 필요한 기술은, 주로 데이터 모델과 데이터를 볼 줄 아는 눈과 SQL 능력이다. 상대적으로 데이터베이스 기술은 덜 중요하다. 데이터 이행팀 중에 한두 명만 데이터베이스를 잘하면, 그들이 나머지의 필요한 기술을 커버해 줄 수 있다. 대신에 데이터 모델을 이해하고, 매핑정의서를 보고, SQL로 이행 프로그램을 작성하는 일은 잘해야 한다. 그것은 다른 누가 대신해 줄 수 없다. 데이터를 검증할 때도 마찬가지다. 잘못된 데이터를 찾아내고 해결방법을 찾아내는 것은, SQL에 대한 능력이 부족하면 해낼 수 없다. 매의 눈으로 원본AS-IS 데이터의 오류 사항을 찾아 데이터 클렌징 대상으로 도출해 낼 수 있다면, 더 이상 바랄 것이 없다. 이런 능력은, 관심을 가지고 꾸준히 하다 보면, 천천히 늘어간다. 관심이 없다면, 시간이 흘러도 여전히 그 수준이며, 매번 어려울 뿐이다.

(3) 기술력을 보완하는 실력

 기술적 요소라고 할 수는 없지만, 자신감도 매우 중요하다. IT인으로 살면서 기술력은 매우 중요한 요소이다. 기술의 분야는 넓고도 깊어, 누구나 다 높은 기술력을 가질 수는 없다. 불가능하다. 어떤 부분에선 기술적 장점을 가지고 있을 수 있고, 어떤 부분은 잘 모를 수도 있다. 모든 것을 다 잘할 수는 없다. 그래서, 자신감이 더 필요하다. 내가 프로젝트에 투입되어 어떤 분야의 일을 맡았다고 가정하자. 그러면 나는 그 일을 수행하기 위해, 분석하고 고민하면서 방법을 찾기 위해 노력할 것이다. 그 시스템의 그 분야 일에 대해서는, 한국에서 내가 제일 많이 고민한 사람이 된다. 기술적으로 더 뛰어난 다른 누군가가 오더라도, 짧은 시간에 나처럼 많은 고민을 할 수 없다. 그러니 자신의 결정을 믿고, 그 결정을 적극적으로 추진하길 바란다. 물론 결정까지 충분히 고민해야 하며, 고민의 과정에서 다른 사람의 조언을 들을 수는 있다. 하지만 최종적으로 수행해야 하는 사람은, 나일 수밖에 없다. 신념을 갖고, 자신을 신뢰하길 바란다. 다른 사람의 기술력이나 언변에 주눅이 들지 말자. 누구도 나만큼 고민한 사람은 없다. 지금은 내가 제일 잘하는 사람이다. 의심하기 시작하면, 한도 끝도 없다. 자신만 초라해질 뿐이다. 모든 것을 다 잘하는 사람은 이 세상에 존재하지 않는다.

여기 이 상황에선, 내가 최고다. 나를 신뢰해야만, IT에서 버텨 갈 수 있다. 그게 IT인의 자부심이며, 자존심이기도 하다. 겉으로 드러내진 않지만, IT인은 자존심으로 살아간다. 그 자존심을 지키려면, 자신감이 필요하다.

한 가지 더하면, 열려있는 유연한 사고방식을 들고 싶다. 항상 옳은 방법과 항상 안되는 방법은 없다. 모든 것이 다 가능하다. 다만 효율성의 차이가 있을 뿐이다. 내가 알고 있는 지식이 절대적이라는 생각은 버리자. 특정 상황에 맞는, 특정한 답이 있을 뿐이다. 어디에서나 통하는 진리는 없기에, 다양한 생각을 포용하고, 받아들여 보자. 사고가 막히면 나아갈 수 없다. 멈추어야 할 뿐이다. 대부분의 사람은 데이터베이스의 트리거$_{Trigger}$를 무슨 죄악처럼 생각한다. 트리거는 항상 나쁜가? 프로그램을 수정할 수 없는 특정한 상황에선, 트리거가 유용한 답이 될 수도 있다. 이유가 있다면 모를까, 무조건 안된다고 하지는 말자. 사고가 열려 있어야, 발전할 수 있다.

(4) 프로젝트 팀원의 실력(자질)

첫 번째로, 모름지기 프로젝트를 수행하는 사람이라면, 조직에 융화될 수 있어야 한다. 혹시라도 같은 프로젝트의 팀원 중의 한 명이 다른 목소리를 내고 자기만의 주장을 굽히지 않는다면, 같이 일하는 사람은 매우 힘들어진다. 물론 본인도 힘들기는 마찬가지다. 커피를 마시건, 술을 마시건 간에, 끊임없는 대화와 노력으로 하나의 팀이 되어야 한다. 프로젝트의 규모가 커질수록, 다양한 이해관계의 사람들이 모인다. 소속 회사가 다를 수 있고, 기술력의 편차가 심할 수도 있고, 성격이나 일하는 스타일도 많이 다를 수 있다. 자기 생각과 다르더라도, 함께 결정한 사항에 대해서는 따라주고 받쳐주어야, 프로젝트를 무사히 마무리할 수 있다. 조직에 융화하는 모습이 팀원이 지켜야 할 으뜸 항목이라고 생각하는 이유다.

두 번째로, 의사소통도 매우 중요하다. 요즘은 대부분 혼자 하는 일이 아니다. 여럿이 함께해야 하는 일인데 의사소통이 제대로 안되면, 서로의 상태를 파악하기 어렵고 일의 효율도 떨어진다. 심지어는 서로 중복되는 일을 할 수도 있다. 적극적으로 자신의 상태를 표현하는 자세가 필요하다. 못하는 건 못한다고, 잘할 수 있는 건 자기가 해보겠다며 솔직하게 얘기하는 것이 프로젝트나 개인을 위해서 바람직하다. 그래야만 윗사람이 합리적인 판단을 할 수 있고, 프로젝트를 유연하게 끌고 갈 수 있다. 관리자가 묻지 않더라도, 먼저 자신의 상태를 얘기해준다면, 더할 나위 없이 좋다.

세 번째 항목은 책임감이다. 프로젝트의 책임감은, 맡은 일을 끝까지 책임지는 자세다. 작게는 특정한 업무부터 크게는 프로젝트를 마치는 일까지, 끝까지 해야만 다른 사람에게 피해를 주지 않는다. 쉽게 포기하는 사람은 다른 프로젝트, 다른 분야의 일을 하더라도 제대로 하기 힘들다. 자신을 위해서라도 일에 대해 책임을 지는 자세는, 반드시 필요한 덕목이다.

네 번째 항목은 기술력이다. 어떤 일은 기술력이 첫 번째로 중요한 항목일 수도 있다. 특정한 몇몇 사람만 할 수 있는 일도 있기 때문이다. 하지만 대부분의 일은 인력마다 기술력의 차이가 다소 있을 뿐이다. 어느 정도의 기술력만 갖추고 있으면, 질적인 차이가 조금 있다 하더라도, 누구나 수행할 수 있기에, 기술력을 뒤에 두었다. 데이터베이스 튜닝 프로젝트의 경우에는 기술력의 차이가 매우 중요하다. 인력에 따라 기술력의 편차가 심하기 때문이다. 똑같은 특급, 고급이라도 성과는 아주 다를 수 있기 때문이다. 그 기술력의 차이를 선별하는 일은 오로지 고객의 몫이다. 따라서 튜닝 프로젝트를 통해 성과를 내고자 한다면, 고객은 인력의 선택에 매우 신중해야 한다.

 마지막으로 하나의 바램을 꼽는다면, 재미있는 사람이다. 이건 누구나 원한다고 될 수 있는 건 아니기에 필수항목이라곤 할 수 없다. 물론 나도 재미있는 사람은 아니다. 경험상 유머가 풍부하거나, 혹은 말을 잘해서 재미있는 사람들이 간혹 있다. 그런 사람들과 일을 하면, 프로젝트의 무게를 훨씬 가벼이 느낄 수 있다. 우리가 재미있는 사람은 아닐지언정, 동료들과 재미있게 지낼 수 있도록 노력했으면 좋겠다. 농담도 자주 하고, TV의 예능 프로그램처럼 프로젝트 내에서 특정한 캐릭터도 만들어 주면서 말이다.

경험자로서 전하다

(1) 데이터베이스 컨설턴트가 되려는 분들에게

 데이터베이스 컨설턴트가 되는 경로는 크게 두 가지로 나누어진다. 첫 번째는 데이터베이스 엔지니어나 DBA를 하다가 컨설팅을 하는 경우고, 두 번째는 프로그램을 개발하다가 컨설팅을 하게 되는 경우다. 둘 다 일장일단이 있다. 데이터베이스 엔지니어나 DBA를 하다가 컨설팅을 하는 사람들은 기술력이 매우 뛰어나다. 데이터베이스에 대해 아는 것도 많고 해법도 다양하게 알고 있다. 하지만 상대적으로, 업무나 SQL에 약하고, 개발자의 생리를 잘 모른다. 반면에 개발자 출신의 컨설턴트는 데이터베이스의 내부 구조에 약하지만, 업무나 SQL에 강하고 개발자의 심리를 잘 알아서 개발자와 이야기가 잘 된다. 무엇이 더 낫다고 할 수는 없다. 강한 것은 살리고, 약한 것을 보완하는 수밖에 없다.

만약에 현재 개발자인데 앞으로 데이터베이스 컨설팅을 하길 원한다면, 우선 기본적인 내용에 충실해야 한다. 데이터 모델, 데이터베이스 구조, 오브젝트, SQL 등이다. 데이터베이스의 언어인 SQL에 대해 충분히 이해한 후에, 데이터 모델이나 오브젝트를 이해하고, 마지막에 데이터베이스 구조에 대해 공부해야 한다. 데이터베이스에 대해 충분히 알아야, 기회가 주어졌을 때 차지할 수 있다. 또한, 자신이 데이터베이스에 관심이 있다는 사실을 주위에 알려야 한다. 그래야만, 주위에서 기회를 줄 수도, 기회를 알려줄 수도 있다. 단지 프로그래머가 힘들다는 이유나, 데이터베이스 일에 대한 막연한 기대감으로, 진로를 변경해서는 안된다. 충분히 고민하고 준비해야 한다. 데이터베이스 분야는 매우 힘들다. 데이터베이스 엔지니어나 DBA 또는 데이터 이행 등의 일은, 남들이 일하지 않는 시간에 해야 하는 작업도 많다. 데이터 모델링이나 데이터베이스 튜닝은 많은 사람을 상대해야 하며, 질문도 많이 받는다. 데이터베이스 분야만 해도 범위가 엄청나게 방대하건만, 요청하는 사람은 데이터베이스 전문가라면 무엇이든 해결해 주고, 대답해 줄 것으로 기대한다. 그런 상황에서도 적절하게 답해 주어야 하는 스트레스를, 다들 남모르게 가지고 있다. 많은 사람을 설득해야 하는 일도 비일비재하다. 고객의 기대 수준은 점점 더 높아지고 있다. 그 기대 수준에 맞게 일한다는 것은 결코 쉬운 일이 아니다.

그런데도 데이터베이스 일은 충분히 도전해 볼 만하다. 그만한 가치가 있는 일이다.

첫째, 데이터베이스의 주류인 관계형 데이터베이스의 기본 원칙은 지난 40여 년 동안 크게 변하지 않았다. 엔티티, 속성, 릴레이션에 바탕을 둔 데이터 모델도 여전히 건재하다. 오라클, DB2, 사이베이스, SQL 서버 등으로 다양한

DBMS가 존재하지만, 이들을 다루는 방식은 크게 다르지 않다. 데이터베이스의 언어인 SQL도, 표준이 있고 DBMS에 따라 약간의 차이는 있지만, 40여 년 넘게 여전히 SQL이다. 따라서 하나를 제대로 이해하고 나면, 나머지를 이해하는 것이 상대적으로 수월하다. 반면에, 프로그래밍을 하려면 지식의 깊이와 더불어 넓이에 대해서도, 끊임없이 공부하고 노력해야 한다. 시대를 주도하는 프로그래밍 방식이나 언어가, 데이터베이스와 비교하면, 자주 변하기 때문이다. 코볼, C, 4GL 툴(Visual Basic, Powerbuilder, Delphi), Pro*C, ASP, PHP, Java, 다양한 프레임웍 FrameWork 등 프로그래밍 분야는 많은 변화를 거쳐왔다. 데이터베이스의 주류는 여전히 오라클을 필두로 한 관계형 데이터베이스이며, 언어는 SQL을 사용한다. 데이터베이스 일을 하면, 프로젝트를 거쳐 갈수록 경험의 깊이를 더해 갈 수 있다. 데이터베이스 분야 실무자의 연령대도, 프로그래밍 분야에 비해 높은 편이다. 좀 더 오랫동안, 실무자로 일할 수 있는 분야다.

둘째, 일에 적응하기 시작하면, 매우 재미를 느낄 수 있다. 대부분의 데이터베이스 일은 문제를 해결하는 일이다. 어려운 문제를 분석하고 개선하여, 결국 해결했을 때의 짜릿함은 이루 말할 수 없다. 프로젝트를 바라보는 관점도, 프로그램 쪽과 비교하면 거시적이다. 데이터베이스는 거의 모든 업무와 연관되어 있기에, 좀 더 객관적이고 표준적인 태도를 견지해야만 한다.

셋째, 대우도 상대적으로 나은 편이다. 정확하게 비교할 수는 없으나, 금전적인 부분이나 예우 측면에서 프로그래밍 분야보다 상대적으로 좋은 편이라고 알려져 있다. 물론, 힘든 분야라는 점도 널리 알려져 있다.

(2) 데이터베이스 공부

앞서 잠시 언급하였지만, 데이터베이스 공부를 집중적으로 했던 시기는, 오사모의 스터디에 참여했던 시간이다. 오사모의 스터디는 2기, 3기 멤버까지 받으며, 2년 이상 지속하였다. 처음엔 "대용량 데이터베이스 솔루션 II"로 시작해서, "대용량 데이터베이스 솔루션 I"과 "Expert One-On-One", "데이터모델링 핸드북" 등의 책으로 스터디를 했다. 지금은 좋은 책들이 많이 나와 있으니, 시대에 맞게 다른 책으로 스터디를 해도 괜찮을 것이다.

일할 때도 마찬가지겠지만, 스터디를 할 때는 지식의 넓이보다는 깊이에 집중하는 것이 좋다. 다양하게 하는 것보다, 하나의 주제라도 끝까지 파보는 자세가 중요하다. 하나를 제대로 알면, 그 나머지를 이해하기도 쉽다. 하나도 제대로 모르는 상태에서는, 다른 책을 읽어도 어렵기는 마찬가지다. 기본 개념이 흔들릴 수 있기 때문이다. 또한, 스터디를 하면, 글을 제멋대로 해석하는 독단을 방지해준다. 스터디에 나가서 다른 사람에게 배우겠다거나, 다른 사람을 가르치겠다는 자세는 바람직하지 않다. 현재 실력이 모두 자기보다 못하다고, 배울 것이 없는 스터디인가? 그렇지 않다. 스터디에 참석했다는 것은, 그만큼 관심이 있다는 뜻이고, 관심이 있다면 그 주제에 대해 고민해 본 사람이다. 그것이 옳든 그르든 간에, 그들이 던지는 한 마디 한 마디 말에 귀를 기울이고, 얘기하고, 생각하다 보면 자신은 서서히 발전하게 되어 있다. 공부는 누구에게 배우거나 누구를 가르치는 것이 아니고, 스스로 하는 것이다. 주제에 대해 고민하고, 그 고민이 차곡차곡 쌓이다 보면 그것이 곧 실력이 된다. 어떤 이슈에 대해 깊이 있게 고민해 본 사람이, 그 이슈의 실력자다. 스터디의 또 다른 좋은 점은, 나 같은 비전공자에게 직장에서 만난 사람들 이외의 다양한 사람들을 만나게 해준다는 것이다. 더구나 데이터베이스에 관심이 많아, 할 얘기가 많은 사람을 말이다. 당시에는 개발자, 엔지니어, DBA, 학생, 심지어는 영업사원까지 구성이 풍부했다. 이러한 만남을 통해 다양한 의견을 들을 수 있으며, 너무 특정 분야에만 치우치지 않을 수 있게 해준다.

데이터베이스 관련 공부를 하려거든, 처음에는 반드시 "대용량 데이터베이스 솔루션 II"를 보기 바란다. 혼자 읽기는 어려우니, 스터디를 통해 함께 공부해보길 바란다. 이 책은, 출시된 지 오래되었고, 오라클로만 설명하고 있다는 이유로, 요즘에는 진부하게 취급받는다. 하지만 특정 DBMS와 관계없이, 이 책은 데이터베이스 분야의 걸작이다. 아직도 이 책에서 전해주는 사상만큼, 제대로 된 생각을 전달하는 책은 없다. 80년대 초반 관계형 데이터베이스의 출현 이후, 데이터베이스를 사용하는 근본 원칙은 변한 것이 없다. 관계형 데이터베이스의 근본 원칙인, 집합적 사고를 제대로 가르쳐 줄 수 있는 유일한 데이터베이스 책이다. 데이터베이스를 하려면, 반드시 넘어야 할 산이다. 읽어보지 못했거나, 이해하기 어려웠던 분은 감이 잡힐 때까지 읽고 또 읽길 바란다. 틀림없이 도움이 된다.

"Expert One-On-One"을 마칠 때쯤에는, 10개의 스터디 중 남아 있는 스터디는 2~3개 팀에 지나지 않았다. 초기 멤버들이 많이 빠져나가서, 팀들이 이합집산을 거듭한 결과다. 우리 팀도 셋 이상이 통합된 팀이었다. 그때부터는 우리 소모임이 속해 있는 데이터베이스 전문업체의 도움으로, 데이터 모델링 스터디를 시작하였다. 그 업체의 이사님께서 스터디를 도와주신 덕분에, 답이 불명확한 데이터 모델링에 대해서도, 어느 정도 개념을 가지게 되었다. 모델링 스터디 이후에는 멤버들이 하고 싶은 일이 다양하여, 의견을 모을 수가 없었다. 점차로 스터디는 결합력이 약해져 갔다. 스터디는 끝났지만, 그 멤버들과는 지금도 좋은 술친구로 지낸다.

(3) 연령대별 대비

시기별로 무엇을 해야 한다고, 정의하기는 어려운 일이다. 일정한 계획과 준비를 통해 현재에 이르렀다기보다는, 살다 보니 여기까지 오게 되었기 때문이다. 조금 다르게, 어떤 모습으로 사는 것이 좋았을까를 되돌아 보았다.

우선 20대는 대부분 학업이나 회사를 정하고 적응하는 데, 시간을 보낸다. 이때는 다양한 경험을 통해 무엇이 자신에게 맞는 일인지 찾아보는 것이 좋다. IT에 왔으니 프로그램 쪽인지 인프라 쪽인지, 인프라 중에서도 하드웨어인지 소프트웨어인지, 소프트웨어에서도 OS, WAS, DB 등이 있다. DB로 오더라도 위에서 분류한 다양한 분야가 있다. 너무 다양해서 미리 무엇을 정한다는 것 자체가 쉽지 않다. 따라서 다양한 경험을 통해, 내가 어떤 일에 소질이 있고 어떤 일이 재미있는지 가늠해 보는 것이 좋겠다. 20대 후반에서 30대 초반까지 가장 중요한 일은, 어느 정도 진로를 정하는 일이다. 일도 그렇지만, 가정도 그렇다. 이 시점에 가정을 이루는 경우가 많기에 일과 더불어 연애와 결혼에 대해서도 열심이어야 한다. 이 시기를 놓치면, 이후에는 열정적인 경험을 하기에 에너지가 부족하다. 가정을 이루는 것은, 일보다 더 중요할 수 있다.

진로를 정하는 일은 30대 초반까지 이어진다. 어느 정도 분야가 정해진 후에는, 끝까지 가봐야 한다. 특정한 분야에 대해 이해하려면, 적어도 3년 이상은 해봐야한다. 기술적인 측면이나 경험적인 측면에서, 이제는 깊이를 쌓아야 한다. 대단한 열정으로 무엇이든 할 수 있는 시기다. 어느 정도 경험도 쌓였고, 지식도 쌓였기에 겁도 없다. 하지만 자만해서는 안된다. 자만하면, 더 진보할 기회를 닫는 꼴이다. 다른 생각에 대해서도, 겸손한 자세로 귀를 기울일 수 있다면, 깊이를 더할 수 있다. 때때로 정체되었다는 느낌이 들면, 외부 자극을 통해서 극복해야 한다. 스터디나 강의, 교육 또는 여행을 통해서라도, 자극을 유발해야 한다. 더는 할 것이 없다는 생각이 들기 시작하면, 매너리즘에 빠지거나, 허무한 마음이 들 수 있다. 이런 상태가 오래가지 않도록, 경계해야 한다.

40대가 되면, 모든 것이 다시 어려워진다. 잠시 느슨해진 교육열 때문인지, 새로운 기술에 둔해지고, 이전보다 다양한 요구 사항을 받아들여야 한다. 프로젝트를 수행할 때도, 어디까지 해야 할지 판단하기가 쉽지 않다. 책임을 져야 하는 경우가 많기 때문이다. 그 때문에 스트레스도 점점 세진다. 방법은 다를테지만, 각자의 해소법으로, 반드시 스트레스를 줄여 주어야 한다.

40대에 또 중요한 한 가지는, 40대 이후의 미래를 대비를 해야 한다는 것이다. 꺾여가는 나이지만, 아직 30년 이상 더 살아야 하며, 자식들은 한참 돈을 써야 할 나이가 되었다. IT 분야의 특성상, 나이가 들어도, 충분히 실무자로 일할 수 있다. IT인들 중에는, 현역에서 은퇴할 때까지 실무자(엔지니어)로 일하고 싶어하는 사람이, 무척이나 많다. 현실은 그다지 녹록지 않다. 한국에서는 나이가 든 실무자를, 비루하게 보거나 불편하게 여기는 시선이 있다. 나이가 들면, 그 사람의 자질과 관계없이, 관리나 영업을 해야 하고, 그런 일을 잘하는 사람만 살아남는다. 이런 이유로, 많은 사람이 IT를 떠나기도 한다. 또한, 우리의 IT 환경은 40대의 체력으로 버틸 만큼 만만하지 않다. 잦은 야근에 주말 근무까지 하는 경우라면, 40대의 체력으로는 오래 버틸 수 없다. 회사나 프로젝트의 정치적인 일에도 관심을 가져야 할 수밖에 없다. 일만 잘한다고, 모든 것이 해결되지 않는다는 말이다. 40대를 거쳐, 50대, 60대까지 IT 쪽에 남고 싶다면, 나름대로의 적응 방안을 마련해야 한다. 그럴 자신이 없다면, 아쉽지만 다른 분야의 일을 찾아봐야 한다. 국가나 기업은 책임져 주지 않는다. 오로지, 개인기로 극복해야 할 사안이다. 40대에는 고민이 많고, 고민만큼 흰 머리도 격증한다. 흰 머리가 드문 40대는, 십중팔구 미용실의 도움을 받은 거다. 뽑고 또 뽑아 검고자 하는 일은, 30대까지만 유효하다.

(4) 시작하는 분들에게

IT에 진출하고자 하는 분들은, 어떤 준비를 해야 할까? IT 분야는 너무도 넓고, 내가 아는 것은 지극히 한정적이라, 어떤 준비를 해야 할지, 단정하여 말하기는 어렵다. 논리적으로 사고하기 좋아하고, 정확한 답을 구하는 것을 즐긴다면, 어느 정도 IT가 적성에 맞는다고 할 수 있다. 자신만의 창조적인 세계를 구축하고, 파고들기 좋아하는 사람도 적성이 맞을 수 있다. 하지만 현재의 IT 일은 논리적으로만 할 수도 없고, 혼자만 할 수도 없다. 여러 가지 상황이 있고, 다양한 요구가 있어, 뭐라고 정의하기가 어렵다. 조금 힘들더라도, 재미있게 일하면서 보람을 찾고 싶다면, IT 분야가 나쁘지 않은 것 같다. 그렇다고 미리 IT를 하겠다고 마음먹을 필요는 없다. 이것저것 경험해 보고, 각자의 스타일에 맞는다고 생각할 때 IT를 선택하면 된다. IT 분야는 이미 많은 곳에 존재하고 있다. 충분히 경험한 후, 해야 한다고 느낄 때, 천천히 시작해도 늦지 않다.

만약 자신이 3년 미만인 프로그래머라면, 프로그래밍 공부와 더불어 데이터베이스 공부를 해보기 바란다. 1년 정도 꾸준히 공부하면, 어느 정도 지식이 쌓이고, 그 지식으로 거의 평생을 버틸 수 있다. 데이터베이스는 근본 컨셉이 잘 바뀌지 않기 때문이다. 프로그래머로 남든, 데이터베이스로 진로를 바꾸든 간에, IT인으로 사는 자산이 될 수 있다.

만약 자신이 3년 미만의 데이터베이스 인력이라면, 한 번쯤 프로그래밍 공부를 해보기 바란다. 프로그래머는 IT의 주류다. 그들을 이해하지 않고서는, 이 분야에서 생존하기 어렵다. 그들의 생리에 대해 조금이라도 이해할 수 있도록, 하나의 언어를 배워, 하나의 프로그램이라도 개발해 보길 바란다. 데이터베이스와는 다른 차원의 사고를 키울 수 있는, 계기가 될 수 있다. 프로그래밍을 배우지 않더라도, 늘 프로그래머를 이해하려고 노력해야 한다. 프로젝트에서 DB 분야와 개발 분야는, 적이 아닌 동지다. 서로는, 대화와 설득의 대상이 되어야 한다.

프로젝트를 힘들게 여기다

20년 가까이 일해 오면서 이루어지지 않은 것을, 아직 무슨 미련이 있는지, 한 번만이라도 경험해 보고 싶다. 그것은, 고객에게 반드시 필요한 프로젝트를, 최상의 시나리오와 최상의 인력으로, 멋지게 마무리하는 것이다. 고객도 만족하고, 수행한 사람들도 만족하는, 그런 프로젝트 말이다. 데이터베이스 분야의 일은, 데이터 모델링부터 데이터베이스 튜닝, 데이터 이행까지, 충분히 고민해서 최상의 방법으로, 최선의 노력으로 수행하는 것이다. 이런 가정을 하는 이유는, 도대체 왜 하는지 의문인 프로젝트가 종종 있기 때문이다. TO-BE 시스템이 AS-IS 시스템과 거의 같거나, 심지어 더 불편해지기도 한다. 시간이 없다는 이유로, 개선안은 무시된다. 시간이 왜 없는지, 이해하긴 어렵다. 많은 프로젝트는 정치적으로 이루어졌고, 크게 달라지는 것이 없고, 예산이 부족하고, 시간이 없으며, 많은 사람을 힘들게 한다. 차세대 프로젝트 무용론이 나오는 이유다. 목적이 불분명한 프로젝트에서는, 내 할 바를 찾기 어렵다. 나부터 힘들다.

대부분 사람들은 사람이 힘들지, 일이 힘들다고 하지 않는다. 정말로, 힘들게 하는 사람만큼, 힘든 것도 없다. 막무가내이고, 집착하고, 고집 세고, 자기 생각만 하는 사람과는 일하기 싫다. 주변 사람을 눈치 보게 만드는 사람도 불편하기 그지없다. IT인은 항상 합리적일 것 같지만, 그렇지 않은 사람도 꽤 있다. 한 사람의 불필요한 고집이, 많은 사람을 힘들게 할 수 있다. 대승적인 차원에서, 대화를 통해 합리적인 결정이 이루어지길 바란다.

IT의 세계에서는, SI와 SM의 불균형에 대해서도 생각해 봐야 한다. 그 생태적 속성상 어쩔 수 없는 부분일 수 있지만, 모두가 함께 고민해야 할 문제다. SI는 대체로 일도 많고, 퇴근도 늦고, 힘들다. SM은 대체로 일이 정해져 있고, 퇴근이 빠른 편이고, 덜 힘들다. SI는 역동적이고 새로운 것도 많아, 배울 것도 많다. SM은 늘 비슷한 일의 반복이라, 정체된 듯 느껴진다. 많은 IT인의 정리된 생각은, SI는 힘들고, SM은 지루하다고 한다. 뭘 해도 좋지 않다는 얘기다. 20년 전에도 그랬고, 현재도 그러하다. 그동안 아무것도 달라지지 않았다. 덜 힘든 SI, 덜 지루한 SM을 만들기 위해, 모두의 지혜와 노력이 필요하다.

현재는, 어느 것이 정답인지 알기 힘든 시대다. IT 일은 항상 합리적인 것을 추구한다. 하지만 세상 모든 일이, 항상 합리적으로만 결정되진 않는다. 예전에 어떤 책에서 보니, 사람들은 "바디존 Body Zone"이라는 것을 가지고 있다고 한다. 침해받기 싫어하는, 신체적 경계선이다. 예를 들어, 지하철에서 모르는 사람이 바싹 다가앉으면, 피하게 되는 이치와 같다. 모든 사람에게 바디존이 있듯, 모든 사람에게는 원칙이 있고 자존심이 있다. 나의 원칙이 다른 사람에 의해 무너지기 시작했을 때, 어디까지 허용할 것인지는 참 어렵다. 원칙에 어긋나지 않는가? 내 원칙이 잘못되었나? 심지어는, 내게 원칙이 있긴 했었나? 까지. 역시 답은 없어 보인다. 그때그때 상황에 따라 대처해야 할 뿐이다.

요즘엔 그간의 힘겨움을 위로받기 위해, 잠시 숨을 고르고 있다. 우리 아들이 말한다.

"아빠! 회사 안 가?"

"응. 아빠는 요즘에 쉬고 있잖아!"

회사 가지 말랄 때는 언제고, 이젠 아빠가 집에 있는 것이, 어색한 모양이다. 또 묻는다.

"왜 사람들은 다 어디를 다니는 거야?"

"무슨 얘기야?"

"아이들은 어린이집에 다니고, 형과 누나들은 학교에 다니고, 어른들은 회사에 다니잖아!"

너무 고고한 질문이라, 얼른 답을 찾지 못하겠다. '글쎄 왜 다닐까?' 잠시 생각하다가 역공을 한다.

"그럼, 우리 아들은 어린이집에 안 가고 싶어?"

"응. 나는 엄마 아빠랑 맨날 맨날 집에서 놀고 싶어!"

답변이 궁색할 땐, 일단 피하는 게 상책이다. 얼른 대화를 마치고, 숨은그림찾기 책을 보여준다. 역시, 쉽게 빠져든다. 그러고는, '우리는 왜 회사에 다닐까?'를 다시 생각해본다.

어떻게 사는 것이 좋은 것인지, 아직도 잘 모르겠다. 살다 보면, 조금씩 알 수 있지 않을까? 우리는 그냥, 이렇게 살아가고 있다.

한동안 쉬면서, 그동안의 상심도 많이 아물었다. 거칠었던 말투도, 다소 누그러졌다. 그래도 여전히 알 수 없는 회의감이 한구석에 남아있다. "To go, or not to go that is the question!" 계속해서 가야 할지, 말아야 할지, 고민은 끊임없이 진행될 것이다.

"그들은 서투르고 투박하다.
하지만 그것은, 그들을 만드는 요체(要諦)이며,
언젠가는 그들이 천하를 제압할 것이다."

DB 컨설턴트가 갖추어야 할 기술

- RDB의 기본 원칙과 데이터 모델링에 대한 이해: 엔티티, 속성, 관계, 트랜잭션, 무결성, NULL 등에 대한 올바른 이해
- SQL에 대한 이해: SQL을 정확하고 효율적이면서, 이해하기 쉽게 작성할 수 있는 능력
- 데이터베이스 아키텍처: 프로세스, 메모리, 블록, REDO/UNDO, LOCK 등에 대한 기본적인 이해
- 데이터베이스 오브젝트: 테이블, 인덱스, 파티션 등 오브젝트 속성과 유형별 용도에 대한 정확한 이해
- 데이터베이스 딕셔너리: 딕셔너리(V$,DBA)를 조회하여 인스턴스, 오브젝트, SQL을 파악하고 진단
- 데이터베이스 성능 튜닝: 인스턴스, 오브젝트, SQL을 진단하여 해결 방법을 제시할 수 있는 능력(DB time, Wait Event, System Statistics, Work Area, AWR/ASH, 통계정보, 실행계획, SQL TRACE, DBMS_XPLAN 등)

시스템 엔지니어 서태호의 사는 법

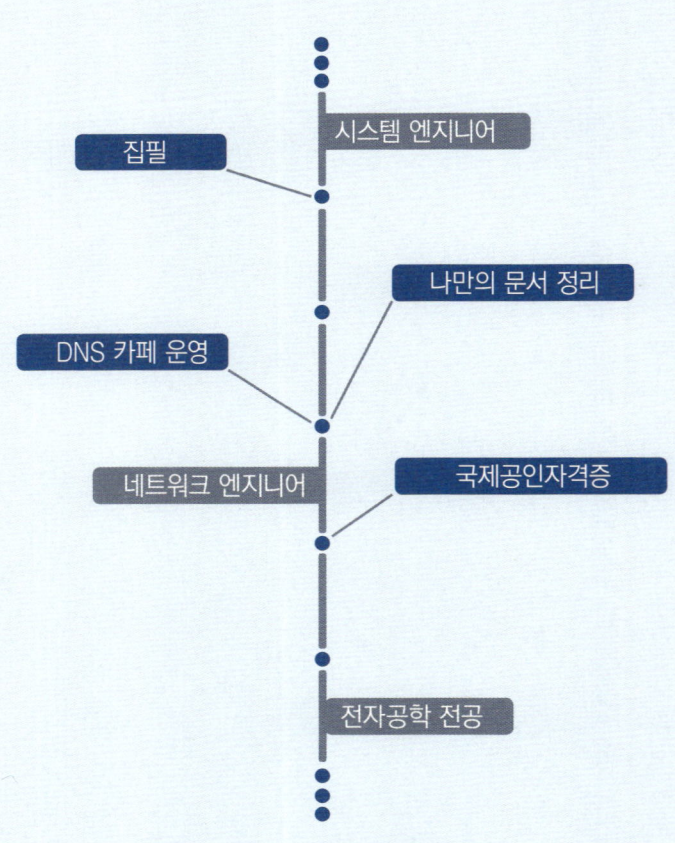

포기하지 않으면 실패한 게 아니다.

시스템 엔지니어 서태호의 사는 법

NOW 시스템 엔지니어
PRE 네트워크 엔지니어

전자 공학, 컴퓨터

제 전공은 전산이 아니고 전자공학이었습니다. 전자공학을 선택한 이유는 아주 단순했죠. '막연히 취직이 잘 될 것 같아서'였습니다. 대학을 선택할 때 '학과를 택하고 조금 낮은 대학을 갈 것인가?' 아니면, '좀 더 나은 대학을 선택하고 점수는 맞추어서 아무 과나 갈 것인가?'를 두고 고민했습니다. 저는 학교보다 학과를 선택했습니다. 예상대로 취업할 때 도움이 된 것 같습니다.

물론, 전자공학과에서 배운 내용이 현재 맡고 있는 서버 운영 업무와 크게 관련이 있지는 않았습니다. 다만, 전자공학이 전산과 이웃 과다 보니 IT 관련 부분을 접할 수 있는 기회가 많았습니다. 가령, 컴퓨터실도 있고 컴퓨터 동아리도 있어서 IT 관련 기본 개념을 잡는 데 큰 도움이 되었습니다. 추가적으로, 학교에 다닐 때 컴퓨터실 관리를 하면서 Windows, 각종 소프트웨어, 툴들을 설치

---

* 이 책에 나오는 회사 이야기는 전적으로 개인적인 의견이며, 해당 회사의 입장 및 견해와는 다를 수 있습니다.

하고 사용하다 보니 남들보다 한 가지라도 더 많이 더 빨리 알게 되었습니다.

결과적으로 보면, 제가 전산을 전공하지는 않았지만 IT를 접하기 쉬운 환경에 있어 자연스럽게 관심을 가지게 되었고, 지금은 서버 전문가로 활동하게 된 것이죠.

게임으로 흥하다

저는 대학 때 전공 공부보다는 밤새워 컴퓨터 게임을 자주 하곤 했습니다. 게임을 하면 즐거웠습니다. 이런 저의 첫 회사 면접 질문은 "게임 잘하나요?"였습니다. 그 질문이 온 순간, 신이 나서, 초등학교 때부터 게임해 온 역사와 대학교 때 스타크래프트를 얼마나 열심히 했는지 등, 게임에 관한 지식을 마구 쏟아냈습니다. 그래서 외국계 인터넷 제공 회사에 취직을 했습니다. 운이 좋았던 거죠. 아마 외국계 회사라서 가능했을지도 모릅니다.

대학 때 네트워크 게임을 하면서, 앞으로는 네트워크 시대가 될 거라는 확신을 가졌습니다. 네트워크에 관심을 가지다 보니 네트워크에 대한 공부를 했습니다. 그래서 마이크로소프트 시스템 엔지니어 자격증을 땄습니다. (막연히 논 것만은 아니네요!) 그렇게 자격증을 딴 것도 취업에 도움이 된 거 같습니다.

무엇을 하는가도 중요합니다. 그러나 얼마나 재미있게 하는가가 더 중요하다는 생각이 듭니다.

대학 4학년, 취업을 위해 하루 20군데씩 이력서를 넣었습니다. IMF 직후라, 경기가 무척 어려운 시기였고, 이력서를 보내면 면접 회신 오는 곳은 100군데 중 3군데 정도였습니다. 저는 운이 좋게 인터넷 회선을 제공하는 미국계 인터넷 서비스 제공업체ISP에 취업했습니다. 운이 좋다고 말한 이유는 당시 PC방 창업이 폭발적으로 증가하여, 게임을 잘 아는 지원 인력이 필요하던 시기였는데 제가 그 조건에 맞았던 것이죠.

면접을 볼 때 스타크래프트 다음 버전인 스타크래프트 블루드워에 대한 이야기가 나왔습니다. 그 당시에 국내에는 아직 보급이 안 되었었는데, 후배를 통해 미국에서 블루드워를 미리 구해 열심히 게임하던 시기였습니다. 당연히 취업이 바로 되었죠. 제가 그 당시에 남들보다 잘하는 것인 게임 때문에 취업에 성공하였던 것입니다.

첫 회사, 친한 동료

취업 후 5년이 지난 시점에 미국에 불황이 닥쳤습니다. 첫 회사에도 영향을 미쳤고 저는 명예퇴직을 신청해서 퇴사했습니다. 명예퇴직 환송회 날 맥주 한 잔하고 있는데 전화 한 통화가 왔습니다. 먼저 퇴직해서 한 중소기업에서 팀장으로 일하고 있는 선배였습니다.

"요즘 뭐하고 있지? 우리 엔지니어가 필요한데..."라는 전화였습니다. 그래서 그 동료 덕분에 곧 바로 재취업을 했습니다.

그런데 지금 생각하면 아무 생각없이 명예퇴직이란걸 했었던 것 같습니다. 명예퇴직을 함부로 하지 말고, 반드시 미리 갈 곳을 마련해 놓고 이직해야 합니다. 그렇지 않으면 계속 놀거나, 낮은 봉급으로 이직하거나, 환경이 맞지 않은 회사만 돌아다니게 되어 경력만 나빠집니다. 그러다보면 하고 싶은 일을 찾아 이직을 하고 싶어도 못하고 힘들게 됩니다.

두 번째 회사, 나만의 자료 정리와 공유

중소기업인지라 서버 구매, 네트워크 장비 구매, 보안, 서버 설치, 장애처리, 이 모든 걸 다 할 수 있는 구조였습니다. 일을 별도로 구분하지 않고 그냥 다 하면 되는 환경이라서 업무와 관련해서 특별한 판단을 하지 않아도 되니 어떤 면에서 보면 일을 하기가 수월했습니다.

그렇게 중소기업에서 3년을 근무하고 나니, 그동안의 기술 경험을 정리해보고 싶었습니다. 그래서 인터넷 카페를 만들어서 자료를 정리하기 시작했습니다. DNS, 서버, 네트워크, DDOS 자료를 정리해 놓으니, 질문들이 쏟아졌습니다. 질문들에 답변을 해주는 재미~ 공유하는 재미에 빠져 헤어 나오질 못했습니다.

세 번째 회사, 대형 포털에서 시스템 엔지니어

대형 포털에 이력서를 넣어 면접을 봤습니다. 이력서에 '인터넷 전문가 카페 운영'을 적었습니다. 면접을 볼 때 한 면접관이 카페 명을 물었습니다. 답변을 하자, 그 자리에서 면접 임원들이 사이트에 들어가 보았습니다. 카페가 면접 보는 회사의 서비스였고, 전문가라는 부분에서 좋은 점수를 얻었던 거 같습니다. 그래서 합격했습니다. 면접을 볼 때는 카페 회원이 200명 정도였는데, 몇 년 후 2만 명이 넘었습니다. 그렇게 해서, 대형 포털에서 6년 반 동안 근무했습니다.

네 번째 회사, 모바일 서비스 기업에서 시스템 엔지니어

모바일 시스템을 잘 알고 싶었습니다. 그래서 모바일 서비스하는 곳으로 자리를 옮겼습니다. 대형 포털에서 일한 경험과 개인 전문성을 높이 산 거 같습니다.

현재, 대형 포털의 좋은 점과 현 회사의 좋은 점을 합쳐 빠르게 좋은 시스템을 만들어 가고 있습니다. 그리고 모바일 시스템과 기존 포털 시스템 기술을 잊지 않기 위해서 공부하고 있습니다.

인터넷 서비스 제공업체에서 하는 일

첫 회사는 인터넷 서비스 제공업체라서 인터넷 개통과 인터넷 장애 처리 업무를 했습니다.

인터넷 회선 개통 업무는 기업 고객에게 인터넷 회선을 제공하는 업무입니다. 회선 제공 업체(전화국, 통신사)로부터 회선을 임대해서, 회선을 요청하는 기업과 PC방에 인터넷이 되도록 해주는 업무입니다. 전화국이나 통신사 회선을 임차해 고객 건물 안까지 인터넷을 연결하고, 고객사에 방문하여 인터넷이 잘되는지 개통 확인하는 일을 했습니다.

개통 확인은 네트워크 장비를 고객사에 설치하고, 인터넷이 되는 것을 보여주고, 사용하는 방법을 설명해주고, 개통 완료 확인서를 받는 식으로 진행됩니다. 고객과 일정을 잡고, 위치를 확인하여 고객사를 방문하고, 네트워크 장비 설정해서 고객사로 이동하는 외근 업무입니다.

주로 아침부터 저녁까지 서울/인천/경기 전역을 돌아다녔습니다. 주로 가는 곳은 인터넷을 사용하는 기업 전산실, 은행, 공공기관, 게임 서비스 제공사, PC방이었습니다. 평범한 샐러리맨에서 깍두기 아저씨까지 다양한 사람들과 만납니다.

하루 일과는 아침에 모여서 갈 곳을 2곳 정도 정하고, 종일 밖을 돌아다닙니다. 업무적으로는 고객과 미팅 일정을 잡고, 방문하여 저의 전문 능력으로 사람을 만족시키는 일입니다. 부가적으로 얻을 수 있는 이점은 몸도 튼튼해지고, 어디서든 살아남을 수 있는 야성적인 사람이 될 수 있다는 것입니다.

인터넷 장애처리 업무에서는 고객센터로 걸려오는 문의를 처리하고 장애처리를 진행합니다. 1차 고객 상담직원이 처리하고, 대응이 안 되는 부분에 대해 2차 처리를 하는 일입니다. 장비 불량인 장애 경우 장비 교체를 위해 택시타고 긴급 방문하여 교체합니다. 인터넷이 안 되면 안 되니깐요.

내부 문제인 경우 원격 접속해서 점검한 결과를 설명하고, 납득을 못하면 방문하여 담당자와 같이 확인하고, 조치법을 설명합니다. 이 업무를 하다 보면 다양한 인터넷 장애 처리의 실무를 경험하게 됩니다.

또한 사람 응대하는 법을 배웁니다. 예를 들어, "야, 이 XX야. 아까 그 XX 바꿔~"라고 하면 "그 XX 누군지 모릅니다"고 솔직하게 응대하는 내공이 생깁니다.

그리고 방문을 요청하면, 방문하여 얘기를 들어주고 물어보는 부분에 대해 사실대로 얘기합니다.

간혹, 야구 배트를 들고서, "고치지 않으면 다 부셔버린다!!!"고 협박하는 분도 있었습니다. 다행히 이 경우 고객 내부 문제인 것을 증명해서 배트를 쓸 일은 없었습니다.

대부분의 경우 고객은 얼굴보고 사실대로 말하면 크게 화내지 않습니다. 진실은 통합니다. 그리고 위험한 직업은 아닙니다.

인터넷 서비스 제공업체에서는 네트워크 장비 설정법과 서버 운영 기술을 배웠습니다. 대규모 인터넷 기본 구조와 구성, 트래픽 처리 기술도 덤으로 배울 수 있었습니다. 인터넷 장애처리 업무는 고객과 직접 약속하고, 만나고, 설명하면서 커뮤니케이션 능력을 향상시킬 수 있었습니다. 현재 제가 가진 능력의 많은 부분을 그때 얻었습니다.

전산실에서 네트워크 엔지니어가 하는 일

주요 업무는 네트워크 장비 구매, 설치, 운영, 장애처리입니다. 중소기업에서는 구매에서 장애처리까지 전 과정을 담당하므로, 전체 업무 프로세스를 경험할 수 있는 장점이 있습니다.

네트워크 엔지니어 업무는 다음과 같습니다.

첫째, L3 라우터/스위치 장비, L4 로드밸런싱 장비를 설정하고 운영합니다.

L3 장비는 외부 인터넷 연동을 하는 장비와 서버의 게이트웨이로 사용되며, 이중화 구성을 하여 안정적으로 운영합니다. L4 장비는 서버 이중화를 위해 운영합니다. 서버 1대에 장애가 나더라도 서비스가 계속 잘되도록 해주는 장비입니다. 네트워크 작업은 다수 서비스에 영향을 미치는 경우가 많아, 주로 야간 작업이 많은 편입니다.

둘째, 장애 발생 시 조치 업무를 합니다.

작업은 대부분 원격으로 하지만, 하드웨어 장애가 생기면 IDC에 긴급 방문하여 장비교체 업무를 합니다. 네트워크 장애가 생기면 전체 서비스에 영향을 끼칠수도 있어, 빠른 모니터링과 장애 처리가 필수입니다. 그만큼 서비스에서 중요한 역할을 하고 있습니다.

시스템 엔지니어가 하는 일

대규모 서비스를 운영하는 기업에서는 업무 프로세스에 따라 일을 처리합니다. 담당 업무의 역할이 구분되어 있으며, 각 단계별로 본인이 맡은 업무를 처리합니다.

비즈니스를 위한 서비스는 기획(사업) 부서, 개발 부서, 인프라 제공 부서를 거쳐 진행됩니다. 엔지니어 업무는 IDC 관리, 네트워크, 서버, 스토리지, 보안 업무로 나누어집니다.

제가 맡고 있는 시스템 엔지니어가 하는 업무는 다음과 같습니다.

첫째, 서버 운영 업무를 합니다.

시스템 엔지니어의 기본 업무는 신규 장비를 도입하고, OS를 설치하고, 서비스 서버 환경을 구축하여 개발 팀에 제공하는 것입니다. 비즈니스 규모가 커지면서 서버를 수용할 수 있는 IDC가 부족해집니다. 그러면 서버를 수용할 수 있는 공간을 찾아서 서버 이전 업무를 진행합니다.

둘째, 장애 발생 시 조치 업무를 합니다.

서비스는 24시간 운영되어야 합니다. 장애가 없을 수는 없습니다. SMS로 장애 통보가 오면 서버에 접속하여 장애 조치를 합니다. 이때 장애 관리 부서 및 개발 부서와의 협업이 진행됩니다.

셋째, 규모가 커지면 비용 절감을 위한 작업을 진행합니다.

물리 서버를 가상 서버로 전환하는 작업을 합니다. 그리고 점검을 통해서 사용량이 적은 서버를 찾아서 IDC로 반납하는 업무도 했습니다.

대형 포털에서 시스템 엔지니어로 일하면서 배운 점은 두 가지입니다. 먼저, 대규모 인프라 운영을 위한 조직 구성과 업무 처리 프로세스를 배웠습니다. 그리고 포털이라는 성격에 걸맞게 다양한 서비스의 구조를 알 수 있었습니다.

경력직은 지인 추천

요즘, 경력 채용 중 50%는 지인 추천으로 진행되는 추세입니다. 업무 능력 뿐만 아니라 협업 능력이 중요하기 때문입니다. 저 같은 경우에도 지인들을 저희 회사에 추천하거나, 제가 알고 있는 사람을 다른 회사에 추천하기도 합니다. 평소에 무엇을 해야 할지 잘 아시겠죠.

자기 계발: 나만의 문서 정리, 자격증 취득, 카페 운영, 기술 서적 준비

첫째, 저만의 문서 정리를 했습니다. 회사 생활하면서 업무를 맡으면서 저만의 워드 문서로 기술 자료를 정리했습니다. 정리 작업을 3년 정도 하니 기술적인 문제가 발생했을 때 저만의 문서를 열면 모든 일을 다 처리할 수 있게 되었습니다. 즉, 저만의 실무 능력이 생긴 것이죠.

둘째, 국제공인자격증을 취득했습니다.

네트워크자격증에 도전했습니다. 네트워크 장비 기술 업무를 하고 있어서 기술적으로 정리하고자 가장 많이 사용하는 Cisco 네트워크 장비의 프로페셔널

자격증을 땄습니다. 그렇다고 자격증에 너무 많이 집착할 필요는 없습니다. 저의 경우, 입사 전에 취득한 마이크로소프트 자격증과 시스코 자격증 두 개로 충분했습니다. 본인이 가고자 하는 분야의 기본 자격증 한 두 개 정도면 충분합니다.

셋째, 인터넷 카페에 기술 자료를 정리하고, 사람들과 소통했습니다. 정리된 문서를 언제, 어디에서든 보기 위해 인터넷 카페에 올렸습니다. 신규 버전이 나오면 해당 자료를 기반으로 계속 업데이트했습니다. 사람들의 질문에 답변을 하면서, 실무에서 일어나는 일들에 대해 폭넓게 접하게 되었고, 테스트하고, 정리하면서 가이드를 완성하여 공유하였습니다.

넷째, 실무자들이 정확한 정보를 알 수 있도록 기술 서적을 준비하고 있습니다. 인터넷에 자료는 많지만 정확하게 제대로 된 정보가 많지는 않습니다. 풍요 속의 빈곤이라고 할 수 있죠. 그런 단점을 보완할 수 있는 방법이 서적이며, 현재 원고를 작성하고 있습니다.

한국 엔지니어의 현실과 미래: 즐거움과 재미

네트워크 엔지니어나 시스템 엔지니어는 사용자가 서비스 받는 시간을 피해, 야간/주말 작업을 해야 하고, 장애가 없도록 작업해야 하므로 정신적으로 힘든 부분도 생깁니다. 가족과 외출해서도 일을 해야 하는 경우가 생기기도 합니다. 그래서 3D라는 얘기도 나온 거 같습니다. 하지만 근본적으로 IT가 3D라고는 생각하지 않습니다. 어떤 일이나 본인이 재밌게 일하면 즐거움을 찾을 수 있다고 생각합니다.

그리고 30을 넘기고 40대까지 엔지니어로서의 삶을 살려면 자신만의 전문성을 유지해야 합니다. 남들이 찾는 사람이 되면 좀 더 오래 IT 엔지니어로 다닐 수 있지 않을까 생각합니다. 미래는 본인이 컨트롤할 수 없기 때문에 불안한거라고 합니다. 미래를 컨트롤할 수 있도록, 즐겁고 재미있게 좋아하는 일로 미리 준비하려 합니다.

엔지니어, 직접 해보는 야성 인재

첫째, 직접 해보라.

요즘 큰 기업에 들어오는 신입에게는 항상 여러 가지를 직접 해보라고 합니다. 회사나 외부 활동을 통해 직접 해보지 않으면 본인 것이 되지 못합니다.

큰 기업에 입사한 신입사원의 경우는 여러 가지 실무 능력을 갖추기 너무 어렵습니다. 업무가 분업화 되어 있어, 단순 업무만 하는 엔지니어도 있고, 보고만 하는 엔지니어도 있습니다. 하지만, 엔지니어라면 본인만의 실무 능력을 갖추고 있어야 합니다.

둘째, 야성 인재가 되라.

어느 곳에 떨어뜨려 놓건, 어느 곳에서 어떤 일을 하건, 다 처리할 수 있는 인재가 되어야 합니다. 온실 안의 화초는 조금만 추워져도 죽고 맙니다. 그리고 영원한 온실은 없습니다. 스스로를 변화시키고 그 분야에서 최고 전문가가 되어야 합니다.

조직 생활에서 살아남기 위한 세 가지 원칙

첫째, 사람 관계를 잘해야 합니다. 일은 사람이 합니다. 그리고 사람과 합니다. 80%는 사람 관계라고 합니다.

일을 하며 동료를 존중하며, 업무를 유연하게 처리해야 합니다. 예의 없는 동료들도 있습니다. 윗선의 명령이라고 무조건 밀어부치다가 동료와의 관계가 틀어지기도 합니다. 그리고 평판이 나빠져 나중에 외톨이가 되는 경우도 종종 봅니다.

이런 말이 있습니다. "주위에 또라이가 없으면 내가 또라이다." 또라이가 되지 않도록 자신을 살펴야 합니다.

둘째, 성과를 내야 합니다.

본인이 한 일에 대해 팀장의 인정을 받아야 합니다. 성과로 인정받기 위해서는 '팀장이 상사에게 보고하고, 성과로 인정받은 부분이 있는가?'를 확인해야 합니다. 상사 입장에서 해당 업무가 성과로 인정해줄만한 일인지 생각해보기 바랍니다.

셋째, 1년마다 자신을 성장시키고, 즐겁게 일해야 합니다.

"올해 성장하였는가?" 매년 자신에게 같은 질문을 하십시오. 성장하지 못했다면 본인은 이미 환경에 익숙해지고 나태해진 것입니다. "즐겁게 일하였는가?" 일을 오래 하려면 일에서 즐거움을 찾아야 합니다.

기술적 감성을 갖춘 백발 엔지니어

5년 뒤에도 지금 있는 회사에서 지금처럼 즐겁게 일하고 싶습니다. 회사 사업이 잘되도록 내가 맡은 영역에서 최선을 다하고자 합니다. 그리고 5년 뒤에는 5번 성장한 저를 보고자 합니다. 기술 서적도 쓰고, 유창한 외국어로 글로벌 엔지니어들과 커뮤니케이션도 하고, 재미있는 여러 가지 일을 하면서 좋은 결과를 얻고 있지 않을까 합니다.

혹시, 이직을 하게 된다면 페이스북이나 구글 같은 기업에서 엔지니어로 재미있게 일해보고 싶기도 합니다. 2013년 컨퍼런스에서 열정적으로 설명을 하던 Facebook의 멋진 백발 엔지니어 형님처럼 말입니다.

그리고 DOS 시절 V3라는 명령어로 백신을 돌려본 분이라면 백신의 소중함을 알 것입니다.

컴퓨터 백신이란 걸 만들어, 모든 사람이 컴퓨터를 안전하게 사용할 수 있게 한 안철수님 같은 기술적 감성도 갖추어 가고 싶습니다.

하고 싶은 게 무엇인가?

혹시, 학생인가요? IT 분야로 오고자 꿈을 꾸고 방향을 잡고 있나요? 그렇다면 '하고 싶은 게 무엇인가?'를 고민하기 바랍니다.

서비스 기획을 해서 새로운 서비스를 만들어 보고 싶은가?
개발을 해서 원하는 것을 만들어 보고 싶은가?
서버, DB, 네트워크를 공부해서 안정적인 시스템 운영을 하고 싶은가?

재미있지 않으면 그 일을 평생 할 수 없습니다. 현재 하고 있는 일에서 행복을 얻을 수 있어야 하지 않을까요? 그러려면 하고 싶은 것이 무엇인지를 항상 생각해야 한다고 생각합니다.

IT 엔지니어의 키워드: 자존감, 전문가, 성장

IT 분야에 들어온지 얼마 되지 않았나요? 그렇다면 몇 가지 당부하고 싶습니다.

첫째, 자존감을 잃지 마십시오. '지금 잘하고 있다'고 생각하십시오. '내가 떳떳하다면 회사의 평가가 중요한 것이 아니다'라는 생각을 하십시오. 그러면 자존감을 지킬 수 있습니다.

둘째, 지금 잘하는 부분의 전문가가 되어야 합니다. 전문성을 갖추면 회사가 본인을 선택하는 것이 아니고, 본인이 회사를 선택할 수 있습니다. 이를 위해서는 현재 분야에서 최고 전문가가 되십시오!! 동료들과 경쟁하는 것이 아닙니다. 글로벌의 모든 인재와 경쟁하는 것입니다.

셋째, 매년 성장했는지 질문하십시오. 성장하지 않았다면, 본인의 노력이 부족한 것입니다. 본인 스스로 만족하지 못하면 행복할 수 없습니다.

> 시스템 엔지니어가 갖추어야 할 기술

- Linux/Windows 서버 운영 실무(Centos, Redhat, Windows 서버)
- WEB/WAS 설정과 운영
- DNS, 메일, FTP 서버 설정과 운영
- 서버 하드웨어 구성 이해
- 네트워크(L3, L4), 보안 장비(F/W, IDS, IPS) 동작 이해
- ORACLE, Mysql DB에 대한 이해
- 스토리지 구성 이해
- 클라우드 구성 이해
- 모니터링 시스템 구축과 운영 기술
- Python, PHP, Perl 등 언어/스크립트 사용 기술

보안 관리 실무자 조정원의 사는 법

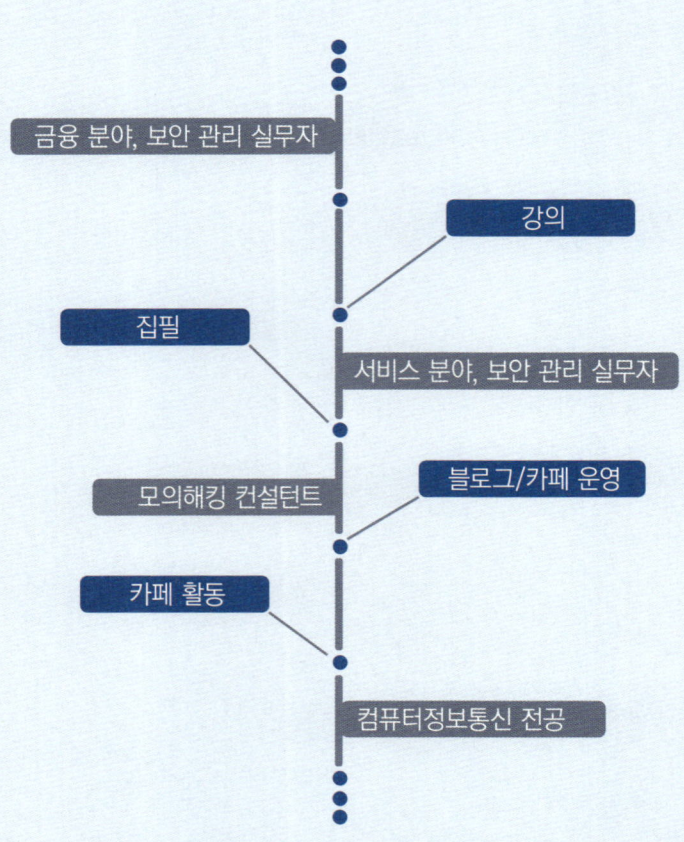

보안 관리 실무 방법론 구축, 집필, 전국 단위 세미나, 100명의 강사와 저자 양성이 조만간 하고 싶은 일입니다.

제 능력을 최대한 발휘해서 취약한 계층에 있는 많은 사람들에게 무언가를 베풀고 싶어요. 〈 중략 〉 공평한 대우를 받으며 사회 생활하는 모습을 보고 싶죠.

보안 관리 실무자 조정원의 사는 법

NOW 보안 관리 실무자
PRE 모의해킹 컨설턴트

국내 포털 사이트에서 '모의해킹'이라는 단어를 검색하면 학원 광고가 대부분이고, 필자가 작성했던 블로그 및 카페 내용들이 주를 이룹니다. 보안 분야로 진로를 선택한 후배님들 중 30%~40% 이상이 모의해킹에 관심을 가지고 있지만, 이 분야에 대한 정보가 그만큼 없습니다. 필자는 몸담고 있던 모의해킹 분야를 최대한 알리기 위해 7년동안 집필 활동을 하고, 오프라인/온라인 강의 등 업무 이외의 대외활동을 하고 있습니다. 이런 활동들을 많이 할수록 일반 대중들도 보안 분야에 관심을 가지게 되고 시장이 커질 것이라 생각합니다. 우리들만의 리그가 되지 않기 위해서는 많은 분들의 활동이 필요합니다. 출판사에서 이 책을 기획한다고 했을 때 너무 감사했습니다. 책의 한 파트라도 보안 분야에 종사한 사람을 인터뷰하고 진실된 이야기를 통해 후배님들의 진로에 조금이나마 영향을 받는다면, 그만한 가치 이상이 있다고 생각했기 때문입니다. 한 파트의 이야기로 많이 부족한 것은 사실입니다. 이 책을 읽고 모의해킹 분야에 관심을 가지고 가슴 한편에 남아있다면, 후에라도 모의해킹이라는 단어를 들었을 때 제 글들을 기억해주시면 감사하겠습니다.

진로, 언젠가는 원하는 분야로...

제 전공은 컴퓨터정보통신입니다. 하지만 처음에는 전기전자공학이었습니다. 제가 대학에 입학했던 99년도에는 전기 산업 쪽으로 취업이 잘 되었다는 점과 집안에서 한국전기공사를 들어가길 원했기 때문입니다. 물론 완전히 잘못된 선택이었죠. 저는 태생적으로 컴퓨터 쪽이었으니깐요.

아버님은 오락실을 오랫동안 운영하셨습니다. 그래서 초등학교 때 8비트 컴퓨터를 시작으로, 학창시절 동안 오락 게임, 채팅 도구, 해킹 도구 등을 많이 접했습니다. 그러다 보니 자연스럽게 컴퓨터 쪽에 많은 호감을 가지고 있었습니다. 대학교 전공은 그 시대 때 선호했던 전기공학 쪽으로 전공을 선택했으니 관심 없던 분야에 흥미가 있을리 없겠죠? 그래서 고민 끝에 아버님에게 허락을 받고 웹 페이지 개발과 전자상거래 쪽으로 공부를 하기 시작했습니다.

그러나 운이 없게도 가는 학원마다 학원이 중간에 망하기도 했고, 3D 그래픽 창업 멤버로 갔다가 사기를 당하기도 했죠. 대학생 때 무엇인가 계속 한 거 같은데 원하는 목적을 달성하지 못하고 혼란 속에서 뒤늦게 전산병으로 군대를 갔습니다. 전산병이지만 실제 업무는 워드와 업무 단말 관리였습니다. 제대 6개월 정도 남았을 때였어요. 마이크로소프트 잡지에서 보안 자격증인 SIS, CISSP, CISA를 소개하고 있는 내용을 보았습니다. 유망자격증이라고 해서 '혹!' 했습니다. 네이버 카페를 검색하니 관련 카페도 있었고, 그 카페에서 보안 분야 선배들을 만나고 교류했습니다. 그 당시까지만 하더라도 보안쪽으로 올 거라고 생각은 하지 못했습니다. 웹 개발 분야를 공부했고, 제대한 뒤에도 개발 분야로 가겠다고 생각했기 때문입니다. 그럼에도 불구하고 보안 쪽으로 자연스럽게 무언가를 하고 있었던 거지요. 아마도 보안 분야로 올 운명이었을까요?

모의해킹과 보안 관리 실무자, 12년의 여정

첫 번째 보안 회사에서 5년 동안 모의해킹 보안 컨설턴트 업무를 하였습니다. 보안 분야들 중에서도 모의해킹은 기술로 승부를 하는 곳이라, 다양한 서비스를 대상으로 많은 경험을 하였으며, 이때의 경험이 많은 자양분이 되었습니다. 이 분야에서 어떤 업무를 하는지는 뒤에서 자세히 설명을 하겠습니다.

모의해킹 분야는 대부분 컨설팅 지정업체를 중심으로 시장이 형성되고 있고, 기타 10명~20명 내외의 모의해킹 연구원들로 구성된 회사들도 있습니다. 보통 3년 내외에 프로젝트 선임을 하며, 선임이 되면 고객들과 많은 접촉을 하게 됩니다. 이 과정에서 업무 스트레스를 받고, 연구 욕구가 높은 인원들의 이직률이 높은 편입니다. 저도 선임들이 빠른 속도로 이직을 하는 바람에 최고 선임으로 활동을 많이 했습니다.

선임이라는 위치에서 고객들을 바라보니 고객들이 하는 업무가 너무 궁금했습니다. 5년이라는 기간동안 경험했던 모의해킹 업무를 실무에 가서 적용을 하고 싶었습니다. 물론 고객 위치에서 업체들이 진행하는 프로젝트도 바라보고 싶었습니다. 많은 회사를 알아보다가 최대한 다양한 서비스 환경을 경험할 수 있고 집에서 가까운 거리에 있는 KTH라는 회사를 선택했습니다.

그때 당시, KTH에서는 모바일 서비스, 클라우드 서비스, 콘텐츠 서비스, 포털 서비스 등 재미있는 서비스를 많이 했습니다. 개발자들에게 많은 투자를 하고 내부적으로 연구 조직이 있는 것도 너무 마음에 들었고요. 그 안에서 보안 업무를 하면서 정말 많은 경험을 했습니다. 물론 1년이 막 지나는 시점에 회사 경영이 매우 어려워졌고, 임원들이 모두 교체되고, 제가 좋아했던 서비스들이 모두 없어졌죠. 이 구조 조정이 진행되는 중에도 보안 쪽 이슈가 계속 터지면서 제 자리에 문제가 없을 것이라는 생각을 하면서도, 그런 분위기에 너무 지쳐서 다시 이직을 생각했습니다.

프리랜서 생활을 할까, 창업을 할까, 컨설팅 회사로 복귀할까 고민을 많이 했습니다. 한달 정도 집필도 하고 못다한 휴식을 취하고 있다가 지금 다니고 있는 금융 회사에서 침해사고대응/기술진단원을 구인했습니다. 금융 회사라면 업무가 매우 힘이 든다는 소문을 들어서 처음에는 고민을 했는데, 실무자로 이만한 자리는 또 없을 것이라는 생각이 들었습니다. 분명 다른 분야보다 보안 투자는 많이 할 것이고 자연스럽게 다양한 업무를 직간접적으로 볼 수 있을 거라 판단했습니다. 그 판단은 맞았고요. 이전 회사하고는 또 다른 실무 경험을 쌓고 있습니다.

모의해킹 업무와 보안 관리 실무 업무란?

지금까지 두 번 이직하면서 맡은 직책을 크게 보면 두 가지, 즉 모의해킹 컨설턴트와 보안 담당자라고 할 수 있겠네요. 물론 컨설턴트 업무에서 경험했던 것이 그대로 관리 실무 업무에 모두 포함되어 있습니다.

먼저, 모의해킹 업무에 대해 알아볼까요. 모의해킹은 우리의 실생활에서 경험할 수 있는 모든 IT 기술 범위에서 이루어집니다. 물론, 물리적 보안 관련 프로젝트나 사람의 심리를 이용한 사회공학적 기법에 관련된 프로젝트도 몇 있었지만 손가락에 꼽힐 정도입니다.

IT 기술은 우리의 모든 생활에 존재합니다. 즉, 항상 가지고 다니는 모바일 기기부터, 모바일 기기를 통해 정보를 얻는 웹 사이트, 집에서 모바일 기기와 연결되는 무선 네트워크, 몸에 차고 다니는 웨어러블 기기에 이르기까지 IT 기술이 적용되지 않는 곳이 없습니다. 모든 곳이 인터넷에 연결된다는 IoT$_{Internet\ of\ Things}$는 모의해킹 진단 업무와 매우 밀접합니다. 어떤 서비스를 개발하든 이제 보안성 검토는 필수입니다. 개발자가 서비스를 설계하는 단계부터 오픈하는 단계에 이르기까지 모든 과정에서 보안이 포함되어야 합니다. 이 과정마다 기술적 진단을 하는 것이 모의해킹입니다. "만약, 범죄자라면?"에서 시작해서 시나리오를 만들고 시나리오에 맞춰 진단 항목들을 만듭니다. 그 항목들을 토대로 모든 분야 및 환경에 적용합니다. 무엇인가 파고 들 수 있는 성격, 고객들에게 취약점을 어필하고 대응 방안을 수립할 수 있는 업무가 자기 적성에 맞다면 모의해킹 컨설턴트는 매우 자유롭고 재미있게 할 수 있는 직업임에 틀림이 없습니다. 그렇지만, 다른 사람들이 만들어 놓은 진단 프레임워크에만 맞춰서 일을 하면서 자신의 기술을 성장시키지 못하면 롱런을 할 수 없는 분야이기도 합니다.

두 번째, 보안 관리 실무 업무입니다. 컨설턴트와 다른 점은 이제 "내 회사의 자산"을 지키는 일을 한다는 점입니다. 컨설턴트는 계약을 맺은 회사가 주는 서비스의 범위 안에서만 고민을 하면 되지만, 한 회사의 보안 관리 담당자는 공격자가 어디에서 들어올지 확신할 수 없기 때문에 모든 가능성 경로를 모니터링해야 합니다. 외부자뿐만 아니라 내부 임직원도 모니터링하고 통제해야 합니다. 이런 모니터링 작업을 하려면 보안 장비들이 필요하고 법적 규제에 맞는지 검토하고 실제로 구축을 해야 합니다. 어떤 회사, 어떤 파트를 맡냐에 따라 기술에 중점을 두냐, 관리에 중점을 두냐로 구분됩니다. 저는 침해사고대응 업무라는 큰 타이틀 안에서 대외 서비스 취약점 진단(모의해킹, 소스 코드 진단), 솔루션 도입 검토, PC 보안 솔루션 진단 등을 담당하고 있습니다.

보안 관리 실무로 있으면서 모의해킹 컨설턴트로 있을 때보다 기술 공부를 더 많이 하고 있습니다. 방어를 하려면 공격 기법을 계속 모니터링하고 제가 지키는 자산과의 연관성도 그려 나가야 하고, 솔루션을 도입하려면 국내외 제품을 비교하면서 많은 공부를 해야 하기 때문입니다.

모의해킹, 신입 뽑습니다

모의해킹 인력은 아직도 수시로 뽑는 편입니다. 보안 컨설팅 시장은 정책에 따라 고객들이 보안 투자를 많이 하냐 안 하냐에 따라 수요가 달라지기 때문에 어떤 년도에는 많이 뽑고 어떤 년도에는 있던 인력들이 퇴사해도 잘 안 뽑는 경우가 있습니다. 모의해킹으로 진로를 선택한 사람은 많은데, 고객들의 눈이 높아져서 마땅한 인력이 없다고 하소연도 합니다. 보안 인력들은 한 명만 건너도 다 연결이 될 정도로 네트워크가 아직은 좁습니다. (물론 지금은 많은 교육기관에서 학생들이 배출되고 있어 잘 모르는 경우도 있기는 합니다.)

대외 활동을 하더라도 중심이 되는 사람들만 움직이고 있어 실력이 좋은 학생들은 현업에서 미리 알고 추천하는 경우도 많습니다. 그래서 이쪽 분야로 진입을 하는 학생들은 모의해킹은 신입을 뽑지 않는다고 생각하는데, 제가 지켜본 바로는 절대 그렇지 않습니다. 업체에서 원하는 방향으로 잘 준비한 학생들은 언제든지 신입부터 진입할 수 있습니다. 따라서 가고 싶은 회사에 맞춰서 준비하면 문은 반드시 열려 있습니다.

열심히 한 자에게 더 많은 기회가 있습니다

저도 보안 전문 학원에서 배우고 동기들과 포트폴리오(프로젝트)를 준비해서 취업이 되었습니다. 취업을 준비하면서 어려웠던 점은 많았죠. 제가 선택한 모의해킹 분야에서 정말 오래 갈 수 있을지, 길지 않은 학원 수업 과정으로 다른 사람들과 경쟁할 수 있을지…. 정말 집중했습니다. 모의해킹이 재미있었기 때문에 더 열심히 할 수 있었던 거 같아요. 추석 연휴에도 고시원에서 나오지 않고, 배웠던 내용을 계속 실습하며 나만의 책으로 만들어갔으니까요. 그때 정리했던 것이 2권이 좀 넘는데 아직도 소중히 가지고 있습니다.

그때 당시에는 발표 능력이 정말 부족했죠. 에이쓰리시큐리티 컨설팅업체에 1차 기술면접이 붙고, 임원진 면접과 발표 평가가 있었는데, 옥상에 가서 누가 듣거나 말거나 큰소리로 연습했습니다. 제가 준비한 프로젝트를 10분에 맞추기 위해서 수 십번은 연습한 거 같습니다. 그게 그대로 결과로 나왔고 단번에 합격했습니다. 기회도 좋았습니다. 퇴사를 하는 대체 인력이 급하게 필요했던거죠. 아무튼 제 학원 동기 중에서 제일 먼저 입사하는 영광을 누렸습니다.

5년 후, 첫 번째 이직(모의해킹->보안 관리 실무)

5년 경력이 쌓인 시점에 이직을 고민했습니다. 무엇인가 정체되어 있는 느낌이 들어 한번쯤은 삶에 변화가 필요했던 시점이었죠. 업무가 가득 쌓인 시점에 같이 있던 팀원들도 이직을 많이 하여 몸과 마음도 지친 상태였고요.

관리 실무쪽으로 도전을 하기 위해 주위 지인들에게도 문의하고 구인/구직 사이트에서 정보를 찾았습니다. 기술 보안 파트쪽에서는 보안 장비 운영과 침해사고 대응 파트만 모집을 하였습니다. 모의해킹만을 했던 인원은 잘 모집하지 않았어요. 몇 주 찾아보다가 그냥 관리적 컨설턴트로 넘어갈까도 생각했는데, 주위 선배들이 도전해보라고 하더라고요. 그래서 집도 가깝고 다양한 서비스를 경험할 수 있을 것이라 생각한 KTH를 선택해서 이력서를 제출했습니다. 마침 거기도 기술 인력들이 모두 다 나가는 시점이라 기회를 잘 잡았죠. 에이쓰리시큐리티에서 있으면서 책(크래커 잡는 명탐정 해커)을 집필했던 게 면접 때 도움이 되었어요. 면접을 봤던 임원 분이 책 집필한 것에 점수를 후하게 주셨죠. 한번 도전해서 또 합격을 했습니다. 정말 행운아죠...

두 번째 이직, 금융 분야 보안 관리 실무

지금 다니고 있는 세 번째 회사는 생각도 못했던 곳이었습니다. 두 번째 회사 KTH가 심각한 경영 관리 문제로 구조조정을 하게 되었습니다. 모바일 서비스와 게임 서비스가 거의 다 없어지면서 주위의 많은 사람들이 퇴사했습니다. 직원들이 퇴사하니 지원 부서도 반으로 줄어들고... 그 살벌한 분위기는 상상 이상이었죠. 보안 팀은 영향을 덜 받았지만, 그 분위기를 견디지 못하고 갈 곳도 정하지 않은 상태에서 퇴사를 했습니다. 사실 계속 버텨도 되지만, 상사들이 자주 바뀌고 업무 계획만 계속 수정되는 상황에서 아무 것도 할 수 없다는 게 화가 나기도 했죠.

퇴직을 하고 난 뒤에 두 달은 쉰다고 가족들과 상의하고, 계획했던 집필을 하며 보냈습니다. 중간중간 지인들로부터 연락이 와서 같이 일해보자는 제안도 받았지만 모두 거절했습니다. 정말 쉬고 싶은 마음밖에 없었죠. 그리고, 관리 실무에 처음 발을 들일 때 적어도 3년 이상은 해보자는 생각을 가지고 도전했었는데, 대부분 컨설팅 업체에서 연락이 왔기 때문에 정중하게 거절하였습니다.

한달 정도 쉬었을 때, 지금 다니는 KB투자증권에서 사람을 뽑는다는 말을 들었습니다. 지인 추천도 있었고, 힘이 든다는 금융권 업무도 한번쯤은 경험하고 싶었던 개인적인 바람이 맞아 떨어져서 지원하기로 했습니다. 지원하기로 마음먹고 나서는 금융 관련 법률을 읽고 최신 사고 이슈들을 보면서 공부했습니다. 면접 때 기술적인 내용보다는 최신 이슈를 잘 익히고 있는지, 조직 생활에 대한 내용을 많이 보았던 것 같습니다. 이 면접 때도 집필의 혜택을 많이 보았습니다. 임원들 중 몇 분이 책을 썼다는 것 자체가 자기 시간 관리를 잘하고 있다고 본 것이죠. 책을 쓰게 된 동기에 대해서도 물어보면서 제 대답을 듣고 높은 점수를 준거 같아요. 저는 후배들에게 "1년마다 자신이 했던 업무들, 이와 관련해서 공부했던 지식들을 정리해서 책으로 써라"라고 권고합니다. 그러면 원하는 회사 어디든 갈 기회가 많아진다고 조언합니다. 그만큼 무엇인가 정리하는 습관은 중요합니다.

자기 계발, 책 읽기: 다독

저는 회사에 입사하기 전부터 책을 많이 읽었습니다. 군대에서 습관이 되었던 것도 있고, 학원에서 배웠던 짧은 지식으로 업무를 하기엔 벅찬 경우가 많아서 주위에서 손에 잡히는 책은 다 읽은 거 같습니다. 인터넷에서 구한 자료들을 매일 프린트를 해서 봤어요. (그때는 모바일이 없어서 모두 프린트를...) 아마 그때 그렇게 열심히 읽었기 때문에 입사 2년차에 회사에서 추진한 〈크래커 잡는 명탐정〉 집필 프로젝트에서 중요한 역할을 맡았던 것 같습니다.

자기 계발, 카페와 블로그 활동: 열정

군대 있을 때 보안 정보를 얻었던 "보안인닷컴"이라는 카페에서 활동을 많이 했습니다. 보안 업계에 있던 선배들이 많아서 오프라인 모임을 할 때마다 궁금증을 해소하곤 했죠. 그 카페에서 6년 정도 활동하면서 스텝, 부운영자까지 하면서 열정을 쏟았습니다. 제가 경험했던 업무를 바탕으로 자료를 만들고 사람들에게 공유했습니다. 카페 활동과 동시에 블로그에도 정리를 했습니다. 지금 블로그에는 매일 1000명 정도 방문합니다. 카페든 블로그든 저의 지식 데이터베이스라고 생각하고 계속 글을 정리했습니다. 그 덕분에 지금 7권의 책을 집필하는데 큰 영향과 도움을 받았지요.

자기 계발, 집필: 삶이 바뀜

근 3년 동안에는 집필에 몰두했습니다. 평소에 교육에도 관심이 많았고, 이제까지의 경험을 정리하고 싶었어요. "보안프로젝트(www.boanproject.com)"라는 카페를 지금 활동하고 있는 팀장 멤버들과 만들고 다양한 분야의 콘텐츠들을 정리했습니다. 많이 알아서 집필을 하는 것은 아니고, 제가 했던 내용들을 잊어버리지 않기 위해서 계속 기록을 남기고 있습니다. "책을 쓰면 삶이 바뀐다"는 말이 사실임을 느끼며 살고 있습니다.

자기 계발, 다양한 분야 공부: 융합의 기반

다른 이야기 같지만, 자기 계발이라고 해서 꼭 자신이 종사하는 분야에 대한 공부만 하는 것을 추천하고 싶지 않습니다. 어느 한 분야를 파라고 주위에서 많이 말하지만, 스페셜리스트가 되기 위해서는 다방면으로 잘 해야 됩니다. 필자가 인정하고 있는 스페셜리스트들을 보면 어떤 프로젝트를 하든, 어느 자리에 있든 정말 최고처럼 해내고 있습니다. 그 사람들의 특징은 여러 분야에 관심을 가지고 자기 일과 융합시킨다는 점입니다. 많은 책을 읽고, 다양한 전문가들과 부딪히면서 경험을 차곡차곡 쌓아나가는 것도 자기 계발에서 중요한 부분이랍니다.

보안 관리 실무자가 극복해야 할 일

서비스 운영에서 IT는 없어서는 안 되는 제일 중요한 분야임에도 불구하고, 돈을 벌어오는 부서보다는 지원 부서로 있다 보니 대우를 못 받는 것처럼 느껴집니다. 인프라를 운영하다 보면 문제들이 많이 발생합니다. 잘못된 설정 하나로 장애가 발생하면 그 문제 원인을 파악하고 해결할 때까지 관련 직원들은 모두 대기 상태죠. 금융권, 대형 쇼핑몰, 게임 회사, 포털 서비스 등의 경우 몇 분만 장애가 일어나도 매출과 신뢰도에 매우 큰 영향을 받죠. 그러다 보니 계속 긴장을 할 수 밖에 없습니다. 또한 운영 장비 및 대외 서비스를 업데이트할 때는 방문자가 많은 시간대를 피해야 해서 새벽이나 주말에 작업을 합니다. 야간 근무나 주말 근무가 있다는 말이 여기에서 나오는거죠. 이 시간에 근무를 해서 제대로 된 보상만 받는다면 문제가 없지만, 근무에 대한 보상도 받지 못하면 일하는데 불만이 쌓입니다.

물론 회사 환경마다 다르기는 합니다. 모든 프로세스가 체계적으로 되어 있고, 업무 분장이 잘 되어 있는 회사라면 사고가 나더라도 당황하지 않게 되요. 그만큼 빨리 대응하고 주 업무에 다시 복귀할 수 있죠. 이런 상황을 현업 부서들이 알아주면 좋은데 아쉬울 때가 많습니다.

IT 보안도 다를 것이 없습니다. 보안 파트에서 정책 하나 바뀌면 온 부서가 시끄러워집니다. 현업에서는 없던 일들이 생기는 것 같고, 자기 업무에 보안이 방해가 된다고 생각하곤 하죠. 물론, 100%는 아니어도 기존 업무에 최대한 불편함이 없이 보안을 적용하는 일은 중요합니다. 정책 적용 후에 나온 이슈들을 계속 해나가는데 시간이 걸리는데, 그 기간 동안 업무 강도가 높아지긴 합니다.

침해사고나 내부정보 유출이 언제 어디서 발생할지 모르기 때문에 계속 긴장감을 가지고 모니터링해야 합니다. 이 업무만 하는 것은 아니죠. 정기적인 진단, 보안 솔루션 운영, 임직원 내부 교육, 외부 진단 인원 관리 등 많은 부분이 있습니다.

저는 매년 업무가 추가될 때마다 일을 효율적으로 할 수 있는 방안을 고민합니다. 자동화할 수 있는 것은 과감하게 프로세스를 바꿔나가야 하고, 한곳에서 모니터링할 수 있도록 시스템을 바꿔 나가야 합니다. 그렇게, 업무에 최선을 다하다 보면 인정을 받고 대우를 잘 받는답니다. 여러분도 한번 해보기 바랍니다.

IT 보안 분야, 기회가 있는 미개척 분야

IT 분야에서 엔지니어로서 40대 이상이 되면 살아 남기 쉽지 않다는 말이 있습니다. 이 말은 상황에 따라 맞을 수도 있고 그렇지 않을 수도 있습니다. 넓게 보면 IT 시장뿐만 아니라 모든 시장이 동일한 거 같습니다. 일자리는 하나인데, 그 일에 적합한 사람이 10명이나 있다면 인건비가 제일 싼 인원을 쓸 것입니다. 업무를 하는데 10명이 모두 문제가 없다는 조건이겠죠? 하지만, 그 일을 할 수 있는 사람이 단 1명이라면 스스로 나가려고 해도 더 좋은 조건으로 붙잡을 것입니다. IT 분야에서도 실무에서 꼭 필요한 사람들이 보입니다. 그것을 인정 받았다는 것은 그만큼 남들보다 열심히 했기 때문이죠.

보안 시장이 국내에 정착된지는 역사가 길지 않습니다. 보안컨설팅업체는 1997년~2000년 사이에 시작했습니다. 그 뒤부터 몇 곳의 컨설팅 업체에서 ISO 27001, ISMS 등을 수행했고, 모의해킹 진단도 시작했습니다. 그 뒤로 이제 15년 전후가 되면서 법규도 많이 보강되었고, 개인정보보호법이 만들어지고, 보안 사고가 날 때마다 이슈로 떠오르면서 법 제정과 개정을 반복하였습니다.

그 와중에 기존 인력들이 다양한 분야로 옮겨가게 되었고, 아직은 부족하지만 각 회사마다 보안 팀을 만들었습니다. 그만큼 전문 보안 인력들을 채용했고요. 초창기에 보안 시장을 이끈 분들이 지금은 교수, 업체 대표, 대기업 CISO 등의 자리에 있습니다. 이제 전사 경영에서 보안은 없어서는 안 되는 분야입니다. 여기까지 보면 너무 좋습니다. 이 정도까지 성장할 줄 예상 못했거든요.

정부 각 부처와 지방자치단체에서 무료 교육을 많이 추진하고 있습니다. 학생들은 몇 개월 교육을 받고 취업 준비를 하게 되었죠. 매년 배출되는 인력이 많아졌습니다. 이 많은 신규 인력을 받아줄 시장이 있을지는 조금 걱정이지만, 처음에 말했듯이 이제 특정 업무를 할 사람들이 많아지고 있습니다. 경쟁을 해야 하는거죠.

그러나 IT 보안만 생각하면 아직 기회도 많고 개척되지 않는 분야가 많습니다. 그렇지만, 시간이 지나서 30대가 넘어가고 40대가 되어서 고민을 하지 않으려면 자신의 영역, 누구도 쉽게 들어오지 못할 영역을 만들어 갈 필요는 분명히 있다고 봅니다.

플랜 B, 플랜 C를 위한 다양한 준비와 경험이 필요

요즘은 스타트업이 붐입니다. 물론 개발 쪽이 많지만... 저도 보안 분야와는 다르지만 3D 모델링 쪽(조감도, 내부 인테리어 3D 제작 등)의 창업 멤버로 들어간 적이 있었습니다. 물론 준비만 하고 시작도 하기 전에 사장이 도망을 갔죠.

두 번째 회사인 KTH를 퇴사했을 때도 프리랜서 활동을 하며 창업을 준비하려고 했습니다. 제가 좋아하는 보안 분야와 전자책 사업을 연결해 보려고 했고, 콘텐츠 개발/교육 사업도 고민을 많이 했죠. 하지만, 각 분야 대표님들을 만나면서 제가 너무 준비가 되지 않았다는 사실을 깨달았어요. 제 안에 불안 요소도 많았고요. 하나의 도전이자 모험인데, 어린 처자식까지 있으니 쉽게 선택을 못하겠더군요.

하지만, 아직도 창업에 대한 여운은 남겨두고 있습니다. 지금 다니고 있는 회사에서 최선을 다하며 저를 성장시키고 있지만, 큰 조직 생활에서 어떤 일이 벌어질지 모르잖아요? 평생 직장은 절대 없으니까요. 팀장님이나 임원 분들이 하루 만에 자리에서 물러나는 것을 볼 때면 남일 같지 않더군요.

그래서 업무 시간 외에 대외 활동으로 집필도 하고, 카페 멤버들과 연구도 하며 언제든지 다가올 위기에 대처할 수 있는 길을 마련하고 있어요. 또한, 저는 투자를 좋아해요. 지금은 시작 단계지만 앞으로 성장 가능성이 있는 스타트업 회사에 엔젤 투자를 하고 싶어요. 그 회사 지분을 가짐으로써 경영에도 참여할 수 있고, 제가 가지고 있던 노하우도 나누며 같이 성장하고 싶습니다. 큰 금액은 아닐지라도 주식 투자를 하는 것보단 더 의미가 있을 거라고 생각해요.

스킬업과 기술 공유

지금 IT 시장은 교육 지원이 많은 편입니다. 조금만 관심을 가져도 무료로 교육을 받을 수 있으며, 연구 장비 및 생활비까지 어느 정도 지원받을 수 있습니다. 회사를 다니면서도 시간만 된다면 국가에서 지원하는 교육을 많이 받을 수 있습니다. 이는 교육기관이 사업을 이끌어낸 것이지만, 업계 선배들이 콘텐츠를 만들고 강사나 멘토로 활동하기 때문에 가능한 것입니다. 현재 신입으로 들어온 분들도 많은 고민 끝에 선택한 분야일텐데 기존 기술에만 의지하지 말고, 더욱 더 발전된 기술들을 익혀서 자신들의 뒤를 이을 후배들에게 돌려주는 일에 힘을 써 주면 좋겠습니다.

요즘은 이전보다 많은 커뮤니티 채널이 형성되어 있습니다. 선택의 폭이 넓어진 만큼 오랫동안 한 조직에 머물러 있지 않는 거 같습니다. 회사의 조직, 대외 커뮤니티 조직 등 어떤 곳이든 자신이 선택을 했다면 애초 가졌던 목표를 이룰 때까지 끝까지 하면 좋겠습니다. 회사 생활에서 자신이 좋아하는 일만 할 수는 없거든요. 조직은 팀원들끼리 서로 조금이나마 희생을 하면서 성장을 하는 곳이기 때문에 프로젝트(과제)를 통해 조직을 서로 만들어가면 좋겠어요. 하지만, 자신과 생각이 다르다고 해서 쉽게 선택해서 다른 곳으로 옮기고, 작은 시장 안에서도 서로 경쟁만 하려고 해요. 그런 점이 아쉽기는 합니다.

모든 사람은 서로 다른 장점들을 가지고 있어요. 그 장점들을 다른 사람들에게 보여주고, 다른 사람들의 장점들도 잘 가져오면 좋겠어요. 그래야 시장도 커지고, 후에 자신이 최고 위치에 올랐을 때 더 크게 성장할 수 있을테니까요.

보안 관리 실무자가 하는 일

  지금 회사에서는 침해사고대응, 서비스 취약점 진단, 보안 솔루션 도입 검토 및 운영을 주 업무로 하고 있습니다. 보안 실무 업무에서는 대외 서비스를 통해 들어오는 침입 시도, 내부 임직원들의 중요 정보 유출이라는 관점에서 규정과 정책들을 만듭니다.

  우선은 외부에서 접근되는 모든 서비스를 대상으로 365일 24시간 보안관제 모니터링이 이루어집니다. 외부 전문 관제 업체에서 모니터링 및 이상 징후가 발생할 때 통보를 하고, 저는 내부에서 같이 대응을 합니다. 이상 징후에 대해서는 IPS/IDS 로그, 웹 로그 등을 상세하게 분석해서 외부 공격이 실제 진행되었는지 파악해야 하고, 취약점이 존재한다면 시스템 운영자, 개발자들과 협업을 해서 신속하게 대응해야 합니다. 특정 솔루션에 대한 취약점이나 서비스에 적용된 애플리케이션 취약점이 신규로 발표된다면, 1일~2일 안에 대량 공격들이 들어오기 때문에 빨리 정보를 수집해서 미리 패치를 해두어야 피해를 방지할 수 있습니다.

  모니터링하고 있는 서비스들에 대해서는 정기적으로 취약점 진단을 해야 합니다. 내부 전문 진단 요원이나 외부 컨설팅 업체를 통해서 웹 애플리케이션, 모바일 앱, 개인 PC 보안 솔루션, 서버, 네트워크, 보안 장비 등을 진단합니다. 저는 모의해킹 진단 경험이 있기 때문에 서비스가 오픈되기 전 보안성 검토, 소스 코드 진단 등을 직접 수행합니다.

  금융권은 보안 이슈가 나오면 제일 먼저 대책을 세우는 편입니다. 그러다 보니 많은 보안 솔루션 검토가 필요합니다. 내부 개발자들이 자체 개발해서 적용하는 사례도 간혹 있지만, 법적으로 CC 인증을 요구하기 때문에 솔루션 도입을 우선적으로 검토합니다. 그렇다고 무조건 사들이는 것은 아니고, 저희 서비스에 제일 적합하고 비용적으로 합당한 선에서 구매 결정을 합니다. 매년 회사로부터 보안 관련 투자비를 받는 것도 보안 담당자의 역할이라 할 수 있습니다.

보안 솔루션을 도입하면 업무 분담을 통해 각 팀에서 맡을 운영, 감사, 정책을 정합니다. 보안 장비들을 보안 팀에서 직접 운영하는 경우도 있습니다. 그리고 내부 임직원 단말에 설치되는 보안 솔루션인 경우에는 업무에 따라 변수가 많기 때문에, 업무를 하며 보안 솔루션 정책 때문에 불편을 느끼는 상황을 받아들여 문제를 해결해야 합니다.

이외에도 침해사고대응 및 기술적 진단에서 어떤 절차를 강화할지 계속 고민하며 사업을 추진해 나가야 합니다.

금융권 보안의 특징

금융권에서는 전자금융감독 법규(전자금융거래법, 전자금융감독규정, IT 부문 보호업무 모범규준 등), 정보통신망법, 개인정보보호법 등 고려할 게 많이 있습니다. 법은 계속 재개정되기 때문에 변화가 있을 때마다 내부 규정과 정책들을 새로 만들거나 다듬어야 합니다. 돈을 다루는 곳이기 때문에 범죄자들의 끊임없는 공격 시도가 이루어지고 있습니다. 그래서 개선점을 끊임없이 먼저 찾아야 하는 곳이 금융권입니다.

2014년에는 금융권에서 개인정보유출 사고가 큰 이슈였습니다. 이로 인해서 개인 정보 유출에 대한 보안 대책이 강화되었고, 모든 법에 개인정보보호법에 대한 규제를 동일하게 반영하고 있습니다. 이제는 IT 보안 파트에 대한 책임뿐만 아니라 회사 전체의 책임 이슈가 따르고 있습니다.

침해사고나 개인정보유출 사고가 언론에서 이슈화되면 그 바람을 타고 보안 투자도 빠르게 진행됩니다. 금융위원회/금융감독원에서도 이슈 발생 강도에 따라 대처 방안 여부를 계속 확인하니 부담을 갖고 이행할 수 밖에 없습니다.

제가 몸담고 있는 회사도 그 어느 때보다 많은 투자를 하였습니다. 각 영역마다 보안솔루션 검토 및 도입을 하였습니다. 내부적으로도 정기적 진단 프로세스를 갖추고, 부족하다고 생각하는 부분에 대해서는 금융보안연구원, 컨설팅 업체 등을 통해 추가진단하며 크로스체크를 했어요. 이 과정에서 업무가 많아지는 것은 당연하지만, 투자 과정에서 많은 것을 배워가는 장점도 있습니다.

보안 실무자가 갖추어야 할 세 가지 능력

제가 보안 실무자를 하면서 느낀 사례 중심으로 이야기하겠습니다.

첫째, 맡겨진 직무를 수행할 수 있는 능력입니다. 기술 실력은 객관적으로 평가하기 힘들어요. 수 많은 기술에서 서로 잘하고 못 하는 게 있거든요. 아무리 많은 기술을 안다고 하더라도 그 직무에 적합하지 않다면 아무 소용이 없을거예요. 회사에서 필요한 것은 맡겨진 일을 할 때 정확하고 효율적으로 할 수 있는 기술을 보유하는 것입니다. 그리고 매년 교육 지원이나 기술 세미나 등을 통해 관련 직무 기술을 향상시켜야겠죠? 이렇게 쌓여진 기술은 회사 자산을 지키는데 쓰일 것입니다.

둘째, 현업들과의 커뮤니케이션입니다. 보안에서 현업 업무들을 고려하지 않으면 절대 안됩니다. 보안만 무조건 강조하면 서비스 운영에 많은 문제점이 발생활 수 있어요. 서비스 보안 이슈가 있다면 서비스 운영자 및 개발자들의 의견을 충분히 들어야 합니다. 정말로 보안 패치만이 답일지, 운영상으로도 위협을 충분히 제거할 수 있을지, 솔루션을 도입해야 할지, 그대로 두어도 당장 위협이 발생할 가능성이 있을지 등 모든 의견을 받아 진행해야 합니다. 비용을 들이지 않더라도 내부적으로 해결할 수 있다면 협업을 해서 같이 해야 합니다. 좋은 의견들이 오가다 보면 그 안에서 해결 방법들이 나오거든요. 이런 상황들에서 저의 컨설팅 경험은 많은 도움이 되고 있습니다. 진단 업체, 솔루션 업체, 현업 사이에서 중간 역할은 매우 중요합니다.

셋째, 보안 이슈에 귀를 기울이고 모니터링해야 합니다. 특히, 침해사고대응 업무를 하는 분들은 어떤 신규 해킹 공격들이 발생하는지를 계속 수집하면서, 기술 정보를 봐야 합니다. RSS 서비스와 SNS 서비스를 활용하면 웬만한 정보들을 실시간으로 받아볼 수 있습니다. 하루에 수 십 건, 수 백 건의 보안 이슈들이 발생하고 있어요. 이 공격들이 자신이 지키는 서비스의 어느 부분에 영향을 미칠 수 있을지 비교해야 합니다. 어떤 버전을 사용하고 있냐에 따라 공격이 가능한지, 아닌지도 판단되기 때문에 버전에 대한 이력 관리도 필요합니다. 신규 공격 패턴이 공개되면 1~2일 안에 대량으로 공격이 들어와요. 미리 대응을 하지 않으면 침해가 되고 장애가 발생한 뒤에나 알 수 있습니다. 그때는 이미 늦은거죠.

업무 시간에만 발생하는 것은 아니죠. 퇴근한 후에도, 제가 잠자고 있는 사이에 더 많이 일어납니다. 이런 모니터링에 대한 체계를 얼마나 강화하고 있는지, 보안 인원들이 대처에 얼마나 습관화되어 있는지가 대단히 중요합니다. 지금이라도 미리미리 최신 이슈를 수집하고 정리하는 습관을 가지면 좋아요.

하고 싶은 일, 그래서 해야 할 일

조만간 하고 싶은 일이 너무 많답니다. 1) 방법론 구축, 2) 집필, 3) 전국 단위 세미나, 4) 100명의 강사와 저자 양성

첫째, 제가 직장인이다 보니 업무와 관련된 것이 가장 우선인데요. 관리 실무 관점에서의 취약점 진단 및 침해사고대응 프로세스에서 독창적인 방법론을 구축하고 싶어요. 지금은 이전에 가지고 있던 기술들 중 일부분만을 사용할 뿐이죠. 앞으로는 오픈 플랫폼들을 이용하고 직접 개발도 하면서, 어떤 환경에서든 활용할 수 있도록 만들어가고 싶어요. 이런 노하우들은 후에 대외적인 세미나 및 교육을 통해 오픈하고 싶고요.

둘째, 대외적인 활동으로 현재 추진하고 있는 게 몇 가지 있는데, 먼저 집필이 있습니다. 집필을 시작한 이유는 국내 IT 보안 서적들이 너무 적어서 공부할 때 고생했던 기억 때문입니다. 국내 커뮤니티를 보아도 좋은 자료는 많이 있습니다. 개인들이 직접 정리한 것도 많고 외국 번역 자료들도 많죠. 하지만, 이를 주제별로 모아놓은 책이 없다는 점이 아쉬웠어요. 저는 기본적으로 연구했던 내용을 자유롭게 공유하고, 피드백을 받고, 다시 연구하고, 집필로 공유하는 문화를 원해요. IT 집필 관련 노하우를 정리할 필요가 있을 것 같아서 현재 그와 관련된 책을 집필 중이므로 후에 그 책을 통해서 자세한 내용을 공유토록 하겠습니다.

제가 집필한 책 중 2권은 중국어로 번역 중입니다. IT 보안 책이 해외시장에 나가는 것은 정말 큰 영광인 거 같아요. 우리나라의 IT 보안 수준은 다른 나라에 비해 절대 낮지 않아요. 세계해킹대회에서 국내의 많은 팀이 본선에 진출할 정도고 메이저대회를 휩쓸고 있는 PPP 팀장님도 "박세준"이라는 한국 분이에

요. 그리고 요즘 보안 교육에 투자를 많이 하는 시점에 관련 책들이 많이 나와 주어야 힘을 얻을 수 있겠죠? 내년에는 꼭 영문으로 책이 번역되던지, 영문으로 집필을 해서 아마존에 입성하는 게 목표입니다. 5년 안에는 베스트셀러에 다수 올리는 것도 희망이고요.

셋째, 대외 활동 중 두 번째 목표는 전국적으로 동시 세미나를 여는 것입니다. 학생들이 IT 보안에 관심을 많이 가지고 있지만, 서울과 인근 지역에만 집중되어 있습니다. 이런 경향은 보안뿐만 아니라 IT의 모든 분야에서 비슷하겠죠? 분명히 여건은 많이 좋아졌지만, 많은 사람들이 모여 재미있는 아이디어를 공유했으면 좋겠어요. 전국을 돌아다니며 세미나를 추진하다가 어느 순간 분기마다 전국 동시 세미나를 진행하기를 원해요. 생각만해도 너무 재미 있을 거 같지 않나요? 하나의 축제가 될 거라 생각해요.

넷째, 100명 이상의 저자와 강사를 만들어가려 합니다. 교육을 전파하기 위해서는 전달자들이 필요합니다. 연구는 여러 커뮤니케이션에서 진행하고 있고, 세미나도 많이 하고 있어요. 하지만, 이를 오랫동안 유지하기 위해서는 협업을 할 수 있는 멤버, 조직적으로 움직이는 곳이 있어야 해요. 최신 동향을 빠르게 수집하고 새로운 콘텐츠를 만들어가고, 이를 하나의 교재로 만들고, 국내/국외에 전파하는 조직을 만들어가려 합니다. 단기간에 될 것이라 생각하지 않지만, 이제까지 경험했던 커뮤니티 운영과 집필 경험 등을 전문가들과 같이 해나가며 만들어보려고 합니다.

복지 CEO, 베푸는 삶

많은 분들을 존경하지만 그 중에서 MS의 창업 멤버인 빌게이츠를 가장 먼저 꼽고 싶어요. MS로 인해서 인터넷이 일반 대중들에게 많이 알려진 계기가 되었고, 윈도우 운영체제 위에 올라가는 애플리케이션을 편안하게 사용하고 있다는 것에 너무 감사하죠. 이 제품을 개발한 것에 대한 존경만이 아니라 은퇴하고 난 뒤의 행보가 저에게 큰 영향을 주고 있습니다.

저는 블로그를 "복지CEO"라고 부를 정도로 제 능력을 최대한 발휘해서 취약한 계층에 있는 많은 사람들에게 무언가를 베풀고 싶어요. 부모님에게 버림 받은 아이들은 일반 환경의 아이들과 같은 선에서 경쟁할 수 없어요. 그래서 그 환경이 되물림되는 경우도 많이 있습니다. 저는 조금이나마 경제적으로 도움을 주어 이 끈을 끊어버리고 싶어요. 공평한 대우를 받으며 사회 생활하는 모습을 보고 싶죠.

그 꿈을 보여주고 있는 게 빌게이츠입니다. 박애자본주의의 표본을 보여주고 있는 빌게이츠는 많은 자본을 재단에 기부하여 많은 사람들에게 기회를 주고 있습니다. 어마어마한 금액이죠. 평생을 바쳐서 만들어낸 자산을 소중한 곳에 쓸 수 있는 사람이 진짜 갑부가 아닐까 싶습니다. 다른 것은 평가 대상에 넣고 싶지 않고, 이런 사회적인 분위기를 만들어간다는 점에서 이분을 많이 존경합니다. 그 마음을 저도 제 마음속에 계속 지니고 제 목표를 하나씩 이루고 있어요. 복지 기업을 만드는 그날까지.

그 공부들을 하는 이유가 무엇인가요?

블로그와 커뮤니티 활동을 하다 보면 제일 많이 듣는 질문이 "A도 공부하고 B, C도 공부하는데 맞는거냐? 이 뒤에는 무엇을 공부하냐?" 입니다. 이런 질문들이 나오는 것은 당연하다고 생각합니다. 정답이 있는 질문도 아니고 주위의 선배들도 모두 다르게 답하기 때문입니다. 저도 정확한 답을 말해줄 수 없지만 "그 공부들을 하는 이유가 무엇인가요?" 라고 역으로 물어봅니다. 자신이 갈 방향과 그 공부들을 하는 이유가 맞다면 그게 자신이 가려는 인생 길의 정답이 맞습니다. 자신이 가야 할 길을 100% 예측할 수는 없죠? 또 가다가 길이 바뀔 수도 있습니다. 저도 지름길이라고 생각했다가 오히려 돌아서 간 경우도 많습니다. 그렇지만, 그 목표점은 바뀌지 않았기 때문에, 중간중간 성과물들을 내놓을 수 있었습니다.

자신의 꿈이 보안 전문가라면 '보안'이라는 단어 하나를 파서 분리해봐야 합니다. 이 단어 안에는 수 많은 직무가 있고, 무슨 직무냐에 따라 필수적으로 알아야 하는 지식들이 있습니다. 그 지식을 알기 위해 접근할 방법들도 엄청 많습니다. 이것을 알아가기 위해서는 그 직업을 가지고 있는 선배들도 만나봐야 하고, 관련 책들을 읽어야 하고, 커뮤니티에서 적극적으로 활동해 봐야 알 수 있습니다. 누구 한명으로부터 정답을 얻으려고 하는 것은 그 사람의 삶을 따라가는 일밖에 안됩니다.

이직 전에 해야 할 일, 그리고 확인할 일

　지금까지 일을 해 보면 3년이라는 기간은 업무에 익숙해지고, 기존 프로세스가 모두 몸에 베이는 상태입니다. 그 뒤부터는 한 프로젝트를 이끌어갈 정도의 위치가 됩니다. 제가 몸담았던 모의해킹컨설팅 사업에서는 한 두 달 정도의 단위로 사업을 이끌어야 합니다. 그만큼 프로세스도 강화해야 하고, 기존에 잘못되었던 접근 방식을 개선해야 합니다. 그래서 고민이 더 많아지는 것 같습니다. 팀장이 되고 나면, 이제까지는 앞에 누군가 책임을 지고 방패 역할을 하는데, 이제 자신이 팀원들의 방패가 되어야 합니다. 이런 상황에 적응하지 못해서 회사를 옮기는 경우가 많이 있습니다.

　저도 3년마다 큰 고민을 합니다. 지금 선택한 업무에 만족하고 있는지? 지금 다니고 있는 회사가 내 능력을 발휘할 수 있는 곳인가? 이제 평생 직장의 개념은 없습니다. 경제가 예전처럼 상승세가 지속되는 것도 아니고, 너무나 빠르게 변화하는 사회 속에서 기존 직업만을 믿고 가기에는 불안하기 때문이죠.

　갑자기 바뀐 업무로 인해 회사를 옮기고 싶다는 생각이 들 때 아래와 같이 고민을 해보았으면 좋겠습니다. 먼저, "3년이라는 시간 동안에 내가 회사에서 할 수 있었던 직무에는 어떤 것들이 있었나?" 3년 동안 한 회사에서 수행한 업무는 다른 회사를 가서도 자신이 할 수 있는 업무입니다. 둘째, "업무 이외에 자기 시간을 활용해서 어떤 능력을 키워가고 있었나?" 이 질문을 하다 보면 다음 직무에 대한 선택 폭을 넓힐 수 있습니다. 어느 정도인지 판단하기 힘들다면 자세히 정리를 해보기 바랍니다. 그래서 저는 적어도 3년에 한번씩 한 권의 책을 써보라고 권합니다. 쉽지는 않지만, 자신의 직무 수준을 정확하게 파악할 수 있고, 책을 통해 관련 분야의 많은 사람들에게도 알려집니다. 이는 이직을 할 때 많은 효과를 볼 수 있습니다.

전문가가 되려면 자신만의 영역을 만들어가야 합니다. 대회에 출전할 수 있고, 논문을 쓸 수도 있고, 세미나 발표를 할 수도 있습니다. 성격상 대외 활동을 좋아하지 않는다면 연구 위주로 해서, 사람들이 유용하게 사용할 수 있는 도구나 매뉴얼을 만들어서 배포할 수 있습니다. 어떤 수단을 이용해도 좋으니 다른 사람들이 알아주는 자신의 영역을 만들어가길 바랍니다. 그렇게 하면 꼭 회사의 업무가 아니더라도 자신을 계속 성장시킬 수 있는 발판이 마련되고 그 분야에서 롱런할 수 있는 기회가 주어집니다.

모의해킹 컨설턴트가 갖추어야 할 기술

모의해킹은 고객의 서비스 구조를 파악하여 취약점을 찾아내는 업무입니다. 프로세스를 거쳐 서비스를 이용하는 단계를 하나씩 분석하며 조금이라도 홀이 있다면 그 홀을 통해 시스템까지 침투하는 목적이 있습니다. 고객 서비스는 어떤 환경으로 구성되어 있는지 환경분석을 해봐야 합니다. 환경은 모두 다르기 때문에 평균적으로 많이 사용하는 환경을 대상으로 해킹/보안 지식을 쌓아 준비합니다. 우리가 일상적으로 접하는 환경을 생각해보면 웹과 모바일이 대부분입니다. 그 외의 환경은 스카다시스템, 물리보안시스템 등 특정분야, 특정환경에서 사용됩니다. 그렇기 때문에 필자는 먼저 웹과 모바일에서 파생될수 있는 지식을 준비하라고 권고합니다.

아래에서 '이해'라는 단어를 사용한 이유는 개발자 관점이 아니라 분석가 관점에서 접근을 하기 때문입니다. 물론 개발자 수준의 프로그래밍 개발 수준을 가지고 있다면 더 깊은 분석을 할 수 있지만 모든 것을 다 습득하기 위해서는 그만큼 오랜 시간을 투자해야 할 것입니다.

- HTML, 자바스크립트 등 클라이언트 사이드 스트립트 언어 이해(프로그래밍)
- JSP/PHP/ASP/ASP.NET 등 서버 사이드 스크립트 언어 이해(프로그래밍)
- 웹 애플리케이션 구조 이해
- Python, Perl 등 효율적인 진단에 활용할 수 있는 언어 습득
- 역공학 분석(리버싱)을 위한 디버깅 도구 활용
- 어셈블리 언어 흐름 이해
- 모바일 디바이스에 사용되는 언어-JAVA, iOS 언어 이해
- 모바일 앱 구조 이해
- 모바일 분석을 위한 도구 활용
- 각 환경 프로그램에 대한 시큐어코딩 방법 이해

보안 실무 관리자가 갖추어야 할 기술

보안 실무 관리자는 맡은 업무에 따라 습득해야 할 기술들이 다릅니다. 크게 보면 기술실무와 관리실무로 나눌 수 있습니다. 기술실무에서는 침해사고대응/서비스 취약점 진단/관리 등이 주 업무가 되며, 관리실무에서는 정보보호 정책 수립/관리, 정보보호 교육 및 인식 제고, 보안 감사, 개인정보보호 등 많은 영역을 다루고 있습니다. 아래에 제시한 것은 모의해킹 관점에서 보았을 때 실무관리에서 필요한 기술입니다.

- 시스템/네트워크/데이터베이스 로그 분석
- 악성코드/포렌식 분석 기법 이해
- IPS/IDS/DDoS/웹쉘 차단 솔루션 등 장비 운영/관리 (보안관제 운영)
- 웹 애플리케이션/모바일 서비스 등 대외서비스 진단 이해 및 관리
- 각 환경 프로그램에 대한 시큐어코딩 방법 이해
- Python, Perl 등 효율적인 진단에 활용할 수 있는 언어 습득
- 시스템/네트워크/데이터베이스 진단 이해
- 보안솔루션 기술적 기능 및 취약점 이해 (내부 단말, 고객 단말 포함)
- 피싱 메일, 악성코드 배포 등에 대한 메일 인식 제고에 대한 기술 시나리오 이해
- 최신 보안 동향 파악 및 공격 이해
- 금융감독규정, 정보통신망법 등의 법률/규정 이해

보안 엔지니어 최경철의 사는 법

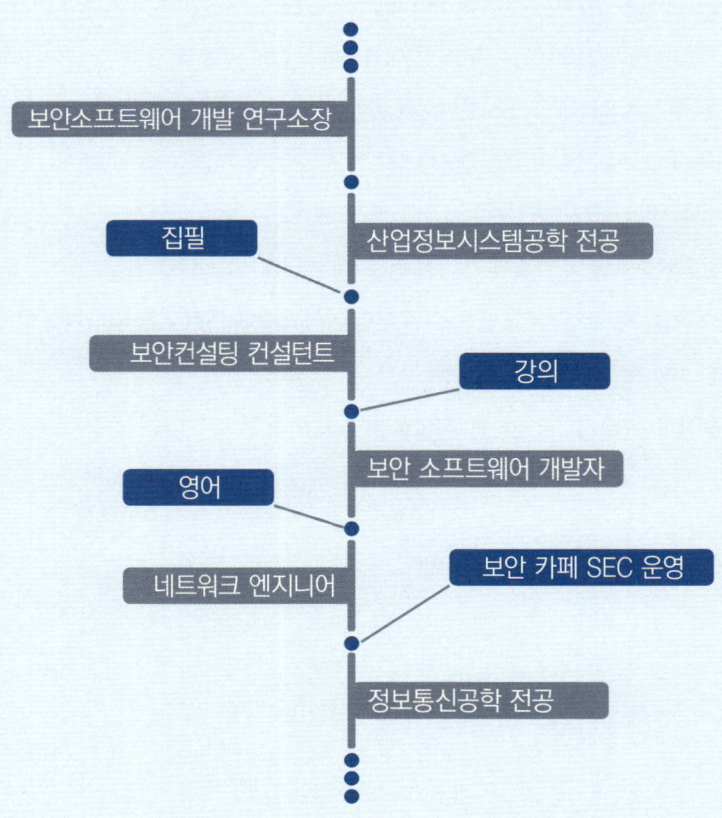

삶의 의미는 발견하는 것이 아니라 만들어가는 것이다

보안 엔지니어 최경철의 사는 법

NOW	보안소프트웨어 개발 연구소장
NOW	보안컨설팅 컨설턴트
NOW	보안소프트웨어 개발자
PRE	네트워크 엔지니어

직업을 선택하는 계기는 아주 사소한 것에서 출발하기도 합니다. 일단 처음에는 재미가 있어야 합니다. 그러다 보면 길이 나오고 그 길로 열심히 걸어가면 됩니다.

저는 정보통신공학을 전공했는데, 신기하게도 네트워크 프로토콜 과목이 가장 재미있었습니다. 다른 사람들은 재미없어 하는데 말이죠. 특히, 그 당시에 차세대 프로토콜에 해당하는 IPv6를 깊이 공부하면서, 향후에 네트워크 분야로 진출하기를 꿈꾸었습니다. 돌이켜 보면 지금 그 꿈이 확장되어가고 있는 것 같습니다.

제가 졸업할 당시에는 지금과 달리 여러 곳의 대기업에 들어갈 수 있는 기회가 많았었습니다. (요즘처럼 취업하기 힘든 시절에는 꿈과 같은 이야기죠. 그렇지만 그럴 때도 있었답니다. 성장률이 높을 때는 말이죠.) 여러 대기업 중에서 저는 아시아나항공을 선택했습니다. 그 이유는 조금 이상하게 들릴지 모르지만 항공 회사라는 것 자체가 조금 신기했고, '여행을 자유롭게 할 수 있는' 특권을 누릴 수 있을 것이라는 생각 때문이었습니다.

아시아나항공에서는 네트워크 관리자로 통신망을 관리하였습니다. 다른 업종도 비슷하겠지만 항공사 통신망 관리에서 가장 중요한 부분은 가용성을 보장하는 것이었습니다. 따라서 모든 면에서 운영이 보수적으로 이루어졌습니다. 이런 유형의 회사에서 네트워크 관리자로 있으면서 가장 중요하게 확보해야 하는 기술은 회사에 사용되는 망 구조를 확실히 이해해야 하는 것입니다. 또한 프로토콜 설계 능력도 갖추어야 합니다. 회사에 들어가서 이런 능력을 갖추는 일이 혼자 한다고 되지 않습니다. 즉, 입사 초기에는 선배들과의 대화 및 교육을 통해 업무 처리에 필요한 기술을 배울 수 있어야 합니다. 그냥 쉽게 얻어지는 것은 아닙니다. 그렇게 보면 대인 관계가 매우 중요하겠죠.

이직 기준, 미래의 기회와 가능성

아시아나항공에 있다가 보안 솔루션 회사에서 3년 정도 있었습니다. 그 다음에 STG Security라는 정보보호 컨설팅 업체로 옮겼습니다. 모든 직장인들이 피해갈 수 없는 '이직'의 세월이 저에게도 찾아온 것이죠. 아시아나항공이라는 안정적인 직장인 대기업에서 작은 기업으로 가기 시작하면서 집에서는 반대가 심했습니다. 그러나 그냥 안주하는 것보다 우리나라에서 새로 시작되는 산업 분야인 보안 분야로 가면 저에게 더 많은 기회가 있을 것이라는 생각이 들어서 보안 솔루션 회사로 옮겼습니다. 그리고 거기서 제가 모시던 과장님이 STG Security로 이직하면서 함께 참여하기를 요청해서 STG로 옮겼습니다. 그 당시 STG Security가 국내에서 최초로 웹 방화벽과 웹 스캐너 사업을 런칭하였다는 점과 이 사업을 위해 미국으로 가서 신기술에 대한 교육을 받을 수 있다는 점도 저의 마음을 움직였던 것 같습니다. 즉, 개척자로서 새로운 기회를 찾고, 새로운 기술을 탐구하고 연구할 수 있다는 지적 호기심 때문에 네트워크에서 보안 분야로, 큰 회사에서 작은 회사로 옮겼습니다.

도전과 실수와 개척, 성장의 자양분

 STG Security에서 저의 주된 역할은 새로운 보안 프로젝트를 국내에서 런칭하는 것이었습니다. 이를 위해서 해외 솔루션 업체와의 기술적인 창구 역할을 수행했습니다. 또한 회사의 전문 영역인 보안 컨설팅 분야와 웹 보안솔루션을 접목시키기 위한 업무를 주로 했습니다. 이런 업무들을 처리하려면 영어 구사 능력과 관련 부서와 협업을 하면서 업무를 효과적으로 매니징할 수 있는 능력이 요구되었습니다. 그 당시에 그런 능력들은 어느 정도 갖추었기 때문에 이직을 위해서 별도의 준비를 하지는 않았고, 회사 업무를 보는데 별다른 문제는 없었습니다. 아시아나항공에 있을 때 훈련받은 내용이 도움이 되었습니다. 그리고 STG Security로 오기 전, 보안솔루션 개발사에서 3년 정도 근무할 때 보안에 대한 개념 및 응용에 대해 충분히 숙지할 수 있었으므로 기술적인 부분에 대해서도 어려움은 없었습니다.

 물론, 지금 와서 돌이켜 보면 아쉬운 점도 있었습니다. 저희가 국내 최초로 웹 보안 솔루션 프로젝트를 진행했었는데, 그 프로젝트를 하면서 국내 환경에 맞는 제품을 직접 만들었다면 지금의 시장 판도를 완전히 다르게 이끌 수 있지 않았을까라는 생각을 합니다. 그러나 그 당시에는 경험이나 전문성이 많이 부족했던 아쉬운 시절이었습니다. 그럼에도 불구하고, 많은 사람들의 의견을 충분히 수렴하지 못하고 조금은 독단적으로 결정하고 추진했던 점이 아쉬운 점으로 남습니다. 그러나 웹 보안 분야에서 열심히 노력했다는 점에서는 나름대로 만족합니다.

네 번째 회사, 트리니티소프트에서 제품 기획, 솔루션 개발, 보안 컨설팅, 연구소장으로 활동하고 있습니다

아시는 분이 트리니티소프트를 소개시켜 주셨습니다. 그래서 트리니티소프트로 오게 되었습니다. 웹 보안 분야에 대해서는 저도 상당한 기술력을 보유하고 있다라고 자부하고 있었고, 웹 보안 전문 회사인 트리니티소프트와 함께 하면 시너지 효과를 극대화시킬 수 있다는 판단이 섰습니다. 즉, 지금까지 축적한 제 능력을 최대 한도로 끌어올려서 무언가를 이루고 싶은 소망이 있었습니다. 그래서 이직을 하게 되었습니다.

트리니티에서 맡은 일은 개발 부서의 업무 총괄 및 기획 업무입니다. 제 업무 스펙트럼이 아주 넓습니다. 좋게 말하면 그렇고 나쁘게 말하면 별의 별 일을 다 하는 거죠. 제품 기획, 솔루션 개발, 보안 컨설팅, 연구 등을 맡아서 처리합니다.

보안 솔루션이 시장에 나오려면 크게 두 단계를 거칩니다. 먼저 시장 현황 등을 파악하여 차기 제품 및 서비스를 준비해야 하는데 이것이 제품 기획입니다. 제품 기획이 완료되면 기획안에 정리된 정보를 바탕으로 실제 물건을 만들어냅니다. 이것이 솔루션 개발이죠.

제가 하는 일 중 중요한 것으로 보안 컨설팅이 있습니다. 보안 컨설팅에서는 고객사의 자산을 파악하고 자산과 관련된 취약점을 확인하고 보고합니다.

보안 트랜드는 하루게 다르게 바뀌고 있습니다. 이를 확인하고 관심 있는 사람들과 함께 자료를 만들고 공유하는 일을 하는데 저희 연구소에서는 이런 연구 기능도 능동적으로 수행하고 있습니다.

보안 엔지니어와 프로그래밍 스킬

어떤 분들은 보안 엔지니어에게 프로그래밍 스킬이 필요 없다고 말씀하십니다. 그러나 제 생각은 다릅니다. 보안에 관련된 궁극적인 기술에 접근하기 위해서는 프로그래밍에 대한 이해가 있어야 합니다. 그렇지 않으면 어느 순간 한계에 봉착합니다. 따라서 보안 엔지니어라면 보안 분야에 상관 없이 언젠가는 반드시 프로그래밍 분야를 공부해야 합니다. 이를 통해 코어 기술을 확실히 알고 있어야 더 많은 정보를 이해할 수 있습니다.

웹 보안은 보안 다른 분야로 연결되는 핵심 분야

웹 보안 분야에서는 운영되는 웹 서버와 관련된 모든 보안 기술을 고려해야 합니다. 폭이 아주 넓습니다. 아래의 표에 간략하게 정리해 보았습니다. 어느 회사에서는 아래의 기술 영역들 중 하나 혹은 몇 개를 맡아서 하고, 어떤 회사에서는 전체를 다 수행하기도 합니다.

구분	기술
프로그램 보안	웹 어플리케이션을 구성하는 웹 언어에 대한 취약점, 방어 기법을 먼저 이해할 수 있어야 하며, 향후 해당 기술을 바탕으로 소프트웨어 퍼징(취약점 탐지), 리버싱(소프트웨어 역분석)등으로 업무를 확장
네트워크 보안	웹 어플리케이션에 요청하는 패킷을 통해 기본적인 프로토콜에 대한 이해 및 공격 기법(패턴) 등을 이해할 수 있어야 하며, 또한 기술을 바탕으로 패킷에 포함된 악성코드 분석(포렌식)등으로 보안 사고 대처 등에 활용
보안 컨설팅	네트워크, 시스템, 웹에 대한 취약점 분석 등의 모의해킹 기술

보안 프로젝트 진행 과정과 보안 솔루션 개발 프로세스

보안 프로젝트는 아래와 같은 단계로 진행됩니다.

1. 프로젝트 계획: 프로젝트 범위 확정, 조직 구성, 취약점 분석 대상 선정, 계획 수립 등을 진행합니다.
2. 취약점 평가 및 분석: 취약점 진단을 위한 모의 침투 등을 진행합니다.
3. 보안 구현 과제 도출: 취약점 진단 결과에 따른 정보보호 체계 설계 대상을 확정하며, 이를 통해 보안 마스터 플랜을 수립합니다.
4. 이행: 보안 마스터 플랜에 따른 솔루션 구축 및 정책 수립 등과 같은 실제적인 보안 조치를 수행합니다.
5. 유지보수: 구축된 보안 솔루션으로 모니터링을 수행하여 침해사고를 실시간으로 판단합니다.

보안 솔루션 개발 프로세스는 응용 프로그램 개발 과정과 비슷합니다.

1. 시장 현황을 통해 시장에 필요한 솔루션을 기획합니다.
2. 업무를 정의하고, 설계를 합니다.
3. 코딩을 합니다.
4. QA를 진행합니다.
5. 릴리즈를 합니다.

보안 정책과 보안 인력의 중요성

대부분의 해킹 사고는 보안 정책(프로세스)과 적절한 인력의 활용 부재로 인해 발생됩니다. 즉, 내부적으로 최소한으로 실천할 보안 정책이 마련되어 있어야 하며, 또한 보안 정책의 실천 여부를 확인하고 추진할 수 있는 인력이 구성되어야 합니다. 그러나 대부분의 고객사에서는 최소한의 인력으로 다양한 업무를 하고 있기 때문에 해당 보안 인력이 보안 업무에 집중할 수 없고 이로 인해 보안 사고가 발생할 수 밖에 없습니다.

자기 계발: 강의, 집필, 카페 운영, 연구, 영어

저는 2000년대 초반부터 주말이나 남는 시간에 다양한 강의를 했습니다. 개인적으로, 제가 알고 있는 지식을 남들에게 전달하는 교육을 좋아합니다. 그래서 제가 업무나 공부를 통해 쌓은 지식이 있는데 저만 알기에 아깝더라구요. 그래서 누군가에게 전달하기 위한 수단으로 강의를 시작했습니다. 강의를 하면서 다른 사람에게 지식을 전달하는 기술을 터득했고, 이를 통해 효과적으로 가르치는 기술도 배웠던 것 같습니다. 또한 가르치다 보니까 자연스럽게 책도 집필하게 되었습니다. 2005년부터 책을 내고 있는데요, 집필에는 강의와 또 다른 장점이 있습니다. 강의와 마찬가지로 제가 가지고 있는 지식을 체계적으로 정리하는 점은 같습니다. 그런데 제가 알고 있는 지식이 7점이라고 하면, 책을 쓰면서 다양한 정보를 다시 찾고 이를 정리하는 과정에서 9에서 10점까지 올릴 수 있는 것이 큰 장점입니다.

그리고 카페를 운영하고 있습니다. 이 역시 제가 알고 있는 지식을 다른 사람들과 나누기 위한 수단으로 시작했습니다. 과거에는 1인 입장에서 기술을 정리하고 전달하는 것에 주력했습니다. 현재는 다수의 인력들이 함께 내용을 정리하는 협업을 하려고 노력하고 있습니다. 맞들면 나으니깐요. 카페를 하면서 하나 얻은 진리는 "제법 많은 시간을 무언가에 투자하면 그 만큼의 결과물이 나온다"는 것입니다.

회사를 다니면서 공부를 조금 더 하였습니다. 보안 분야로 석사 과정을 밟았습니다. 쉬운 일은 아니었고, 개인적으로 시간과 돈을 투자한 시간이었습니다. 하지만 그 만큼 의미 있는 시간이었습니다. 지금도 주변의 후배들에게 석사 혹은 박사까지도 공부할 것을 독려하고 있습니다. 즉, 본인 스스로 목표를 정하고, 목표를 이루기 위해서 실천한다라는 점에서는 아주 좋은 경험이 될 것입니다.

요즘은 엔지니어들도 영어를 놓을 수는 없습니다. 지금은 글로벌 시대이며, 업무 혹은 해외 출장, 해외 기업으로의 취업도 당연시 되고 있습니다. 이에 업무 관련 기술뿐만 아니라 외국어라는 무기까지 보유하고 있다면 큰 경쟁 무기를 보유하게 되는 셈입니다. 얻을 수 있는 가능성과 선택의 폭이 그만큼 넓어지는 거죠.

시간 관리, 일 관리, 개인 능력 개발

직급이 올라가고 관여해야 할 일이 많아지는 순간 관리가 매우 중요해 집니다. 제가 일도 하고, 기술 관련 공부도 하고, 연구도 하고, 외부 활동도 하고, 영어 공부도 합니다. 이와 관련해서 사람도 많이 만나구요. 이 모든 일을 하려면 시간을 쪼개서 쓸 수 밖에 없습니다. 그러다가 어느 한 가지 일이 급하고 시간이 많이 들어가서 집중하다 보면 다른 쪽이 소홀해질 수 밖에 없습니다. 그래서 제가 할 일들을 '단기', '상시'로 구분해서 하나라도 소홀히 하지 않으려고 꾸준히 노력하고 있습니다.

보안 연구와 관련해서 여러 연구 분야들이 연결되어 있습니다. 그렇다고 A를 하고 B, C를 한다라는 규칙은 없습니다. 다만, 본인의 공부 스타일에 맞추어 숲 전체를 보고 나무를 보거나, 혹은 나무를 본 다음에 숲을 볼 수 있습니다. 저는 어떤 주제냐에 따라 두 스타일을 혼용해서 연구를 진행합니다.

제가 보안 관련 회사에 다니고 있기 때문에 개인적으로 개발하는 능력 역시 모두 보안과 관련된 것들입니다. 즉, 이렇게 개발된 개인 능력이 회사에 기여할 수 있기 때문에 개인 능력을 개발하는 것을 적극적으로 찬성합니다.

꿈을 이루기 위한 실천이 중요

제가 처음 직장 생활 시작한 지 15년이 넘었습니다. 그때는 저도 신입이고 청년이었죠. 그 당시의 저나 지금의 젊은 청년들이 크게 다르지 않다고 봅니다. 어쨌든 지식과 경험이 부족하기 때문에 시행 착오를 거치고 또한 그러한 것으로 인해 아픔을 겪는 것이 청년이죠. 그러나 한 가지 중요한 점은 단기 혹은 장기적으로 추진해야 하는 본인의 꿈을 조금이라도 실천한다면 20년 후에는 달라진 자신의 모습을 볼 수 있을 것입니다. 이 점만은 제가 확실히 장담할 수 있습니다.

저의 이런 생각은 신입사원을 뽑을 때도 적용됩니다. 즉, 학교를 갓 졸업한 분들은 현업 능력이 부족할 수 밖에 없습니다. 그래서 신입사원 채용 시 가장 중요시하는 것은 본인이 어떤 꿈을 가지고 있고, 그 꿈을 이루기 위해 어떤 실천을 하고 있느냐입니다.

경력사원 채용 시 경력 계발과 인성 고려

신입과 달리 경력은 다릅니다. 경력직으로 이직을 하려는 분들은 경력 개발을 위해 무언가를 반드시 준비해야 합니다. 개인적으로 진행한 프로젝트가 있는가? 어학 공부는 계속 하고 있는가? 최근에 출간된 도서 등을 꾸준히 보고 있는가? 등 본인이 정말 잘 할 수 있는 장점을 찾아서 그것을 보여줄 수 있어야 한다. 면접관들은 그것을 꼭 봅니다.

그리고 제가 면접볼 때 중요하게 생각하는 기준이 있습니다. 기술뿐만 아니라 인성을 보려고 합니다. 어떤 가치관으로 세상을 살아왔고, 앞으로 어떻게 살기를 원하는 지를 물어보고 파악하려고 합니다.

연봉이 아닌 몸값을 높이세요

이직할 때 연봉에 관심이 많을 것입니다. 보안 분야 연봉에는 정확한 기준이 사실 없습니다. 본인의 기술적인 배경 및 개인 능력을 계발하기 위해 얼마나 노력했는지에 따라 크게 차이가 납니다. 신입사원의 초봉은 적게 시작하더라도 본인의 개인 능력을 얼마나 개발하고 쌓았는지에 따라 이직하는 대상도 달라지고, 또한 연봉도 크게 차이가 납니다. 몸값, 연봉이라는 개념이 있는데, 연봉은 회사가 책정한 나의 가치이지만, 몸값은 자신이 지금까지 만들어온 자신의 가치라고 생각합니다. 회사에서 정해준 연봉에 만족할 것인가? 아니면 내가 당당하게 요구할 수 있는 수준인지를 곰곰이 생각해 보기 바랍니다.

마치는 글

항상 깨어있으라는 말씀을 드리고 싶습니다. 주변 사람에게서, 인터넷의 정보를 통해서, 혹은 책을 통해서 항상 자극받고 계속 무언가를 시도해야 합니다. 지금은 결과가 어떨지를 짐작할 수 없지만, 현재의 첫 발이 나중에는 무언가를 만들어내는 동기이자 원동력이라고 생각합니다.

그렇게 하면 자신의 가치를 알아주고, 자신이 열정을 바쳐 진심이 아닌 전심으로 일할 수 있는 곳에서 일을 하고 있을 것입니다.

보안 엔지니어가 갖추어야 할 기술

- 최신 Zero-Day 취약점 동향 파악 기술
- 보안 동향 및 신기술에 대한 동향 파악 기술(규정, 최신 공격/방어 기법 등)
- 웹 어플리케이션 취약점 분석 기술(웹 스캐너, 시큐어코딩 진단 도구 활용 및 수동 점검 방법)
- 모바일 어플리케이션 취약점 분석 기술(Android, IOS)
- 악성코드 분석 기술(리버싱 및 포렌식 기법)
- 보안 취약점 방어 기술(언어별 시큐어코딩 기법)
- 소프트웨어 개발 기술(자바, C 및 파이썬 등과 같은 언어로 개발할 수 있는 기술)
- 네트워크 패킷 분석 기술(패킷을 통해 공격 기법 등을 판단할 수 있는 기술)
- 보안 솔루션에 대한 이해(다양한 시스템 및 네트워크 보안 솔루션의 역할 등)
- 리포트 작성 기술(요약, 상세 등 고객사에 브리핑할 수 있는 내용 정리)

보안 컨설턴트 최성곤의 사는 법

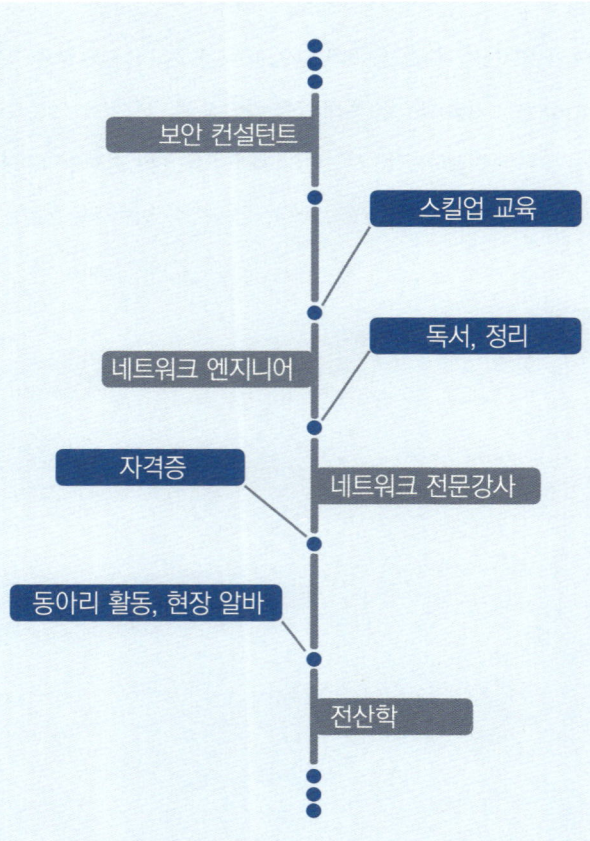

다른 모든 직업이 그렇겠지만 IT 엔지니어가 굉장히 좋은 직업은 아니지만 끊임없는 노력을 한다면 무한한 성장을 할 수 있는 분야입니다. 자신이 있다면 한번쯤 도전해 볼만한 직업임에는 틀림이 없습니다.

보안 컨설턴트 최성곤의 사는 법

NOW	보안 컨설턴트
PRE	네트워크 엔지니어
PRE	네트워크 전문 강사

글을 시작하며…

인생에서 가장 중요한 일들 중 하나는 내가 평생 즐겁게 일할 수 있는 직업을 선택하는 것이라고 생각합니다. 자신이 원하는 좋은 직장을 위해서 어린 학생부터 취업을 앞둔 대학생에 이르기까지 엄청난 비용과 노력을 기울이고 있는 것이 현실입니다. 자신이 좋아하는 일을 직업으로 가진다면 가장 즐거운 일이지만 먼저 자신에게 맞는 직업이 무엇인지 찾아야 하고 그 직업을 갖기 위해 많은 노력을 기울여야 하는 게 쉬운 일이 아닌 것 같습니다.

우리나라의 경우 중고등학교 때 자신의 직업을 선택하기 보다는 대학에서 전공을 선택하고, 그 전공에 따라 1차적으로 직업을 선택합니다. 전공에 맞추어 직업을 선택하는 사람은 그나마 다행이고, 꽤 많은 사람들이 전공과 무관한 직업을 갖는 것이 현실입니다.

그런 점에서 볼 때 저는 대학에서 전산학을 전공하고 IT 분야에서 일을 하고 있으니 그나마 진로를 잘 찾아온거죠. 이 분야에 들어와서 다른 사람들에게 뒤쳐지지 않고, 여러 가지 기술들을 재미있게 배우고 익히며, 아직까지도 다양한 기술들을 계속 익혀 나가면서 엔지니어로서 활동을 하고 있으니 감사한 일이죠.

어떤 직업을 가졌을 때 가장 행복할까요?

- 내가 하고 싶은 일
- 내가 해야 할 일
- 내가 하고 있는 일

이렇게 세 가지가 모두 일치할 때 가장 행복하다고 합니다. 저도 사회생활을 시작한 처음 10여년 동안은 이 세 가지가 일치해서 무척이나 행복했습니다. 하지만 시간이 지나면서 엔지니어로서 제가 가진 기술만으로 해결되지 않는 일들이 점점 많아지면서 위의 세 가지가 어긋나기 시작했습니다. 그래서 지금 위의 세 가지를 맞추기 위해 노력하고 있습니다. 짧은 식견과 경험이지만 저보다 나중에 시작하는 분들을 위해서 몇 가지 이야기를 나누고자 합니다.

프로그래밍 - 전산학과

어린 시절, 친구들이 만만치 않은 가격의 컴퓨터로 게임을 하는 것을 보고 컴퓨터라는 것에 관심을 가졌지만 저는 게임보다 프로그래밍에 관심이 더 갔습니다. 그래서 컴퓨터 프로그래밍 언어인 C를 공부하면서 자연스럽게 전산학과를 선택하게 되었습니다. 그러나 제가 입학할 당시에는 이과에서 의대를 제외하고는 건축, 토목, 전자 분야 학과의 인기가 좋았고, 전산학과는 비인기 학과였습니다.

당시 전산학과에서는 컴퓨터라는 것을 처음 보는 친구들도 많았으며 처음 접해보는 전산학을 어려워하는 친구들이 대부분이었습니다. 저는 원래 관심이 있어서 오기도 했고, 수학을 잘해서 인지는 모르겠지만 저에게는 전산학이 어렵지 않은 공부였습니다.

군복무 후 2학년 때부터는 전공 과목 수업이 본격적으로 시작되었습니다. 이름도 생소한 이산수학, 오타마타, 알고리즘 같이 어려운 프로그래밍 기초 과목들이 처음에는 쉽지 않았지만 하나씩 정복해 나갔습니다. 이렇게 다져진 탄탄한 기초 덕분에 다양한 프로그래밍을 배워갔으며 교양 수업보다는 전공 과목 위주로 수업을 들으면서 기본 기술들을 익혀 나갔습니다. 전공을 많이 듣다 보니 다른 학생들 보다 힘들기는 했지만 재미는 있었습니다. 처음에는 기본 과목들이 프로그래밍에 어떤 도움이 되는지 알지 못해서 흥미를 잃을 뻔 했지만 선배들이 "3, 4학년에 가면 이 과목들을 왜 배우는지 알게 될 거야!" 라고 하더군요. 3학년이 되어서는 이전에 배운 내용을 바탕으로 진행되는 심도 깊은 수업이 많아졌습니다. 컴퓨터 통신, 데이터베이스 같은 필수 전공뿐만 아니라, 인공지능, 컴퓨터 구조 등 학생들이 어렵다고 수강을 하지 않는 수업도 열심히 찾아서 들었습니다. 대부분의 수업에서 영어 원서로 된 교재로 수업을 하다 보니 영어 공부의 중요성을 절실히 깨닫기도 했습니다. 그렇게 전공 수업을 충실히 이수한 결과 4학년을 마치고 심화 전공(140 학점 중 90 학점 이상 전공 이수) 졸업장을 받게 되었습니다.

휴학 중이나 방학 중에도 전산 관련 아르바이트와 전산직 자원봉사 활동에 참여했으며 틈틈이 취득한 자격증들이 나중에 취업과 직업 선택에 아주 큰 도움이 되었습니다.

현업에서 시스템, 네트워크, DB 뿐만 아니라 정보 통신이나 정보 보안에 관련된 다양한 업무를 원활하게 수행할 수 있는 바탕이 대학에서 튼튼한 기초를 마련해 둔 덕분이라고 생각합니다. 전산 전공이 아닌 분들과 전산 전공인 분들의 업무에 대한 이해도가 여기에서 많이 차이나는 것을 종종 보게 됩니다. 물론 시간이 지나면서 비전공임에도 불구하고 전공자에 준하는, 혹은 그 이상의 능력을 보이는 분들도 분명히 있습니다만 초기 적응에 있어서는 전공자가 더 수월한 것이 사실입니다.

IT 분야에서는 새로운 기술들이 매우 많이 개발되고 있습니다. 엔지니어들은 이런 새로운 기술들을 계속해서 배우고 익혀야 하기 때문에 기본 기술에 대한 기초 체력을 갖추고 있어야 합니다. 전산학을 전공했으면 괜찮지만 그렇지 않다면 기본 기술에 대한 지식을 꼭 갖추기 바랍니다. 특히 제가 현재 담당하고 있는 보안 관련 업무에서는 다양한 방면의 기술들에 대한 기본 지식이 필요하기 때문에 최대한 많은 공부를 하기 바랍니다.

네트워크 전문 강사와 네트워크 엔지니어

대학에서 프로그래머의 꿈을 차근차근 키웠지만 IMF라는 현실은 저의 꿈을 이루는데 걸림돌이 되었습니다. 중간에 휴학을 하고 직장 생활을 하다가 늦은 나이에 복학을 하게 되었고 프로그래머로서의 공부를 계속해 나갔지만 4학년이 되어서 취업의 문턱에서 다른 사람들보다 경쟁력 있는 분야를 찾았습니다.

일반적으로 IT Information Technology를 구분할 때 SI System Integration 분야와 NI Network Integration 분야로 나눌 수 있습니다. 전산 관련 전공자뿐만 아니라 비전공자들 중 80% 정도는 SI 분야로 진출하고, 그 중에서도 대부분이 컴퓨터 프로그래머로 취업을 준비합니다. 그 당시에도 대부분의 전산 졸업자들은 C언어를 기반으로하는 한국형휴대폰플랫폼(WIPI) 개발자로 취업하였습니다.

저는 NI 분야인 네트워크 엔지니어 쪽에 더 마음이 끌렸습니다. 휴학 중에 직장 생활을 하면서 배운 기술을 바탕으로 틈틈이 시스템 기술과 네트워크 관련 자격증을 취득했고 다양한 네트워크 장비를 다루면서 시스코 네트워크 장비들에 관한 기술을 익힐 기회가 많이 생겼습니다. 그래서 시스코 공식 교육 과정을 통해 라이선스를 취득했었는데 이런 경험을 통해서 네트워크 엔지니어가 제 적성에 더 맞다는 생각이 들었습니다.

그러나 제가 좋아하는 것과 현실은 달라서, 지방에서 NI 분야로 좋은 일자리를 찾기는 힘들었습니다. 그래서 졸업과 동시에 PC 정비사와 네트워크 관리사 출제 위원으로 활동한 경험을 바탕으로 국내 IT 기업의 기술 교육을 담당하는 전문 강사로 활동하게 되었습니다. 처음에는 엔지니어로 일을 하고 싶어서 일반 IT 업체로 취업을 준비했지만 각 기업의 교육 요청이 많은 시기라서 전문 강사로 활동하였습니다. 강의를 하면서도 저에게 교육을 받은 업체의 요청으로 엔지니어로서의 직무도 병행하였습니다.

네트워크 분야 강사와 엔지니어의 직무를 하다 보니 시야가 점점 넓어졌습니다. 다양한 네트워크 기술들을 익히고 다른 사람들보다 먼저 보안에 관련된 공부들도 하게 되었습니다.

이렇게 하다 보니 두 번째 회사로 옮길 때쯤에는 IP 전화, 무선 네트워크, 안테나, 광 케이블 등 다양한 네트워크 응용 기술들과 보안 관련 기술들을 확보하고 있어서 어렵지 않게 취업이 되었습니다.

그 당시 스마트폰이 대중화되면서 무선 인터넷 관련 서비스들이 다양하게 만들어지고 있어서 무선 인터넷 관련 기술을 가진 엔지니어들에 대한 수요가 많았던 점도 한몫하였습니다.

지금도 네트워크 엔지니어들 중에는 VoIP 기술이나 무선 관련 기술력을 갖춘 엔지니어를 찾기 힘들다고 합니다. 변화하는 IT 환경에서 엔지니어가 좋은 직장을 구하려면 새로운 기술들을 꾸준히 익혀야 합니다. 그렇게 하면 더 높은 연봉을 받는 것도 당연한 일이겠죠.

지금, 저는 지인 소개로 세 번째 회사에서 보안 시스템을 관리하는 엔지니어로 일하고 있습니다.

여기서 저의 이직 과정을 보면, 제가 먼저 적극적으로 구직 활동을 하지 않았습니다. 근무 중인 회사에서 열심히 일을 하면서 변화하는 IT 기술들을 분석하여 앞으로 필요한 기술들을 꾸준히 익히는 준비를 계속해 나갔습니다. 뿐만 아니라 주위 사람들에게 현재 하고 있는 일뿐만 아니라 새로운 기술력도 보유하고 있다는 사실을 알렸습니다. 그러다 보면 주변 지인들이 좋은 자리를 소개해 주었습니다. 일반적으로도 경력직은 본인의 구직 활동보다는 주위 사람들의 도움으로 취업을 많이 하기 때문에 평소에 인맥 관리도 아주 중요한 전략이라는 점을 명심하기 바랍니다.

엔지니어는 기술력

첫 번째 업무는 IT 기업의 기술 교육을 담당하는 전문 강사와 기술 지원 업무였습니다. 기술 교육을 할 때 실제 장비를 이용했기 때문에 기술 지원 업무를 볼 때 여러 회사의 다양한 장비를 능숙하게 다룰 수 있었습니다.

두 번째 업무는 네트워크 인프라 위에서 다양한 서비스를 제공하는 엔지니어였습니다. 인터넷을 이용하기 위한 네트워크와 데이터 통신이 나온지 얼마 되지도 않은 것 같았는데 보이스, 비디오, 무선 등 다양한 서비스가 제공되기 시작 했던 시기였습니다. 그 당시에 새로운 기술을 익히기 위해 시스코 뿐만 아니라 다양한 벤더의 교육을 받아야 했지만 새로운 기술을 배우는 일이 즐거웠습니다. 지금은 위의 서비스들을 모든 곳에서 사용하고 있지만 그 당시에는 흔하지 않은 새로운 기술이었습니다. 엔지니어가 기술 발전을 따라가기 위해서 때로는 학교에 있을 때보다 더 많은 공부를 해야 한답니다.

지금은 세 번째 직장에서 보안 컨설턴트로 일하고 있습니다. 전 직장에서 서비스 구축 업무를 하면서 원활한 서비스 제공을 위해서 보안이 필요하다는 점을 인지하였고, 이에 보안 기술을 꾸준히 습득하였기 때문에 업무를 보는데 무리는 없습니다. 현재 다양한 보안 솔루션 구축 업무를 담당하면서 기업들의 보안 관리 업무를 지원하고 있으며 컨설팅을 통해 기업들의 보안 운영을 지원하고 있습니다. 네트워크 인프라를 통해 다양한 서비스가 제공되는 환경에서 보안의 중요성이 강조되고 있으므로 제가 할 일은 계속 늘어날 것입니다.

네트워크 전문 강사, 네트워크 엔지니어, 무선 엔지니어, 보안 컨설턴트를 거쳐 오면서 차근차근 기술력을 쌓아 왔습니다. 앞 직장에서 배우고 쌓은 기술이 그 다음 회사에서 업무를 보는데 바탕이 되었고, 이를 바탕으로 새로운 기술을 배울 수 있었습니다. 이후에도 이런 과정이 계속 이어질 것입니다.

방학과 휴학 활용, 가고 싶은 분야 일하기

저는 학창 시절, 방학이나 휴학 기간에도 IT 엔지니어로 계속 활동을 했습니다. 그래서 졸업 후 경력직으로 어렵지 않게 취업을 했습니다. 혹시 이 글을 대학생들이 읽고 있다면 방학이나 휴학 기간 동안에 IT 관련 아르바이트를 통해서 미리 경험을 해보기 바랍니다. 해당 직무를 알 수도 있고 추후 취업을 할 때도 큰 도움이 됩니다. 학교 전산학과 홈페이지에는 항상 아르바이트를 구하고 있으므로 어렵지 않게 일을 구할 수 있습니다. 물론, 원하는 경험을 하려면 그에 걸맞는 실력을 갖추고 있어야겠죠. 실력을 갖추기 위해 열심히 동아리 활동도 하고 공부도 해야겠죠. 그렇게 하다 보면 업계 인맥도 쌓을 수 있습니다.

이직 전략: 준비, 서두르지 않기, 소문내기

저는 새로운 직장을 구할 때는 경력 위주의 이력서를 구직 사이트에 올립니다. 그러면 업체 담당자가 직접 연락하거나 헤드헌터들이 연락합니다. 연락이 온다고 무조건 가서 면접을 보기 보다 인터넷이나 주위 인맥을 통해서 그 회사의 구직 패턴을 확인하기 바랍니다. 구직 사이트에서 오랫동안 구직을 하는 회사라면 인력을 못 구하는 이유가 있을 것이며 급하게 구인을 한다면 또 그만한 이유가 있을 겁니다. 취업은 절대로 서둘러서 좋을 것이 없다는 것이 제 생각입니다. 특히, 근거지는 지방인데 서울 쪽에서 면접을 봐야 한다면 시간과 비용도 부담이 되므로 잘 살펴보아야 합니다.

경력자 취업의 가장 좋은 방법은 '내가 직장을 구하고 있다'는 소문을 많이 내는 것입니다. 인력이 필요한 업체 입장에서도 적당한 사람을 구하는 것이 쉬운 일은 아닙니다. 적합한 인력을 구하기 위해서 노력을 하지만 쉽지 않을 때가 많습니다. 그래서 지인 추천에 의존할 때가 많습니다. 따라서 '직장을 구한다'는 소문을 많이 낼수록 기회가 그만큼 많아집니다. 물론 평소에 인맥 관리나 이미지 관리를 잘 해 두어야 겠죠. 당연히 직무에 맞는 기술 보유는 필수입니다. 준비된 자에게 기회가 오는 것은 당연한 일이겠죠!

자기 계발: 책 읽기와 정리

직장 생활을 하면서 별도로 시간을 내서 자기 계발을 한다는 것이 쉬운 일이 아니지만 지속적인 자기 계발만이 빠른 IT 기술에 뒤쳐지지 않는 길이므로 항상 자기 계발을 해야 합니다.

거슬러 올라가면 대학에서 IT 관련 서적으로 다양한 기술을 익혔습니다. 전화망으로 인터넷을 하던 시절이라 컴퓨터 잡지에서 최신 정보를 얻었습니다.

저는 IT 기술을 익히기 위해 평소에 기술 관련 책들을 미리 많이 봅니다. 제가 모르는 기술이나 새로운 기술이 나오면 그에 대한 기본적인 이해를 얻기 위해 책을 먼저 구매하여 업무에 필요한 기본적인 지식을 쌓아둡니다. 그러다가 업무 수행 중에 새로운 기술이 필요하면 틈틈이 정리하고 공부해 둔 내용을 업무에 이용합니다.

예를 들어, PC 및 네트워크에 대한 기본 지식과 실무 경험을 잘 정리해 둔 결과 PC 정비사 및 네트워크 관리사 출제 위원으로 활동했습니다. 또 취미 활동인 아마추어 무선을 하면서 관련 내용을 잘 정리해 두었기 때문에 무선 네트워크 엔지니어로 업무를 수행할 때 많은 도움이 되었습니다. 또 군대에서 전화기 기술을 배울 때 잘 정리해 둔 결과 그 내용이 VoIP 업무를 볼 때 많은 보탬이 되었습니다.

자기 계발: 교육받기

책 만으로 부족할 때도 있습니다. 실제 장비가 필요할 때는 교육 기관을 이용했습니다. 시스코 네트워크를 배울 때 교육 기관에서 교육을 받았습니다. 실습 교육을 받으면서 기본적인 네트워크 지식을 실무에서 어떻게 활용하는지를 정리하고, 시스코 장비들을 이용해서 네트워크 실습을 하면서 네트워크 기술을 완성할 수 있었습니다. 이런 경험 때문에 제가 시스코 교육을 할 때는 실제 시스코 장비를 가지고 충분히 실습할 수 있도록 배려했습니다.

책 만으로 부족한 경우는 또 있습니다. 새로운 기술을 빨리 배워야 할 때입니다. 네트워크 엔지니어로서 보안 기술을 더 깊이 배우고 싶었습니다. 그래서 개인 비용으로 주말마다 서울로 올라왔습니다. 충분히 의미 있는 투자였습니다. 그 덕에 지금은 보안 엔지니어를 하고 있습니다.

자기 계발: 자격증 취득

국내 최초의 PC 정비사 1급 취득 시에는 최고 점수로 합격했으며 오랜 실무 능력을 인정받아 출제 위원으로 활동을 했습니다. 이후 네트워크 관리사 출제 위원으로도 활동했습니다.

CISCO CCNA의 경우 기본적인 네트워크 기술과 실제 장비를 많이 다루다 보니 어렵지 않게 합격했습니다. 그리고 영문 교재로 CCNP를 공부한 결과 CCNP도 어렵지 않게 취득했습니다.

대학에서 전공을 100학점 이상 수료하여 심화 전공자로 졸업한 덕분에 정보처리기사는 특별히 공부하지 않고도 합격했습니다.

저는 자격증을 취득하기 위해서 따로 공부를 하지 않았습니다. 실무에서 필요한 기술을 배우다 보니 자연스럽게 자격증을 취득하게 되었습니다.

자격증을 준비하다 보면 기초부터 다져온 기술을 강화시키는 효과를 얻을 수 있습니다. 요즘 보안 관련 솔루션을 구축하다 보면 IT 전반의 다양한 기술을 활용하게 되는데, 자격증을 포함하여 기초부터 다져온 기술이 도움이 되고 있습니다.

이상에서 설명한 대로 노력하고 미리 갖춘 결과, 능력 있는 PM$_{Project\ Manager}$으로 인정받고 있습니다. 최근에는 보안 분야의 다양한 배경 지식도 놓치지 않고 공부하려고 노력하고 있습니다.

엔지니어로 사는 법

IMF 이후, 시장 상황과 과도한 경쟁과 수급 불균형으로 인해 IT 업계에서 엔지니어의 삶의 질이 떨어졌다고 생각합니다. IMF 이후 IT 업계는 살아 남기 위한 과도한 경쟁 체제로 들어섰습니다. 또한 김대중 대통령 시절 IT를 활성화 한다는 명목으로 국가에서 많은 예산을 들여 여기 저기에서 IT 교육을 실시했고, 많은 인력들이 배출되면서 엔지니어들의 몸값이 급격히 떨어졌습니다. 또한 저 같이 전문적인 교육을 받은 IT 엔지니어뿐만 아니라 다른 분야의 사람들까지 IT로 뛰어들면서 공급이 많아져서 더 힘들어졌습니다.

특히, 소프트웨어 개발자의 경우 너무 많은 인력이 배출되어 소프트웨어 기술자 신고 시스템까지 만들기도 했지만 졸속 행정으로 인해 기술자들의 실력을 가늠하기 힘들어 폐지되기까지 했습니다.

그 뿐만 아니라 벤처 붐을 타고 많은 IT 업체가 만들어졌을 뿐만 아니라 그 이후에도 많은 업체들의 경쟁으로 인해서 적은 급여를 받고 일하는 엔지니어들이 많아졌습니다.

IT 업체에서 일하고 싶은 많은 젊은이들이 열정페이 수준의 저임금으로 근무하고 있을 뿐만 아니라 고급 엔지니어가 되기 위한 기술을 익히기도 힘든 게 현실입니다. 특히, 지방의 경우 모든 상황은 더 열악하다고 보면 됩니다.

그러나 현실이 그렇다고 해서 가만히 있을 수는 없었습니다. 저는 IT 엔지니어로 살아남기 위해서 처음에 PC 엔지니어에서 시작해서 소프트웨어 개발자를 거쳐서, 시스템 및 네트워크 엔지니어 생활을 했고, 지금은 보안 컨설턴트로 일하고 있습니다. 지방에서 배울 수 없는 기술은 서울에 가서 배우고, 지방에 일이 없으면 서울에 있는 직장을 찾아서 일을 했습니다. 하기 나름입니다. 시간이 지나면서 자신에게 맞는 일과 직장을 찾으면 됩니다.

30대 엔지니어와 40대 엔지니어

저는 학교 졸업이 늦어 30대에 처음 직장 생활을 시작했습니다. 기술 엔지니어의 경우 30대 초반에 가장 왕성한 활동을 하므로 직장을 구하거나 일을 하는데 어려움이 없었습니다. 그러나 30대 중반을 넘어가면 상황이 조금은 달라집니다. 네트워크 기술 엔지니어로서 필드에서 활동하기에 조금 부담스러운 나이가 됩니다. 엔지니어로서 기술력은 최고 상위로 올라가지만 우리나라 현실상 어려운 일들이 생깁니다. 그래서 저는 보안 컨설턴트로 방향을 틀어서 이직하였습니다. 엔지니어로서 그 동안 획득한 노하우를 바탕으로 컨설팅 업무를 수행한 결과 고객들의 만족도가 높았으며 회사에도 많은 이익을 남기게 되었습니다. 또한 프리세일즈에 관련된 업무도 병행하게 되면서 영업 실적도 내기 시작했습니다. 특히, 보안 컨설팅이나 보안 솔루션 관련 업무의 경우 10년 이상의 경력이 있으면 다양한 보안 문제를 더 잘 해결할 수 있습니다. 그래서 지금은 40대로서 엔지니어 자리를 계속 지켜 나가고 있습니다.

신입사원: 일과 배움에 대한 열정과 멘토

예전에 강의를 했기 때문에 신입사원으로 들어가는 젊은 친구들을 많이 보았습니다. 그러나 요즘 만나는 젊은 엔지니어들은 그때와 조금 다른 것 같습니다.

제가 처음 IT를 접했을 때나 강의를 하면서 학생들을 가르칠 때만 하더라도 IT는 정말 새롭고 도전할 만한 가치가 있는 분야라는 인식이 기본적으로 깔려 있었습니다. 무엇이든지 신기하고 흥미로웠습니다. 하지만 요즘 만나는 신입 엔지니어들은 새로운 것에 대한 감흥이 예전만 못한 것 같습니다. 예전의 엔지니어들에게는 배우겠다는 열정이 가득했습니다. 하지만 요즘 신입들에게서는 IT 기술에 대한 열정을 예전만큼 찾을 수 없습니다. 또한 교육에 있어서도, 요즘 신입들에게서는 교육 효과가 예전만큼 나지 않습니다.

그럼에도 불구하고 저는 신입들에게 업무를 지시할 때나 프로젝트를 진행하는 중간 중간에 최대한 많은 것을 설명하고 알려주려고 노력하고 있습니다. 처음에는 설명을 하느라 조금 늦어지기는 하지만 나중에는 일하기가 더 수월해집니다. 이런 노력 역시 선배로서 후배들에게 해야 하는 투자라고 생각합니다.

신입 사원들도 업무가 생소하더라도 흥미를 가지고 업무에 대한 이해를 하기 위해 노력해야 합니다. 더불어 본인에게 도움을 주는 멘토를 꼭 확보하기 바랍니다.

보안 컨설턴트가 하는 일

저는 현재 보안 솔루션을 납품하는 업체에서 보안 컨설턴트로 직무를 수행하고 있습니다. 제가 담당하는 고객사는 많은 계열사를 두고서, 국내에서 아주 많은 역할을 하는 대기업이므로 기본적인 IT 인프라 뿐만 아니라 기업의 정보보안에도 많은 투자를 하고 있습니다.

저희 회사는 이 고객사의 보안 솔루션들을 총괄해서 담당하고 있습니다. 방화벽, IPS, 스팸 메일 차단, DDOS 차단, 바이러스 차단, DRM, DLP 등 총 20여가지의 다양한 보안 솔루션들을 관리하면서 이곳에서 발생하는 보안 침해 사항들에 대응을 합니다.

저는 고객사의 기업 보안 활동 및 보안 솔루션에 관련된 사항들을 진단하여 기업 보안에 필요한 다양한 활동들을 지원하고 보안 솔루션 도입에 필요한 정보를 제공합니다.

보안 업무를 하기 위해서는 기본적으로 네트워크 기술을 알아야 하기 때문에 네트워크 엔지니어로서의 노하우가 많이 필요합니다. 그래서 제가 다양한 보안 솔루션에 대한 구축 및 관리를 담당하고 있습니다.

또한 저는 시스템 및 네트워크 부문 취약점 진단을 위해서 모의 해킹을 실시합니다. 진단 결과에 따라 각 시스템과 네트워크의 취약점 차단에 필요한 기술을 제공하고 있습니다.

최근에는 개인 정보보호 컨설팅도 병행하고 있는데, 고객사에서 개인 정보보호를 위한 활동을 지원하고 있습니다.

엔지니어에게 협업이 중요한 이유

IT 엔지니어로서 조직 생활에서 가장 중요한 덕목은 '협업'입니다. 협업에 대한 내용은 외국계 IT 관련 시험에서는 문제로 출제될 정도로 중요한 사항입니다.

고도의 기술이 필요한 IT 업무를 수행할 때는 예기치 못한 상황이 발생할 확률이 높으므로 엔지니어들 사이의 협업이 무척 필요합니다. 회사 내에서의 협업도 필요하지만 시스템을 제작한 제조사 뿐만 아니라 많은 협력업체를 통한 기술지원이 꼭 필요하게 됩니다. 물론 고객사와의 협력도 당연히 필요하겠죠.

회사 내 협업의 경우 엔지니어와 영업 파트의 협업입니다. 영업 담당자가 사업을 수주할 수 있도록 엔지니어는 기술에 관련된 지원을 아낌없이 해야 합니다. 영업에서 수주를 하지 못하면 엔지니어는 필요가 없어지니까요. 그리고 엔지니어가 영업 담당자를 이해시키지 못하면 고객도 이해하기 힘들게 됩니다. 그러므로 영업 담당자와의 협업이 가장 중요합니다. 이렇게 해서 영업에서 프로젝트를 수주하면 엔지니어의 능력은 자연스럽게 올라가게 됩니다. 주변 사람들에게 최대한 협조하기 바랍니다.

고객과 협력업체 사이에서는 요즘 말이 많은 갑을 관계가 형성됩니다. 회사들 사이에는 갑을 관계가 생기지만 엔지니어들 사이에서는 갑을 관계를 만들지 않아야 한다고 생각합니다. 내가 필요한 기술을 지원 받고 다른 엔지니어가 필요한 기술을 지원해서 업무가 원활히 수행될 수 있도록 하는 것이 가장 중요하다고 생각합니다. 물론 많은 업무를 수행하다 보면 이렇게 하기가 어려울 수도 있지만 나 혼자서 모든 기술을 알 수가 없기 때문에 항상 다른 엔지니어의 지원을 받아야 하므로 동료들 사이에서 상생하는 길을 찾아야 합니다.

큰 문제가 발생했을 때 여러 엔지니어들이 협업을 통하여 빠른 시간 안에 문제를 해결하고 나면 이런 협업이 왜 중요한지 알게 될 것입니다. 나중에 문제가 생긴 후에 깨닫지 마시고 미리 미리 협업하는 자세를 견지하기 바랍니다.

IT에는 무한한 가능성, 그것이 저의 가능성

저는 항상 몇 년 뒤를 생각합니다. 지금 바람이 있다면 앞으로도 IT 관련 일을 하고 싶습니다. 지금까지 걸어온 길이 짧지는 않지만 저에게는 아직도 무한한 가능성이 있습니다. 또한 그 가능성을 뒷받침하면서 흥미를 유발시키는 것들도 많이 있습니다. 그래서 IT를 이용해서 할 수 있는 일에는 무엇이 있을까 계속 고민하면서 일을 하고 있습니다. 기술도 계속 발전하니깐요. 물론 저는 누군가를 가르치는 일을 좋아하므로 누군가가 제가 가진 기술을 배우고 싶다면 마다하지 않고 가르쳐 줄 계획입니다.

또한 제가 가진 재능을 많은 사람들에게 제공하고 그로 인해 그 사람들이 행복해지면 좋겠다는 생각을 늘 합니다. 그 주된 이유는 제가 유닉스를 PC에 설치하고 싶었던 그 해, 리누스 토발즈는 리눅스를 만들었습니다. 그리고 저는 리눅스를 일주일 만에 설치하고 지금까지 잘 사용하고 있습니다. 토발즈는 저에게 작은 행복을 주었던 것이죠. 리처드 스톨먼 같은 활동가로 인해 리눅스는 더욱더 빛을 발하게 된 것처럼 저도 다른 사람들에게 그런 영향을 미치고 싶습니다.

학생에게 가장 중요한 것은 기본기

매년 많은 IT 엔지니어가 배출되고 있습니다. 그 상황에서 본인의 경쟁력을 만들지 않는다면 인정받는 엔지니어가 되기 힘듭니다. 인정받는 네트워크 엔지니어나 보안 엔지니어가 되기 위해서는 준비를 해야 합니다. 혹시 학생인가요? 아시겠지만 우리나라 대학에서는 엔지니어에게 필요한 충분한 기술을 가르치지 못합니다. 또 사설 교육기관도 여러분을 엔지니어로 만들기 보다는 수익에 더 관심이 많아 제대로 된 교육을 받기 힘듭니다. 특히, 보안 엔지니어가 되기 위해서는 보안은 물론이고 서버 및 네트워크 기술 뿐만 아니라 프로그래밍을 포함해서 IT 전반에 대한 지식이 필요합니다. 이 모든 일을 단기간에 할 수 없습니다. 매우 긴 시간 동안 준비를 해야 합니다. 대학생이라면 부족한 커리큘럼 안에서 최대한 차근차근 실력을 쌓아야 합니다. 기본이 탄탄히 다져져 있지 않으면 언젠가는 더욱 더 힘든 일들을 만난답니다. 커리큘럼이 부족하면 동아리나 외부 스터디 모임을 통해서 부족한 스킬을 충족시켜야 합니다. 전공자가 아니라면 전공자에 준하는 능력을 갖추기 위해서 나름대로의 계획을 잡고 적극적인 활동을 해야 합니다.

이렇게 대학에서부터 기본을 만들고 향후 취업해서 실무 경험을 통해 많은 기술들을 익히고 다양한 분야에 관심을 가져서 차근차근 준비한다면 엔지니어로서의 길을 오랫동안 갈 수 있습니다. IT 엔지니어의 경우, 자신이 가지고 있는 기술에 대한 발전이 없으면 바로 도태되어 버린다는 점을 꼭 명심하기 바랍니다.

혹시, 해당 분야에서 3년 미만의 엔지니어인가요? 지난 3년 동안 어떻게 일을 하셨습니까? 회사에서 시키는 일만 열심히 한 분도 계시겠지만 새로운 기술에 항상 목말라 하면서 어느 정도 자기 개발에 노력하셨다면 자신이 앞으로 무엇을 해야 할지 한번쯤 생각해 보셨을 겁니다.

자신이 앞으로 하고 싶은 일이 무엇인지를 먼저 생각하고 계속 준비를 해야 합니다. 가능하고 필요하다는 판단이 서면 자격등도 취득하고, 다른 사람과 교류하거나 스터디 모임 등에서 적극적인 활동을 해야 합니다. 무엇보다도 앞으로 자신이 해야 할 일에 대한 충분한 지식이 필요합니다.

현재 직장에서 자신이 앞으로 하고 싶은 업무를 하고 있다면 가장 좋겠지만 그렇지 않다면 자신이 앞으로 원하는 일을 하고 싶은 직장을 찾아서 그 쪽으로 이직을 준비하기에 딱 좋은 시기가 3년~5년차입니다.

무엇보다도 중요한 건 준비입니다. 기회는 준비된 자에게만 오는 거니까요! 그렇게 준비하다 보면 어느 날 갑자기 원하는 회사에 TO가 생길 것입니다.

저 같은 경우 인터넷이 발전해서 보이스, 비디오 서비스도 같이 제공된다는 것을 알고 다른 사람들이 별로 신경쓰지 않는 시절에 VoIP 기술과 멀티캐스트 기술을 익혀 두었습니다. 추후 보이스는 사업성이 없어서 실패를 했지만 비디오 서비스를 위한 네트워크 장비 설정은 대구에서 유일한 엔지니어로 활동했습니다. 또 저의 취미인 아마추어 무선 기술을 이용해서 일반 WIFI가 아닌 장거리 무선 전송 장비 엔지니어로도 활동했습니다. 미리 준비한 결과였죠.

글을 마치며……

IT를 같이 배우고 제가 가르친 많은 친구들이 고향을 떠나 서울에서 엔지니어로 활동하고 있습니다. 가끔씩 저에게 배운 기술을 바탕으로 엔지니어로서의 역할을 잘하고 있다는 소식을 들을 때면 자부심을 느낍니다.

다른 모든 직업이 그렇겠지만 IT 엔지니어가 굉장히 좋은 직업은 아니지만 끊임없는 노력을 한다면 무한한 성장을 할 수 있는 분야입니다. 자신이 있다면 한 번쯤 도전해 볼만한 직업임에는 틀림이 없습니다. 감사합니다.

네트워크 엔지니어가 갖추어야 할 기술

- 컴퓨터 구조 및 시스템 관리 능력: PC, 서버, 프린터, 스마트폰, PAD, PDA 등 네트워크 단말기로 사용되는 다양한 장비들에 대한 관리 능력
- 리눅스/윈도우 서버 등 운영체제 관리 기술: 네트워크 프로토콜은 운영체제에 포함되어 있으므로 기본적인 운영체제 관리 능력
- 네트워크 서비스 기술: 네트워크 운영에 필요한 DHCP, DNS, Proxy, WINS 등 네트워크 관련 기본 기술들을 이해하고 운영할 수 있는 능력
- 인터넷 서비스 기술의 이해: 웹서비스(HTTP), SMTP, FTP, Telnet 등의 인터넷 서비스 기술에 대한 이해
- 시스템 관리 기술: NTP, NMS, Syslog 등 시스템 관리 기술
- 알고리즘: 고급 라우팅 프로토콜 운영에 필요한 기본적인 알고리즘의 이해
- 데이터통신/디지털공학 기술: 통신 기술의 바탕인 디지털공학과 데이터통신 기술에 대한 기본적인 이해
- 암호학 기술: IPSec VPN, SSL VPN, HTTPS, 공개키 암호화 방식과 공인인증 시스템의 이해
- 인프라 서비스에 대한 기본적인 이해: Data, VoIP, VOD, 화상회의 서비스들의 트래픽 특성 파악
- 무선네트워크 기술: 무선통신(RF)에 대한 기본적인 이해

보안 컨설턴트가 갖추어야 할 기술

- ISO 2007/ISMS 등 정보보안관리 인증의 이해
- 개인정보보호법/정보통신망법/PIMS 개인정보보호관리체계 인증의 이해
- 전사적자원관리(ERP) 시스템 운영에 대한 이해
- 암호학의 이해
- 시스템 보안/운영체제 보안의 이해
- DB 보안/애플리케이션 보안 기술
- 정보보안 솔루션의 이해(방화벽, IPS, 웹방화벽, 백신 등)
- 정보유출 차단 솔루션의 이해(DRM, DLP, 개인정보유출차단 등)
- 디지털침해분석 기술(디지털 포렌식)
- 기업의 각 업무에서 발생할 수 있는 보안 위협 관리 능력(위협 관리)

부록. IT 엔지니어로 사는 법 1 요약

현재와 미래, 그리고 꿈
이직 전략
협업, 공유, 의사소통, 기타 덕목
기술 스킬업, 자기 계발
신입사원
진로와 취업

IT 엔지니어로 진로 잡기

진로는 빨리 잡을수록 더 좋습니다. 그러려면 관심 분야를 잘 알아야 합니다.

이 책은 IT 엔지니어에 속한 여러 분야를 정확하게 알려주기 위해 기획되었습니다. '정확하게 알려주는' 가장 좋은 방법은 선배의 진솔한 이야기를 듣는 것입니다. 그래서 네트워크, 서버, 보안, 데이터베이스 분야에서 15년-20년 동안 일하고 있는 8분 엔지니어들의 이야기를 듣기로 했습니다. 이들 저자의 이야기를 통해서 본인에게 맞는 진로를 잡기 바랍니다.

중학생이나 고등학생인가요? 이른 나이에 진로를 잡기 위해 고민하고 있으니 복 받은 것입니다. 여러분들에게 무엇이 중요할까요? 시스템 엔지니어인 서태호 님의 말을 빌리겠습니다. "혹시, 학생인가요? IT 분야로 오고자 꿈을 꾸고 방향을 잡고 있나요? 그렇다면 '하고 싶은 게 무엇인가?'를 고민하기 바랍니다. 하고 싶은 것이 무엇인지를 항상 생각해야 합니다." DB 컨설턴트인 변동구님의 말도 들어보겠습니다. "논리적으로 사고하기 좋아하고, 정확한 답을 구하는 것을 즐긴다면, 어느 정도 IT가 적성에 맞는다고 할 수 있습니다. 자신만의 창조적인 세계를 구축하고, 파고들기 좋아하는 사람도 적성이 맞을 수 있습니다." 두 저자는 '하고 싶은 것'과 '적합한 적성'을 이야기합니다. 이 두 가지가 맞아떨어져야 재미와 즐거움이 있고, 그로 인해 성과가 날 것입니다.

대학생으로 전공자인가요? 기본기를 탄탄하게 다질 수 있고, 같은 관심사를 가진 사람이 주변에 많고, 전산 분야로 취업할 기회가 많습니다. 비전공자라고요? 전공자가 아니면 전공자에 준하는 능력을 갖추기 위해 적극적인 활동을 하면 됩니다. 걱정할 필요는 없습니다.

저자들의 전공도 다양합니다. 전산 관련 전공을 한 분들도 있습니다만 그렇지 않은 분들이 더 많습니다. 홀로그램에 혹해서 물리를 전공했다가 네트워크 엔지니어가 되신 분, 행정학 전공하고 공무원시험에 낙방해서 프로그래머로 일하다가 DB 컨설턴트가 되신 분, 학부/대학원 내내 전산 분야 전공만 하신 분, 전산이 아닌 유사 과에서 공부하다가 컴퓨터가 좋아서 IT 엔지니어가 되신 분, 그 시대에 유망했던 과에 갔다가 전공이 마음에 안들어서 전공을 바꿔서 보안 관리자가 되신 분, 군대에서 우연히 LAN 공사를 했다가 네트워크 엔지니어가 되신 분이 있습니다. 이분들 중 20년 전에 지금 일을 해야겠다고 마음먹고 전공 학과를 선택하고 대학교를 선택한 분은 한 명도 없습니다. IT 엔지니어로 진로를 잡은 대학생이라면 전공/비전공에 상관없이 기본기를 탄탄히 잡으면 됩니다.

졸업을 했는데, IT가 아닌 다른 전공인데, IT 엔지니어 분야로 진로를 바꾸고 싶은가요? 김은영님의 말을 들어보겠습니다. "회계학, 경영학, 통계학 등 비전공자이면서도 IT 전문가로 당당히 인정받고 있습니다. 혹시 IT 분야 전공이 아닌데 적성을 늦게 발견하셨나요? 자신의 능력과 관심이 온통 IT 분야로 쏠려 있나요? '불리하다' 생각하지 마시고 도전하라고 권해드리고 싶습니다."

IT 엔지니어가 되겠다는 진로와 꿈을 가진 여러분을 환영합니다. 본인의 꿈을 하나씩 실천하면 10년, 20년 후에는 달라진 모습을 볼 수 있습니다.

IT 엔지니어가 되기 위한 취업 전략

예나 지금이나 취업은 쉽지 않습니다. 저자들에 따르면 IMF 시절에는 이력서를 100군데 보내면 3군데 정도에서 면접 회신이 왔다고 합니다. 그리고 지금은 조금이라도 신규 인력을 채용하지만 그 당시에는 아예 신규 인력을 채용조차 하지 않았고, 인턴이라도 지원해서 합격하면 주위에서 축하해 주는 분위기였다고 합니다. 지금보다 더 힘든 시절이었습니다.

저자들 중 일부는 졸업 후 공채로 취업을 했습니다. 어떤 분은 자칭 '운 좋게' 취업을 했다고 하지만 본인이 좋아하는 무언가를 열심히 했습니다. 또 어떤 분들은 비전공임에도 불구하고 관심을 가지고 스펙을 만들고 별도의 공부를 하고 업계 선배들과 교류해서 취업에 성공하였습니다. 그리고 현재 IT 엔지니어로 재미있게 일하고 있습니다.

IT 엔지니어 취업 전략의 가장 기본적인 자세를 조정원님의 이야기에서 찾을 수 있다고 생각합니다. "가고 싶은 회사에 맞춰서 준비하면 문은 반드시 열려 있습니다."

(1) 취업 시 준비할 내용

IT 엔지니어로 취업을 준비하는 취준생인가요? 어떤 준비를 해야 할까요? 저자들은 다음과 같은 조언을 합니다.

① 기본 실력을 키우기 위한 공부를 한다.
② 관련 분야 책을 읽는다.
③ 학내 동아리, 외부 스터디 모임, 카페 활동을 한다.
④ 관련 분야에서 일하고 있는 선배들을 만나 교류한다.
⑤ 휴학 중이나 방학 중에도 전산 관련 아르바이트와 전산직 자원봉사 활동에 참여한다.
⑥ 기회가 되면 틈틈이 자격증을 취득한다.

학점 관리를 포함하여 취업에 필요한 기본 능력은 기본적으로 갖추어야겠죠. 취업할 회사군을 미리 정하고 준비하면 더 좋을 것입니다. 더 구체적으로, 가고 싶은 특정 회사와 직무까지 정해서 조사하고 분석한다면 더할나위 없이 좋습니다.

(2) 신입사원 기술 면접

위에서 언급한 준비 항목들이 실제 취업 시 어디서 확인될까요? 면접입니다. 서류에서도 나타나겠지만 실제 면접을 하다 보면 위에서 조언한 준비를 한 사람과 그렇지 않은 사람에 차이가 납니다.

저자들은 현재 재직 회사에서 사람을 채용하는 위치에 있습니다. 면접과 관련해서 저자들의 조언을 살펴보겠습니다.

① 기술 면접은 주로 팀장이 하므로 팀장의 시선과 관점에서 준비한다.
② 대학원 나온 사람들에게는 어려운 것을 물어보지만 학부 출신에게는 어려운 것을 물어보지 않는다. 즉, 응시자에 맞춰서 물어보므로 자신의 수준에 맞게 준비한다.
③ 발표 평가가 있다면 큰소리로 연습해서 익숙해진다.
④ 면접관들은 정답을 원하지 않는다. 그 보다는 고민한 경험과 고민의 과정을 듣고 싶어한다.
⑤ 학교를 갓 졸업한 신입사원들에게는 현업 능력이 부족하다는 사실을 면접관들은 알고 있다.
⑥ 어떤 꿈을 가지고 있고, 그 꿈을 이루기 위해 어떤 실천을 하고 있는지를 본다.

특별히 비전공자인가요? 이와 관련하여 김은영님이 다음과 같이 자세히 조언을 하고 있으므로 유념하기 바랍니다.

"신입 사원 채용 시 기술 면접을 하다 보면 비전공자도 많았습니다. 비전공자들도 그 분야에 지원하기 위해 어느 정도 전공 지식을 갖춘 상태에서 면접에 임합니다. 이에, 면접관들도 누군가가 그 자리에 왔을 때는 일단 전공 지식을 일정 수준 알고 있다는 전제 하에서 면접을 봅니다. 따라서 면접관들은 다음과 같은 관점으로 지원자들을 살핍니다. 첫째, 평소에 IT에 관련된 관심을 가지고 있었는가? 둘째, 자신만의 전공이나 관심 분야를 IT와 연계해서 고민을 해 본 적이 있는가? 셋째, 단순한 개념이나 그럴듯한 말로만 익힌 지식이 아니라 경험과 사고를 통해 실제의 산출물로 만들어내려는 노력을 해 본 경험이 있는가?"

취업 전략은 회사에 따라 맞춤형으로 수립해야 합니다. 그러나 기본은 있습니다. 저자들의 조언대로라면 면접관들이 신입사원에게 궁금해 하는 수준까지만 예측해서 면접을 준비하면 될 것입니다.

(3) IT 기업의 유형

취업을 진행하는 분들이 회사를 선택할 때 대기업인지 중소기업인지, 국내기업인지 외국기업인지를 봅니다. 저자들 역시 여러 유형의 회사에 재직했거나 재직하고 있으므로 저자들이 언급한 IT 기업 유형별 특징을 잠깐 살펴보겠습니다.

① 대기업과 중소기업(업무 처리 관련)
: 대기업에서는 업무가 분업화되어 있습니다. 즉, 업무 프로세스에 따라 일을 처리하기 때문에 담당 업무의 역할이 구분되어 있습니다. 그래서 프로세스 단계별로 자신이 맡은 업무를 처리하면 됩니다. 그래서 대기업에서는 중소기업에 비해 실무 능력을 갖추기 어렵습니다.
: 중소기업에서는 전체 프로세스를 모두 경험할 수 있습니다. 기술적으로도 네트워크, 서버, 보안까지 모든 부분을 맡아서 해야 하므로 다양한 기술을 접할 수 있습니다.

② 국내기업과 외국기업
: 국내기업에는 동기부여 프로그램이 잘 되어 있고, 복지가 잘 되어 있습니다.
: 외국기업에서는 자율성이 높습니다. 직급이나 근속년수가 일하는데 크게 작용하지 않습니다. 자기 분야에서 열심히 하면 인정받을 가능성이 더 높습니다. 또, 조직적으로 볼 때 수직보다 수평구조입니다. 즉, 프로젝트나 업무가 생길 때마다 Virtual 조직이 만들어집니다. 근본적으로는

상명하복식 구조가 없다는 점이 특징입니다. 외국기업의 연봉이 월등히 높다고 생각하지만 그런 경우는 흔치 않습니다. 그리고 업무 진행과 관련된 지원 인프라(예: 화상회의)가 잘 갖추어져 있습니다.

이상의 특징을 참고로 본인의 스타일에 맞는 유형의 기업을 선택하십시오.

IT 엔지니어로 살기: 신입사원

저자들 모두 신입사원을 거쳤고, 신입사원을 부하 직원으로 받아서 많이 겪었습니다. 그리고 지금은 신입사원을 채용하고 있는 위치에 있습니다. 이런 저자들이 일에 대해서 신입사원이 가져야 할 자세를 다음과 같이 꼽고 있습니다.

① 열심히 적극적으로 한다.
② 직접 해본다.
③ 무조건 다 한다(사고를 치더라도).
④ 일에 대한 기술 지식을 습득한다.
⑤ 기초부터 견실하게 다진다.
⑥ 선배로부터 기술을 배우고자 한다.

모든 신입사원이 위와 같이 할 것 같습니다만, 최성곤님의 말을 빌리면 그렇지 않은 것 같습니다. "요즘 신입들에게서는 IT 기술에 대한 열정을 예전만큼 찾을 수 없습니다. 또한 교육에 있어서도, 요즘 신입들에게서는 교육 효과가 예전만큼 나지 않습니다."

그럼, 신입사원이 왜 위와 같이 해야 할까요? 이에 대한 정답을 김진성님이 말하고 있습니다. "신입사원이라면 3년 동안 배운 것으로 10년은 버틸 수 있습니다." 3년 투자해서 10년을 버티면 남는 장사가 아닐까요.

신입사원이 일을 하려면 일처리에 필요한 기술을 습득해야 합니다. 이와 관련하여 저자들이 제시하는 방법은 다음과 같습니다.

① 선배들과 대화한다.
② 멘토를 확보한다.
③ 교육에 참여한다.
④ 진짜 열심히 공부한다.
⑤ 부족한 기술이 있다면 스터디 모임에 참여한다.

신입사원으로 오기 전까지 학교나 어떤 모임에서 1등이었을 수 있습니다만 한 회사에 들어오면 정반대입니다. 그 조직이나 팀에서 방금 입사한 신입사원보다 못한 사람은 하나도 없습니다. 가장 가까이 있는 선배와 함께해야 합니다. 일과 함께해야 합니다. 그리고 열심히 공부해야 합니다. 공부와 관련하여 권순용님의 경험을 들어보겠습니다. "어느 정도로 공부를 했는가 하면 잠자는 시간과 회식 시간 빼고는 모든 시간을 데이터베이스에 쏟아부었던 것 같습니다. 그리고 뭐가 그렇게 데이터베이스가 좋았는지 하루에 5시간 이상 잠을 자 본 적이 거의 없었습니다."

IT 엔지니어로 살기: 기술 스킬업

입사 후 2-3년의 시간이 지나면 직무에 대한 업무 적응도 끝나고 어디 가면 '실무자' 혹은 '전문가' 소리를 듣기 시작합니다. 물론 진짜 전문가가 되려면 최소 10년의 시간이 지나야 한다는 것이 저자들의 일관된 주장입니다.

(1) 전문가가 되기 위해 할 일

모든 사람이 인정하는 전문가가 되기 위해 무엇을 해야 하는지 저자들의 의견을 정리해 보았습니다. 아래 내용은 3년-10년 사이에 오랜 시간동안 해야 할 일입니다.

① 스스로를 변화시키면서 매년 성장해야 한다.
② 경쟁 상대는 주변 동료가 아니라, 글로벌의 모든 인재와 경쟁한다고 생각해야 한다.
③ 열심히 노력해도 변화가 없는 것처럼 느껴지더라도 꾸준히 노력해야 한다. 그렇게 중요한 몰입의 기간을 지나고 나면 어느 순간 한 단계 성장해 있는 자신을 발견한다. 이렇게 한 단계 성장하고 나면 다른 사람이 쉽게 따라잡을 수 없다.
④ 열심히 하는 것도 중요하지만 좋아서 하는 게 더 중요하다는 사실을 알고 해야 한다.
⑤ 본인이 하는 일만 가치가 있고 다른 사람이 하는 일에는 가치가 없다고 생각하지 않아야 진정한 최고가 된다.
⑥ 본인에게 맞는 특화된 부분을 찾는다.
⑦ 회사에 새롭게 기여할 수 있는 아이디어와 기술력을 확보해야 한다.
⑧ 업무가 추가될 때마다 일을 효율적으로 할 수 있는 방안을 고민해서 적용해야 한다.
⑨ 앞이 막막하고 돌파구가 보이지 않을 때가 오더라도 위험하고 캄캄하게만 보이는 곳으로 한발 앞으로 내디딜 수 있어야 한다.
⑩ 10년이라는 시간을 두고 계속 노력하면 분명히 전문가가 된다.

IT 엔지니어로 살기 위해, IT 전문가가 되기 위해 가장 필요한 것은 스킬업입니다. 스킬업을 어느 정도로 생각해야 할까요? 이와 관련하여 김은영님은 다음과 같이 말합니다. "IT 엔지니어에게 기술 역량 강화를 위한 노력은 직장 생활 내내 지녀야 하는 습관이 되어야 합니다." IT 엔지니어로 살면서 전문가가 되려면 스킬업을 습관처럼 해야 합니다.

(2) 스킬업의 중요성

스킬업을 왜 해야 하는지 구체적으로 살펴볼까요!

① 자리가 없어지거나 도태된다.
"IT 엔지니어로서 넋 놓고 일만 해도 리스크가 생깁니다. 빠르게 변하고 바뀌는 기술 트렌드 속에서 어느 순간 자리가 없어질 수 있습니다." (김진성)
"IT 엔지니어의 경우, 자신이 가지고 있는 기술에 대한 발전이 없으면 바로 도태되어 버린다는 점을 꼭 명심하기 바랍니다." (최성곤)

② 더 좋은 곳으로 이직할 때 필요하다.
"변화하는 IT 환경에서 엔지니어가 좋은 직장을 구하려면 새로운 기술들을 꾸준히 익혀야 합니다." (최성곤)
"스킬업을 하면 원하는 회사 어디든 갈 기회가 많아집니다." (조정원)

③ 더 좋은 대우를 받을 수 있다.
"더 높은 연봉을 받는 것도 당연한 일이겠죠." (조정원)

직장인에게 있어 실직, 이직, 대우는 기본적인 항목입니다. 스킬업을 하지 않으면 이 기본적인 요건들을 충족시키지 않는다는 점에서 스킬업은 역시 습관이 되어야 하는 것 같습니다.

(3) 스킬업 방법과 대상

그럼, 스킬업을 위해 무엇을 어떻게 해야 할까요?

① 교육을 받아야 한다.

"회사를 다니면서도 시간만 된다면 국가에서 지원하는 교육을 많이 받을 수 있습니다." (조정원)

"지방에서 배울 수 없는 기술은 서울에 가서 배웠습니다." (최성곤)

② 이슈를 수집하고 정리한다.

"미리미리 최신 이슈를 수집하고 정리하는 습관을 가지면 좋아요." (조정원)

"'1년마다 자신이 했던 업무들, 이와 관련해서 공부했던 지식들을 정리해서 책으로 써라.'라고 권고합니다. 〈 중략 〉 그만큼 무엇인가 정리하는 습관은 중요합니다." (조정원)

③ 주변 사람을 활용한다.

"모델링을 하고 싶은 마음에 친한 개발 PL들을 찾아다니며 술도 사고 이 짓 저 짓 하면서 모델링을 처음 하게 되었습니다." (권순용)

④ 현재 직장의 기술을 최대한 습득한다.

"앞 직장에서 배우고 쌓은 기술이 그 다음 회사에서 업무를 보는데 바탕이 되었고, 이를 바탕으로 새로운 기술을 배울 수 있었습니다. 이후에도 이런 과정이 계속 이어질 것입니다." (최성곤)

⑤ 기술을 완전히 소화한다.

"많은 정보에 노출되는 것 보다는 필요한 분야를 직접 테스트하여 확인하고, 강의를 하면서 완전히 자기의 것으로 만들기를 추천합니다." (김은영)

우리가 가진 시간과 비용과 에너지는 유한합니다. 직무와 관련된 모든 기술을 갖출 수는 없습니다. 엔지니어는 어떤 기술을 갖추어야 하고, 갖추어야 할 기술의 성격은 어때야 할까요. 저자들의 의견을 들어보겠습니다.

① 직무에 적합한 기술을 갖춘다.

"아무리 많은 기술을 안다고 하더라도 그 직무에 적합하지 않다면 아무 소용이 없을거예요. 회사에서 필요한 것은 맡겨진 일을 할 때 정확하고 효율적으로 할 수 있는 기술을 보유하는 것입니다." (조정원)

② 회사의 미래 먹거리가 될 기술을 찾는다.

"엔지니어에게도 자신이 보유하고 있는 기술에 따라 보릿고개가 있다는 이야기를 하고 싶어서입니다. 〈 중략 〉 올해를 기점으로 모바일 분야 일이 줄어들 것입니다. 그러면 관련 엔지니어에 대한 수요가 줄게 되죠. 그래서 엔지니어인 저도 5G와 관련된 아이디어와 기술력을 확보하려고 노력하고 있습니다. 그래야 회사에 기여를 할 수 있고, 그렇게 회사에 기여를 해야 저도 제 몫을 할 수 있기 때문입니다." (김진성)

③ 고객이 원하는 것을 해결할 수 있는 기술이어야 한다.

"잘 사용되지 않고 다른 데 적용할 수 없는 그런 지식을 습득하려고 애쓰지 말고 상대방이 원하는 것을 해결할 수 있는 기술을 습득합니다." (권순용)

④ 이론과 실무가 겸비된 실용적인 기술이어야 한다.

"이론과 실무를 유기적으로 고려할 수 있는 실용적인 기술이어야 합니다." (권순용)

IT 엔지니어라면 주어진 일만 하는 것이 아니라 주변을 둘러보아야 하는 것 같습니다. 자신이 하는 일 속에서 미래의 방향을 잡아야 합니다. 또한 조직 내부나 같이 일하는 사람들과 의사소통하면서 정보를 확보해야 합니다. 더불어 시장 및 산업 동향도 지속적으로 확인하면서 변화하는 IT 기술을 따라가야 합니다. 그 가운데 이번 절에서 설명한 방식대로 스킬업을 습관처럼 지속해야 합니다. 그렇게 10년이 지나면 전문가의 반열에 올라있을 것입니다.

IT 엔지니어로 살기: 자기 계발

IT 엔지니어에게 있어 입사 직후부터 정년퇴직할 때까지 자기 계발은 떼어 놓을 수 없는 항목입니다. 저자들 역시 20년 가까이 IT 엔지니어로 살면서 다양한 자기 계발을 하였습니다. 자기 계발의 기본 축은 자신이 맡은 직무와 관련된 것입니다. 직무를 더 잘 하기 위한 어떤 수단을 확보하기 위해 진행이 되었습니다. 그 속에는 개인의 어떤 취향이나 미래의 꿈을 이루기 위한 것 역시 포함되어 있습니다.

저자들이 어떤 자기 계발을 하였는지 항목별로 하나씩 정리하겠습니다.

(1) 기술 관련서 읽기

업무 관련해서 새로운 기술 관련서가 나오면 기본적인 이해를 얻기 위해 책을 읽어야 합니다.

(2) 다른 분야 책 읽기

할 일이 많아지면 창의력이 필요합니다. 직접 경험에 한계가 있으므로 여러 분야의 책을 읽으면 다양한 경험을 접할 수 있고, 아울러 창의력이 생깁니다. 그리고 여러 분야의 책을 읽으면 책에서 읽은 지식을 일에 융합시켜서 모든 프로젝트에서 최고라는 인정을 받을 수 있습니다.

(3) 카페 참여 및 직접 운영(블로그 포함)

저자들 중 5분은 자신의 카페를 직접 운영하고 있을 정도로 카페 활동은 매우 중요합니다. 직접 운영하기 전에는 관심 분야 카페에서 적극적인 활동을 하면서 카페 운영에 대한 노하우를 얻을 필요가 있습니다. 카페 활동이나 운영을 통해 얻을 수 있는 가장 큰 이점은 다음과 같습니다.

① 기술 자료를 정리할 수 있다.
② 관련 분야 사람들과 소통할 수 있다.
③ 지식을 나눌 수 있다.
④ 협업의 장을 마련할 수 있다.
⑤ 투자하면 그만큼의 결과물을 얻을 수 있다.
⑥ 자신이 모르는 기술을 습득할 수 있다.
⑦ 자연스럽게 성실해진다.

(4) 정리

정리가 무슨 자기 계발이냐고 생각할 수 있지만 정리는 저자들에게서 거의 공통적으로 나타나는 특징입니다. 정리를 하면 어떤 효용 가치가 있을까요?

① 블로그와 카페에 정리하면 자신만의 지식 데이터베이스를 만들 수 있다.
② 컬럼과 책을 쓸 수 있는 기반이 된다.
③ 자신만의 기술 자료를 정리하면 업무 처리가 빨라진다.

④ 컨설턴트는 교육도 해야 하는데 평소 정리를 해 두면 교육 준비를 쉽게 할 수 있다.
⑤ PT를 쉽게 만들 수 있다.

(5) 강의

모든 저자들은 사내 강의든, 외부 강의든 강의를 했습니다. 외부 강의를 한 분들 중에는 강의로 꽤 명성을 얻은 분들도 있습니다. 강의를 하면 어떤 이점이 있는지 살펴보겠습니다.

① 자신이 알고 있는 지식을 다른 사람에게 전달하면서 보람을 느낀다.
② 전달 교육을 하면 해당 기술을 자신이 완벽하게 숙달할 수 있다.
③ 강의를 하려면 문서를 만들고 발표를 하게 되는데, 그로 인해 문서 작성 및 발표 능력이 좋아진다.
④ 추가 수입이 생긴다.
⑤ 다양한 사람을 만날 수 있다.

(6) 집필

저자들 중 5분은 기술 단행본을 출간하였거나 출간 예정입니다. 그리고 3분은 5권 이상의 책을 출간하였습니다. 집필한 저자들이 집필에서 얻은 이점은 다음과 같습니다.

① 삶이 바뀐다.
② 자신이 알고 있는 정보를 완전하게 정리할 수 있다.
③ 기술 자료를 다른 사람들과 나눌 수 있다.

④ 명성을 얻을 수 있다.
⑤ 공저의 경우 협업 능력이 향상된다.
⑥ 추가 수입이 생긴다.

(7) 자격증

  자격증은 크게 국가공인자격증과 국제공인자격증으로 나뉩니다. 공부를 시작하는 사람들은 자격증에 많은 관심을 기울이고, 일부 사설 교육기관에서도 이를 지나치게 강조하지만 저자들은 자격증이 크게 중요하지 않다고 이야기합니다. 왜냐하면 자격증이 그 사람의 기술력을 완전히 보증하지 않기 때문입니다. 다만 공부한 내용을 정리하고 기초 실력을 강화하기 위한 수단으로서는 괜찮다는 의견입니다. 따라서 학생이거나 신입사원으로 들어가기 전에 관련 분야 기초 자격증 한두개를 취득하는 것은 나쁘지 않다는 의견입니다. 그리고 현업에 있으면서 필요하면 상위 자격증을 필요에 의해 취득하면 될 것입니다. 다만, 정보처리기사는 중요합니다. 국내 프로젝트에서 정보처리기사 보유 여부에 가산점을 주기 때문입니다. 무엇보다도 자격증을 취득하고 나서는 자격증에 비례하는 실력도 갖추도록 노력하기 바랍니다.

(8) 공부(스터디)

  학교 다닐 때 공부했는데 또 공부를 해야 합니다. 엔지니어가 기술 발전을 따라가려면 학교에 있을 때보다 더 많은 공부를 해야 합니다. 그러나 학교에서 하는 공부보다는 재미가 있어 보입니다. 바로 바로 사용하니까 그런가 봅니다. 또 꼭 필요한 공부를 하기 때문에 그렇다고 봅니다. 그러나 무작정 공부할 수 없습니다. IT 전문가가 되기 위한 공부 방법은 따로 있습니다. 저자들의 공부 노하우는 다음과 같습니다.

① 넓이보다 깊이에 집중한다. 하나를 제대로 알면 그 나머지를 이해하기가 쉽다.
② 한 권의 책을 외울 때까지 20번이라도 본다. 이해만 하면 안 된다.
③ 학문적인 공부보다 실무에서 사용할 수 있는 공부를 한다.
④ 다른 사람에게 지지 않을 수준으로 공부한다.

이렇게 공부하면 어떤 효과가 있을까요? 김진성님의 말을 들어보겠습니다. "계속 공부한다는 것이 쉽지 않지만 그렇게 한다면 분명히 그에 상응하는 대가를 받을 수 있습니다."

(9) 진학

회사 다니면서 석사나 박사를 하는 일이 절대로 쉽지 않습니다. 시간과 비용이 들어가기 때문입니다. 그럼에도 불구하고 저자들 중 일부는 그 과정을 밟았습니다. 다른 분들도 하고 싶지만 시간이 없어서 하지 못한다고 하신 분들이 많습니다. 그만큼 쉽지는 않지만 하게 되면 또 다른 성취감을 느낄 수 있다는 의견입니다. 더불어 다양한 사람을 새로 만날 수 있는 기회도 됩니다.

(10) 영어

글로벌 시대입니다. 해외 출장도 많고, 해외에서 개발된 제품을 국내에 런칭해야 할 일도 많고, 해외 엔지니어들과 소통해야 하는 일도 점점 더 많아지고 있습니다. 이제 IT 엔지니어에게도 영어는 필수입니다. 특히, 외국계 기업에 다니거나 외산 솔루션을 많이 다루어야 하는 회사에 다닌다면 영어 능력을 꼭 갖추어야 합니다. 한 저자에 따르면 우리나라 IT 엔지니어들의 실력은 동남아 엔지니어들보다 낮다고 합니다. 그래서 기술적으로는 상위에 있지만 영어가 안 되어서 가치를 인정받지 못한다고 합니다. 처음부터 영어에 엄청나게 많은 투자를 하면서 지나치게 많은 에너지를 쏟을 필요는 없어 보입니다. 1차적으로 기본 회화와 이메일 영어로 시작하면 충분하다고 생각합니다.

이상으로, 자기 계발에 대한 저자들의 생각을 살펴보았습니다. 항목이 매우 많습니다. 그만큼 중요하기 때문일 것입니다. IT 엔지니어에게 스킬업과 더불어 하나의 큰 축이 바로 자기 계발이므로 저자들의 경험과 조언을 소홀히 여기지 말고 독자 여러분에게 맞는 방법을 찾아서 진행하기 바랍니다. 그러면 꼭 좋은 결실이 따라 올 것입니다.

IT 엔지니어로 살기: 협업, 공유, 의사소통, 기타 덕목

IT 엔지니어는 모든 일을 혼자서 하지 않습니다. 사람과 함께 합니다. 내부 인력이든, 고객사든, 제휴업체든, 프리랜서든 다양한 사람들과 함께 일을 합니다. 이와 관련하여 저자들이 대면/서면 인터뷰 중에 중요하게 강조한 내용, 세 가지가 있습니다. 바로 공유와 협업과 의사소통입니다. 여기서는 이들 세 가지 항목과 저자들이 꼽은 기타 덕목들을 정리하겠습니다.

먼저, 공유에 대해 살펴보겠습니다. 공유의 기본 정신은 자신이 습득한 기술은 다른 누군가가 자신에게 주었기 때문에 그 기술을 자신만 가지고 있지 않고 다양한 방식을 통해서 후배들에게 돌려주어야 한다는 것입니다. 공유 방법은 다음과 같습니다.

① 업무 자료를 만들어서 블로그와 카페에 공유한다.
② 질문에 답변해서 공유한다.
③ 강의로 공유한다.
④ 혼자, 혹은 여러 사람과 함께 책을 집필해서 공유한다.
⑤ 이득 없이 기술을 전수할 수 있는 마음이 중요하다.

공유 철학과 관련하여 권순용님의 말을 들어보겠습니다. "엔지니어들 사이에서 가장 중요한 건 '본인이 얼마나 많이 아는가'가 아닙니다. '본인이 알고 있는 기술을 다른 사람에게 전달해 줄 수 있어야 한다'는 것입니다."

두 번째로 협업에 대해 살펴보겠습니다. 저자들은 협업을 해야 하는 이유를 다음과 같이 들고 있습니다.

① 조직이 성장하려면 팀원들끼리 협업해서 조직을 만들어가야 한다.
② 협업에 소홀하면 평판이 나빠져 나중에 외톨이가 된다.
③ 고도의 기술이 필요한 IT 업무를 수행할 때는 예기치 못한 상황이 발생할 확률이 높다.
④ 혼자서 모든 기술을 알 수 없다.
⑤ 프로젝트 성공과 품질을 확보할 수 있다.
⑥ 이해 관계와 책임 소재를 떠나 공동의 목표를 향해 협업하면 본인이 성장하고 발전한다.

협업과 관련하여 변동구님의 말을 추가로 들어보겠습니다. "프로젝트에서 DB 분야와 개발 분야는, 적이 아닌 동지다. 서로는, 대화와 설득의 대상이 되어야 한다."

마지막으로, 의사소통에 대해 살펴보겠습니다. 의사소통을 해야 하는 이유를 저자들은 다음과 같이 이야기하고 있습니다.

① 프로젝트를 할 때 현업(실무진) 업무를 고려하지 않고 밀어붙이면 서비스 운영에 문제점이 발생한다.
② 의사소통이 없으면 서로의 상태를 파악하기 어렵고 일의 효율도 떨어진다.
③ 프로젝트는 사람들과의 연관 관계 속에서 이루어진다.
④ 일은 사람이 하고, 사람과 한다.
⑤ 한 명이 다른 목소리를 내고 자기 주장을 굽히지 않으면 같이 일하는 사람이나 본인이 힘들어진다.

의사소통의 중요성에 대해 서태호님은 다음과 같이 말합니다. "사람 관계를 잘해야 합니다. 일은 사람이 합니다. 그리고 사람과 합니다. 80%는 사람 관계라고 합니다."

이상으로, IT 엔지니어가 반드시 갖추어야 할 공유, 협업, 의사소통에 대해 살펴보았습니다. 이런 것들이 자연스럽게 갖추어지지는 않습니다. 노력을 해야 합니다. 노력을 해도 잘 되지 않을 수 있습니다. 그렇다면 저자들이 중간중간에 이야기한 기타 덕목들을 점검해 보십시오. 이들 덕목에서 부족한 점이 있다면 공유, 협업, 의사소통에 문제가 생길 수 있습니다.

추가로, 신입사원으로 취업하거나 이직을 준비하고 있다면 공유, 협업, 의사소통과 더불어 이들 덕목을 갖추고 있는지를 확인하십시오. 면접관들이 중요하게 보는 면접 체크리스트이기도 합니다.

- 역경 이겨내기
- 배려와 존중
- 책임감
- 판단력과 순발력
- 열정과 창의력
- 자신감
- 유연성
- 열린 사고
- 유머
- 도전의식
- 재미와 즐거움
- 건강

IT 엔지니어 이직 전략

이직을 하지 않고 평생 직장을 다니는 IT 엔지니어는 없습니다. IT 엔지니어에게 있어 이직은 취업과 마찬가지로 매우 중요한 일입니다. 오히려 더 중요하고 더 어려울 수 있습니다. 이직을 해야 하는 시점에는 책임질 가족이 있을 수 있고, 선택의 폭이 넓지 않을 수 있기 때문입니다.

그리고 이직하기 전에 자신의 몸값을 어느 정도까지 올렸는지 돌아보기 바랍니다. 몸값과 관련하여 최경철님의 말을 들어보겠습니다. "이직할 때 연봉에 관심이 많을 것입니다. 보안 분야 연봉에는 정확한 기준이 사실 없습니다. 본인의 기술적인 배경 및 개인 능력을 계발하기 위해 얼마나 노력했는지에 따라 크게 차이가 납니다. 신입사원의 초봉은 적게 시작하더라도 본인의 개인 능력을 얼마나 개발하고 쌓았는지에 따라 이직하는 대상도 달라지고, 또한 연봉도 크게 차이가 납니다. 몸값, 연봉이라는 개념이 있는데, 연봉은 회사가 책정한 나의 가치이지만, 몸값은 자신이 지금까지 만들어온 자신의 가치라고 생각합니다. 회사에서 정해준 연봉에 만족할 것인가? 아니면 내가 당당하게 요구할 수 있는 수준인지를 곰곰히 생각해 보기 바랍니다."

(1) 이직 시점

먼저, 이직하고 싶은 마음이 생기는 시점에 대해 살펴보겠습니다.

① 정체되어 있는 느낌이 들면서 삶에 변화가 필요한 느낌이 들 때
② 업무가 과중해서 몸과 마음이 지칠 때
③ 팀원들이 많이 이직할 때
④ 매너리즘에 빠지고 막막하고 돌파구가 보이지 않을 때
⑤ 새로운 분야로 가서 더 많은 기회가 있다는 생각이 들 때
⑥ 대우가 만족스럽지 않을 때
⑦ 상사가 이직하면서 함께 가자고 할 때
⑧ 신기술에 대한 교육을 받을 수 있는 기회가 있을 때
⑨ 개척자로 새로운 기술을 탐구하고 연구할 수 있는 지적 호기심이 발동할 때
⑩ 지금까지 축적한 능력을 최대 한도로 끌어올려서 무언가를 이루고 싶은 소망이 생길 때

독자 여러분들도 위와 같은 마음이 들 때가 있었습니까? 대개 3-4년 주기로 위와 같은 생각이 든다고 합니다. 3-4년은 진급 심사와도 궤를 같이하는 시기입니다. 위와 같은 생각이 들 때면 이직에 대해서 고민을 해야 합니다.

(2) 이직 방법

이직을 위해 가장 대표적으로 구인/구직 사이트를 이용할 것입니다. 간혹 헤드헌터를 활용하기도 합니다. 그러나 가장 많은 이직 방법은 '지인 추천'입니다. 한 저자에 따르면 경력 채용 중 50% 정도가 지인 추천으로 진행된다고 합니다. 기업에서 지인 추천을 선호하는 이유는 지인 추천인 경우 협업 능력과 인성을 보장받기 때문입니다. 그럼, 지인으로부터 소개를 받기 위해 어떻게 해야 할까요? 이와 관련하여 저자들은 다음과 같이 조언합니다.

① 이직하려면 현재 직장에서 현재 일과 현재 동료에게 최선을 다하라.
② 현재 직장에서 최선을 다해 성과를 만들어라.
③ 주변 동료와 좋은 관계를 유지하라. 평판이 나쁘면 이직하지 못한다.
④ 만나는 고객에게도 업무적으로 인간적으로 신뢰를 주어라.
⑤ 을인 관계에 있는 사람들에게도 진심으로 최선을 다하라.
⑥ 이직하고 싶으면 이직하겠다는 의견을 먼저 조심스럽게 피력한다. 그래야 일이 시작된다.
⑦ 주위 사람들에게 현재 하고 있는 일뿐만 아니라 새로운 기술력도 보유하고 있다는 사실을 알린다.
⑧ 평소에 인맥 관리나 이미지 관리를 잘 해 둔다.
⑨ 주변 사람들에게 '직장을 구하고 있다'는 소문을 많이 낸다.

여기서 가장 인상적인 말은 아무리 능력이 뛰어나다고 하더라도 그 사람을 채용하고 싶은 기업에서 먼저 제안을 거의 하지 않는다는 것입니다. 동종 업계에 있다면 언젠가는 거래 관계가 생기기 때문입니다. 따라서 지인 추천으로 이직을 하고 싶다면 이직 의사를 조용히 혹은 '시끄럽게' 알려야 합니다.

(3) 이직 시 주의사항

저자들은 이직할 때 몇 가지 주의할 점도 일러주었습니다. 그 내용은 다음과 같습니다.

① 서두르지 않는다.
② 구직 사이트에서 오랫동안 구직을 하는 회사는 피한다.
③ 명예퇴직을 함부로 하지 않는다. 미리 갈 곳을 마련해 놓고 이직한다.
④ 분야별 전문 헤드헌터를 활용한다. 규모가 크다고 본인에게 무조건 맞는 것은 아니다.
⑤ 밝은 곳만 보지 말고 어두운 면도 알고 도전한다.
⑥ 금전만 보고 이직하지 않는다. 어떤 생활을 할 것인지를 확인하고 이직한다.

젊은 시절에, 혹은 어떤 이유에서 섣부르게 회사를 나와 버리는 경우가 있습니다. 이와 관련하여 서태호님의 의견을 듣겠습니다. "명예퇴직을 함부로 하지 말고, 반드시 미리 갈 곳을 마련해 놓고 이직해야 합니다. 그렇지 않으면 계속 놀거나, 낮은 봉급으로 이직하거나, 환경이 맞지 않은 회사만 돌아다니게 되어 경력만 나빠집니다. 그러다보면 하고 싶은 일을 찾아 이직을 하고 싶어도 못하고 힘들게 됩니다."

(4) 이직 면접

이직할 때도 면접을 봅니다. 그러나 신입사원 때의 면접과는 조금 다릅니다. 저자들이 경험한 경력직 면접 노하우를 정리하였습니다.

① 최신 이슈를 물어 본다.
② 조직 생활에 대한 내용을 확인한다.

③ 관련 분야에서 전문가라는 이미지(예: 운영 카페, 출간 도서 등)를 주면 매우 유용하다.
④ 경력 계발 이력(예: 진행 프로젝트, 어학 능력 등)을 확인한다.
⑤ 인성을 본다.
⑥ 세상을 어떻게 살아왔으며, 어떻게 살고 싶어 하는지를, 즉 가치관을 본다.
⑦ 지금까지 해 왔던 일들을 이력서 중심으로 확인하면서 물어본다.
⑧ 시간 관리 능력을 확인한다.
⑨ 지금까지 해 왔던 업무를 상세하게 물어본다.
⑩ 외국회사나 해외 업무를 해야 하면 영어 면접이나 PT를 본다.

앞에서 이야기한 스킬업과 자기 계발을 충실히 했다면 어려울 것이 없습니다. 하루아침에 되지 않습니다. 몇 년을 두고 축적한 결과가 경력직 이직할 때 그대로 투영되므로 평소에 전문가가 되기 위해 어떻게 하는지가 중요합니다.

(5) 다른 분야로 이직

같은 분야로 이직을 하기도 하지만 다른 분야로 진로를 변경해서 이직을 하기도 합니다. 저자들 중에서도 PC 엔지니어 -> 개발자 -> 네트워크 엔지니어 -> 보안 컨설턴트로 온 분이 있고, 개발자 -> DB 컨설턴트로 온 분도 있고, 네트워크 엔지니어 -> 보안 컨설턴트로 온 분도 있습니다. 이 분들의 조언 속에서 다른 분야로 성공적으로 이직하기 위해 해야 할 일들을 알아보겠습니다.

① 이직하려는 분야에서 알아야 할 기본적인 기술에 충실해야 한다.
② 이직하려는 분야에 대해 충분히 알고 있어야 한다.
③ 해당 분야에 관심이 있다는 사실을 주위에 알려야 한다.

④ 일에 대한 막연한 기대감으로, 진로를 변경해서는 안된다. 충분히 고민하고 여러 해 동안 준비해야 한다.
⑤ 기존 분야에서 습득한 기술력을 최대한 활용할 수 있는 분야로 가면 상승 효과가 있다.
⑥ 지방에서 배울 수 없는 기술은 서울에 가서라도 배운다.

현재 업무를 충실하게 하면서 새로운 분야로 이직하려면 추가로 더 공을 들여야 합니다. 기술도 변하지만 산업도 변합니다. 본인이 보유하고 있는 기술이 사양화되고 있다면, 또한 현재 몸담고 있는 산업 영역이 쇠퇴하고 있다면 다른 분야로의 이직을 고려하고 준비해야 합니다. 가급적이면 저자들 중 다른 분야로 이직한 분들이 그랬던 것처럼 기존에 습득한 기술력을 활용할 수 있는 분야로 이직하면 경쟁력이 있을 것입니다.

(6) 내부 이직

다른 회사로 이직하지만 회사 내부에서 다른 팀이나 계열사로 이직을 하기도 합니다. 특히 좋은 기업일수록 내부 이직이 많습니다. 회사 내부에서 신상품이나 새로운 서비스를 개발해야 하고, 새로운 일을 할 때는 준비된 사람을 내부에서 먼저 찾습니다. 내부에 없으면 외부에서 찾습니다. 따라서 회사 내부 상황을 평소에 눈여겨 볼 필요가 있습니다. 한 저자는 회사에서 지원 부서에 있다가 주력 부서로 옮기기 위해서 옮기고 싶은 부서의 가장 기본적인 업무를 하는 곳으로 자리를 옮겼고, 결국 회사의 주력 부서로 이동했습니다. 이 경우 엄밀히 말하면 부서 이동이지만 이 역시 내부 이직의 범주에 넣는다면 내부 이직은 의외로 많다고 볼 수 있습니다. 구조 조정으로 인해 원치 않는 내부 이동을 겪지 않으려면 회사 내부의 주력 상품 변화 추이도 지속적으로 확인하면서 조직 생활을 해야 합니다.

(7) 나이와 성별

IT 엔지니어로 몇 살까지 일할 수 있을까요? 어느 순간이 되면 관리자로 넘어가거나 영업 파트로 넘어가야 한다는 것이 일반적인 생각입니다. 그 순간은 대개 10년 정도 지난 시점부터 온다고 합니다. 3-4년 주기로 슬럼프와 한계가 오지만 10년 정도 되면 엔지니어로 남을 것인지 관리자로 넘어갈 것인지를 결정해야 하는 시점입니다.

최근에는 그 양상이 조금씩 바뀌고 있습니다. 김은영님에 따르면 경력 입사자의 나이가 대부분 40대라고 합니다. 기업에서 직원 채용 시 최소 10년 이상 일할 수 있을 것이라 보고 채용하는데 그렇다면 한국 IT 기업에서도 엔지니어의 수명을 50대로 기대한다는 의미로 해석할 수 있다는 것이 저자의 생각입니다. 서태호님의 소망은 페이스북의 멋진 백발 엔지니어 형님처럼 계속 일하고 싶다는 것입니다. 그리고 변동구님에 따르면 IT인들 중에는, 현역에서 은퇴할 때까지 실무자(엔지니어)로 일하고 싶어하는 사람이, 무척이나 많다고 합니다.

환경이 바뀌고 있고 엔지니어들의 소망이 있기에 우리나라에서도 50대, 60대 현역 엔지니어가 나올 것으로 보입니다. 물론 그렇게 되려면 변동구님 말대로 나름대로의 적응 방안을 마련해야 합니다. 또한 조정원님의 생각대로 자신의 영역, 누구도 쉽게 들어오지 못할 영역을 만들어가야 합니다.

권순용님의 경우 계속 기술을 하고 싶어서 프리랜서를 선언했다가, 이후 창업을 해서 주변에 많은 후배 엔지니어들과 함께 일을 하고 있습니다. 창업도 한 방법일 것입니다.

또 한 가지, 저자들 중에서 여자는 한 명입니다. 8명 중 1명인데, IT 엔지니어 남녀 성비 전체 비율로 봐도 이보다 많지 않을 것입니다. 여자 엔지니어들이 회사를 그만두는 가장 큰 이유는 육아 때문이라고 합니다. 이와 관련하여 김은영 님의 말을 들어보겠습니다. "엄마의 직업 유무와 아이들의 학업 성과가 관계가 없음은 많은 연구에 의해 증명되었고, 저 또한 이를 확신합니다.", "엄마가 자기 분야에서 열정을 다하고 성취감을 느끼는 모습은 아이들과 함께 발전하는 데 도움이 될 수도 있다고 믿습니다."

엮은이의 개인적인 소망도 저자들과 같습니다. 우리나라에도 백발 엔지니어와 여성 엔지니어가 많이 나왔으면 합니다.

IT 엔지니어들의 현재와 미래, 그리고 꿈

저자들이 IT 엔지니어로 살면서 가장 힘들게 꼽은 점은 두 가지입니다. 하나는 야근이나 주말 근무고, 다른 하나는 긴급 상황 발생에 대한 스트레스였습니다. IT 엔지니어들이 맡고 있는 직무의 특성상 프로젝트 시기는 사이트의 방문자가 많은 시간대를 피해야 합니다. 그러다 보니 연휴나 주말이나 밤에 작업이 많이 진행됩니다. 또한 장애나 해킹사고나 시스템 오류 같은 긴급 상황이 생기면 신속하게 해결해야 하기 때문에 이로 인한 스트레스가 크다고 이야기합니다. 그러나 한편으로는 이 정도의 업무 강도나 스트레스는 거의 모든 직업에 있기 때문에 크게 개의치는 않는다고 합니다.

또한 힘든 점만 있는 것은 아니고 IT 엔지니어로 일하면서 힘든 점을 충분히 상쇄할 수 있는 보람도 있다는 의견들이 있었습니다. 언제 보람을 느끼는지 물어 보았습니다. 몇 가지 정리하면 다음과 같습니다.

① 인정받고 대우 받고 필요한 존재로 인식될 때
② 보유 지식이나 재능을 다른 사람에게 주고, 상대방이 행복해질 때
③ 자신에게 배운 후배가 엔지니어로 일을 잘하고 있다는 소식을 들을 때
④ 자신의 철학과 방향을 후배들이 지지하고 따라줄 때
⑤ 프로젝트의 목적을 달성하는 성과를 냈을 때
⑥ 고객사의 문제를 해결해 주고 고객사로부터 고맙다는 연락을 받을 때

이렇게 보면 IT 엔지니어들의 현재 삶은 그다지 나빠 보이지 않습니다. 엮은이가 만난 모든 저자들은 (제가 보기에는) 현재의 삶에 만족하고 있었습니다. 적어도 업무나 사회생활에서는 그런 것 같았습니다.

저자로 참여한 IT 엔지니어들은 소박합니다. 소박하다고 해서 소소하지는 않고 큰 꿈도 가지고 있습니다. 그리고 열심히 노력하고 성과를 바라보는 성장 DNA도 가지고 있었습니다. 또한 혼자만 살지 않고 다른 사람들과 나누고자 하는 마음도 충만했습니다. 저자들이 어떤 미래를 꿈꾸고 있는지 물어보았습니다. 다음과 같이 정리할 수 있습니다.

① 베푸는 삶: 자신이 가진 능력을 최대한 발휘해서 취약한 계층에 있는 사람들에게 무언가를 주고자 한다.
② 사회에 기여하는 삶: 나이가 들어도 끊임없이 공부해서 작게라도 사회에 기여하는 삶을 살고 싶어한다.
③ 자신의 영역을 구축하는 삶: 많은 수단을 사용해서 다른 사람들이 알아주는 자신만의 영역을 만들고 싶어한다. 이를 위해서 장기적으로 지치지 않을 분야를 계속 생각해서 다른 사람과 차별화되는 영역을 만들고 싶어한다.
④ 인정을 받는 삶: 한 일에 대해서 가장 가깝게는 팀장의 인정을 받고, 나아

가서는 고객사의 인정을 받고 싶어한다.
⑤ 성장하는 삶: 매년 성장하였는지를 확인하고 부족한 부분을 채워나가면서 성장하고 싶어한다.
⑥ 함께하는 삶: 작지만 강한 회사를 운영하면서 후배 엔지니어들과 함께 기술을 계속 향유하고 싶어한다.
⑦ 꿈을 이루어가는 삶: 영문으로 책을 내고, 전국 동시 세미나를 개최하고, 자기와 같은 길을 가는 후배들을 키우고 싶어한다.

이상으로, 〈IT 엔지니어로 사는 법〉 첫 번째 책의 부록을 마치려고 합니다. 이 성장 보고서에 참여한 저자들의 근무 경력을 모두 합치면 140여년입니다. 이들이 걸어온 지난 20년의 기간은 한국 IT가 많은 변화를 겪었던 시기입니다. 급성장과 급하락과 장기불황을 겪었습니다. 그 사이에 수많은 기업들이 없어지기도 하고 새로 생기기도 했습니다. 그러나 저자들은 IT 엔지니어로서, IT 전문가로서 여전히 자신의 자리를 지키고 있습니다. 기업이 있어야 노동자가 있다고 이야기하지만 자신의 자리에서 전문가 반열에 오르기 위해 열심히 묵묵히 노력한 엔지니어는 기업의 흥망성쇠와 상관없이 자신의 자리를 지킬 수 있습니다. 기업이 원하는 인재들이자 전문가이기 때문입니다.

이 책에 수록된 저자들의 진실한 이야기가 IT 엔지니어로 진로를 잡으려는 중고등학생과 대학생, 그리고 취업을 준비하는 분들에게 하나의 지표가 되기를 바랍니다. 아울러 현재 IT 엔지니어로 일하고 있는 실무자들이 전문가로 성장해 나가는데도 실질적인 지침이 되기를 바랍니다.

글쓴이

권순용
현재, (주)엑시엄 정보 시스템 대표이사, (주)엑시엄 부설 교육센터 원장으로 있으며, 예전에 SKC&C 데이터베이스 컨설턴트와 대우자동차 DBA로 근무하였다. 저서로는 〈Perfect 오라클 실전 튜닝〉, 〈초보자를 위한 오라클 10g〉, 〈실행 계획으로 배우는 고성능 데이터베이스 튜닝〉, 〈실무 사례로 다지는 고성능 데이터베이스 튜닝〉, 〈Inside SQL For Beginner〉, 〈엑사데이터 가이드〉, 〈알티베이스 HDB 가이드〉가 있다. 특허로는 〈데이터 엑세스 알고리즘〉이 있고, SKC&C 사내 강사와 엑시엄 부설 교육센터 강사로 활동하고 있다. 〈마이크로 소프트웨어〉, 〈경영과 컴퓨터〉, 〈비팬〉에 컬럼을 기고하였다. GSShop, EBS, SKT, SK에너지, KNetworks, SKMC, SK건설, SKC, SKC&C, SKME, Rohmhass, 행안부, 정부통합센터, 통계청, 국권익, 국토해양부, KERIS, 우리은행, 제일저축은행, 우체국금융, 부산은행 등 100여 사이트에서 DBA/튜너/모델링 등 데이터베이스 컨설턴트를 수행하였다.

김은영
현재, 삼성SDS 인프라센터내 기술전문가 조직인 CI-TEC 그룹장으로 근무중이다. 숭실대학교 대학원에서 데이터베이스를 전공하고 한국오라클 기술지원본부에서 12년간 근무 후, 오라클 HQ 개발본부 소속으로 3년간 근무하였다. 한국오라클 재직 중 이화여자대학교 교육대학원에서 컴퓨터 교육과를 수료하였으며, '15년 이화리더십 정규과정 24기 수강중이다.

김진성
현재, 시스코 코리아 AS팀 부장으로 근무하고 있다. 대구에서 태어나서, 경북대학교 물리학과를 졸업하였고, 이전에 KTF와 KT에서 근무하였다.

변동구
현재, 데이터베이스 컨설턴트로 일하고 있다. 데이터 이행이나 데이터베이스 튜닝 프로젝트를 많이 수행하였다. 이후의 진로에 대해 고민이 많은 40대 남성이다.

서태호
현재, SK플래닛에서 시스템 엔지니어로 근무하고 있다. 예전에 미국 ISP인 PSINet Korea와 한 중소기업에서 네트워크 엔지니어로 근무하였고, 대형 포털에서 6년 반 동안 시스템 엔지니어로 근무한 바 있다. DNS 전문 카페인 http://cafe.naver.com/dnspro를 운영하고 있다.

조정원
현재, KB투자증권에서 보안업무를 담당하고 있으며, 보안프로젝트(www.boanproject.com) 운영자로 활동하고 있다. 에이쓰리시큐리티에서 5년 동안 모의해킹 컨설턴트를 하였으며, 모의해킹 프로젝트 매니저, 웹 애플리케이션, 소스코드진단 등 다양한 영역에서 취약점 진단을 수행하였다. 이후 KTH 보안팀에서 모바일 서비스, 클라우드 서비스 보안, 침해사고 대응업무를 하였다. 주요 저서로는 〈안드로이드 모바일 악성코드와 모의해킹진단(에이콘출판사)〉,

〈모의해킹이란 무엇인가?(위키북스)〉, 〈Nmap NSE를 활용한 보안취약점 진단(에이콘출판사)〉, 〈칼리리눅스와 백트랙을 활용한 모의해킹(에이콘출판사)〉, 〈디지털 포렌식의 세계(인포더북스)〉, 〈크래커 잡는 명탐정 해커(성안당)〉 등이 있으며, 보안프로젝트 멤버들과 다양한 영역에서 연구원과 저자로 꾸준히 활동하고 있다.

최경철
현재, (주)트리니티소프트에서 연구개발본부 이사로 근무하고 있다. 숭실대학교에서 정보통신공학 학사와 산업정보시스템 공학 석사를 받았다. KISA에서 시큐어코딩을, 원자력연구원 및 통계청 등 공공기관에서 웹 보안을, KT, LG CNS 등 일반기업에서 웹 보안을, 넷칼리지, 비팬 및 KISEC 등 학원에서 보안 강의를 했다. 주요 관심 분야는 시스템 보안, 네트워크 보안, 웹 보안, 시큐어코딩 보안이다. 저서로는 〈웹 모의해킹 및 시큐어코딩가이드(SECU BOOK)〉, 〈네트워크 패킷 포렌식(SECU BOOK)〉, 〈시스템 해킹의 원리와 이해(SECU BOOK)〉, 〈웹 해킹과 방어(프리렉)〉, 〈웹 보안(프리렉)〉이 있다.

최성곤
현재, (주)코리아정보기술에서 보안컨설턴트로 일하고 있다. 그 전에 포스코 계열사의 보안컨설팅 및 보안솔루션 PM으로 일했고, 경북 교육청 멀티케스트 네트워크 구축 업무를 수행했고, SK 네트웍스 경북교육청망을 설계했다. 그리고 KT/SK/LG에서 PC정비사 및 CISCO 강의를 했으며, PC정비사와 네트워크 관리사 출제위원 및 운영위원으로 활동했다.

엮은이

최용호
현재, (주)러닝스페이스 대표로 있으면서 기술 세미나 사이트인 bpan.com과 IT 전문 출판사인 bpanbooks.com을 운영하고 있다. 불어와 소프트웨어공학을 전공하였으며, 전 직장들에서 개발, 기술기획, IT 교육·이러닝 기획·개발·운영 업무를 담당했다. 30여종의 저서와 번역서가 있다. 최근의 주된 관심사는 IT를 포함하여 여러 분야에서 일하는 사람들의 기술과 인생을 정확하게 알리는 것이다.